全国高等教育自学考试指定教材
工商企业管理专业（独立本科段）

组织行为学

（含：组织行为学自学考试大纲）
（2016 年版）

全国高等教育自学考试指导委员会　组编
主编　高树军

中国人民大学出版社
·北京·

图书在版编目（CIP）数据

组织行为学/高树军主编. —北京：中国人民大学出版社，2016.3
全国高等教育自学考试指定教材
ISBN 978-7-300-22466-4

Ⅰ.①组… Ⅱ.①高… Ⅲ.①组织行为学-高等教育-自学考试-教材 Ⅳ.①C936

中国版本图书馆 CIP 数据核字（2016）第 025067 号

全国高等教育自学考试指定教材
工商企业管理专业（独立本科段）
组织行为学
（含：组织行为学自学考试大纲）
（2016 年版）
全国高等教育自学考试指导委员会　组编
主编　高树军
Zuzhi Xingweixue

出版发行	中国人民大学出版社		
社　　址	北京中关村大街 31 号	**邮政编码**	100080
电　　话	010－62511242（总编室）		
网　　址	http://www.crup.com.cn http://www.ttrnet.com（人大教研网）		
印　　刷	北京市鑫霸印务有限公司		
规　　格	185 mm×260 mm　16 开本	**版　　次**	2016 年 3 月第 1 版
印　　张	16	**印　　次**	2024 年 12 月第 17 次印刷
字　　数	367 000	**定　　价**	34.00 元

官方淘宝店　网址：http://shop136348527.taobao.com

本书如有质量问题，请与教材供应部门联系。

组编前言

21世纪是一个变幻难测的世纪，是一个催人奋进的时代。科学技术飞速发展，知识更替日新月异。希望、困惑、机遇、挑战，随时随地都有可能出现在每一个社会成员的生活之中。抓住机遇，寻求发展，迎接挑战，适应变化的制胜法宝就是学习——依靠自己学习、终生学习。

作为我国高等教育组成部分的自学考试，其职责就是在高等教育这个水平上倡导自学、鼓励自学、帮助自学、推动自学，为每一个自学者铺就成才之路。组织编写供读者学习的教材就是履行这个职责的重要环节。毫无疑问，这种教材应当适合自学，应当有利于学习者掌握和了解新知识、新信息，有利于学习者增强创新意识，培养实践能力，形成自学能力，也有利于学习者学以致用，解决实际工作中所遇到的问题。具有如此特点的书，我们虽然沿用了“教材”这个概念，但它与那种仅供教师讲、学生听，教师不讲、学生不懂，以“教”为中心的教科书相比，已经在内容安排、编写体例、行文风格等方面都大不相同了。希望读者对此有所了解，以便从一开始就树立起依靠自己学习的坚定信念，不断探索适合自己的学习方法，充分利用自己已有的知识基础和实际工作经验，最大限度地发挥自己的潜能，达到学习的目标。

欢迎读者提出意见和建议。

祝每一位读者自学成功。

全国高等教育自学考试指导委员会

2014年12月

目　　录

组织行为学自学考试大纲

组织行为学

组织行为学

自学考试大纲

出版前言

为了适应社会主义现代化建设事业的需要，鼓励自学成才，我国在 20 世纪 80 代初建立了高等教育自学考试制度。高等教育自学考试是个人自学、社会助学和国家考试相结合的一种高等教育形式。应考者通过规定的专业考试课程并经思想品德鉴定达到毕业要求的，可获得毕业证书；国家承认学历并按照规定享有与普通高等学校毕业生同等的有关待遇。经过 30 多年的发展，高等教育自学考试为国家培养并造就了大批专门人才。

课程自学考试大纲是国家规范自学者学习范围、要求和考试标准的文件。它是按照专业考试计划的要求，具体指导个人自学、社会助学、国家考试、编写教材、编写自学辅导书的依据。

随着经济社会的快速发展，新的法律法规不断出台，科技成果不断涌现，原大纲中有些内容过时、知识陈旧。为更新教育观念，深化教学内容方式、考试制度、质量评价制度改革，使自学考试更好地提高人才培养的质量，各专业委员会按照专业考试计划的要求，对原课程自学考试大纲组织了修订或重编。

修订后的大纲，在层次上，专科参照一般普通高校专科或高职院校的水平，本科参照一般普通高校本科水平；在内容上，力图反映学科的发展变化，增补了自然科学和社会科学近年来研究的成果，对明显陈旧的内容进行了删减。

全国高等教育自学考试指导委员会经济管理类专业委员会组织制定了《组织行为学自学考试大纲》，经教育部批准，现颁发施行。各地教育部门、考试机构应认真贯彻执行。

全国高等教育自学考试指导委员会
经济管理类专业委员会
2016 年 1 月

I　课程性质与课程目标

一、课程性质

“组织行为学”是全国高等教育自学考试经济管理类专业的必修课，是专门研究组织中人的心理与行为规律性的一门学科。

二、课程目标

1. 使考生对个体行为、群体行为、组织行为、领导行为及其规律有清晰的了解和认识，对人性假设、人的心理过程、个性心理、群体、沟通、团队、领导方式、激励等有较深刻的理解。

2. 使考生了解组织行为学的发展脉络，掌握正确观察、分析、引导人的行为的科学方法，提高对组织问题和人的心理及行为过程的诊断能力。

3. 使考生通过学习，既能掌握组织行为学的相关理论，又能提高对人的心理的认识和分析能力，以及对人的行为的预测、引导与控制的能力。

三、与相关课程的联系和区别

“组织行为学”课程的内容主要包括五大部分：绪论、个体心理与行为、群体行为及其管理、组织行为、领导行为。其先修课程是“管理学”“人力资源管理”，这两门课程将为“组织行为学”课程提供管理学的基本理论基础。学好本课程，能够提升组织对员工心理和行为的预测、引导与控制能力，有效协调个人、群体与组织的相互关系，充分发挥员工的积极性、主动性和创造性，高效实现组织目标。

四、课程的重点

本课程的学习重点包括人性假设、个体行为规律、需要、动机、态度、价值观、知觉、气质、能力、情绪、组织承诺、组织公民行为、群体及其行为解释、非正式群体的管理、沟通及其管理、团队及其管理、冲突及其管理、组织结构、组织文化、组织变革及组织学习、领导理论及领导艺术、激励理论及激励的原则和方法等内容。

Ⅱ　考核目标

本大纲在考核目标中，按照识记、领会、简单应用和综合应用四个层次规定考生应达到的能力层次要求。四个能力层次是递进关系，各能力层次的含义是：

识记（Ⅰ）：要求考生能够识别和记忆本课程中有关组织行为学的基本概念和基本原理的主要内容，并能够根据考核的不同要求做正确的表述、选择和判断。

领会（Ⅱ）：要求考生能够领悟和理解本课程中有关组织行为学的基本概念和基本原理的内涵及外延，理解相关概念、理论的区别和联系，并能够根据考核的不同要求对相关问题做出正确的判断、解释和说明。

简单应用（Ⅲ）：要求考生能够根据已知的组织行为学的基本理论，对某一方面的管理现实问题进行初步的认识、分析和判断。

综合应用（Ⅳ）：要求考生能够根据已知的组织行为学理论，对管理现实问题进行较深入的综合分析和判断，并得出解决问题的综合方案。

Ⅲ　课程内容与考核要求

绪　论

学习目的与要求

通过本章的学习，掌握组织行为学的概念，把握组织行为学的研究内容，了解组织行为学的产生与发展，掌握组织行为学的研究过程，熟悉组织行为学的研究方法。

课程内容

第一节　组织行为学的概念和研究内容

组织行为学主要研究组织中人的心理和行为的规律性，研究内容分为个体心理与行为、群体行为及管理、组织行为、领导行为四个部分。

一、组织行为学的概念及学科性质

二、组织行为学的研究内容

第二节　组织行为学的产生与发展

组织行为学是一门应用型的行为科学，它在管理学特别是在组织管理学和人事管理学的基础上产生和发展而来，是组织演变、管理理论发展的必然结果。组织行为学与管理学、工业心理学、管理心理学、组织心理学有着深厚的历史渊源。

一、组织行为学的学科基础

二、组织行为学的产生

三、组织行为学的发展

第三节　组织行为学的研究过程与研究方法

不同的学者对组织行为学的研究过程的划分是不同的，但都遵循从实际出发、实事求是的原则。组织行为学的研究过程一般包括三个基本步骤。在组织行为学的研究中，要将依据经验和逻辑思辨的方法以及类似自然科学的定量研究方法有机结合起来，才能产生高水平的研究成果。

一、组织行为学的研究过程

二、组织行为学的研究方法

考核知识点与考核要求

一、组织行为学的概念和研究内容

识记：（1）组织行为学的概念；（2）组织行为学的研究内容。

领会：组织行为学研究内容的四个模块之间的关系。

二、组织行为学的产生与发展

识记：（1）组织行为学的产生；（2）组织行为学的发展阶段。

领会：组织行为学的学科基础。

三、组织行为学的研究过程与研究方法

识记：（1）组织行为学的研究步骤；（2）组织行为学的研究方法。

领会：组织行为学的各种研究方法的优缺点。

简单应用：组织行为学研究过程的应用及其注意事项。

综合应用：组织行为学的各种研究方法的比较与选择。

第一章　个性与个体行为分析

学习目的与要求

通过本章的学习，掌握人性假设的基本观点和内容，了解关于个体行为的不同解释，了解影响人的行为的心理因素。

课程内容

第一节　人性假设

人性问题的管理原则和方法必须以对人的基本看法作为出发点。对于人性的研究已成为组织行为学要探讨的重要问题。

一、“经济人”假设

二、“社会人”假设

三、“自我实现人”假设

四、“复杂人”假设

第二节　关于个体行为的解释

个体行为的形成会受到多种因素的影响并形成一定的行为模式。

一、华生的行为主义理论

二、新华生主义

三、卢因的观点

四、个体行为规律

第三节　影响人的行为的心理因素分析

个体的心理活动特点和规律一般表现为心理过程和个性心理两个方面。

一、心理过程

二、个性心理

考核知识点与考核要求

一、人性假设

识记：(1) 人性假设的4种基本观点；(2) X理论；(3) Y理论。

领会：人性假设的发展脉络。

简单应用：不同的人性假设对应的管理措施及对管理学的贡献。

综合应用：在企业管理实践中，如何有效利用不同的人性假设高效达成组织目标。

二、关于个体行为的解释

识记：(1) 新华生主义的主要理论；(2) 个体行为的基本特征；(3) 卢因的群体动力论。

领会：个体行为规律。

简单应用：在企业管理实践中，如何认识两种不同的内驱力。

综合应用：卢因的群体动力论在企业管理实践中的应用。

三、影响人的行为的心理因素分析

识记：(1) 认识过程；(2) 情感过程；(3) 意志活动的特点；(4) 意志的表现；(5) 个性心理的含义。

领会：(1) 情绪与情感的区别；(2) 个体行为的心理活动过程。

简单应用：在实际生活中影响人的行为的心理因素分析。

第二章　个体心理与行为

学习目的与要求

通过本章的学习，了解和掌握个体心理与行为的相关概念、特征、关系，掌握需要、动机、态度、价值观、知觉、气质、性格、情绪的概念、分类以及其与行为之间的作用关系，掌握组织承诺的基本内容，理解个体心理与行为之间的相互作用、组织承诺对组织公民行为的影响等内容。

课程内容

第一节　需要、动机与行为

只有了解人的迫切需要，才能预测人的动机和行为。研究个体的需要和动机是不可或缺的。

一、需要、动机及行为规律

二、需要与动机

三、动机与行为

第二节　价值观、态度与行为

不同的价值观和态度倾向会导致不同的行为取向。

一、价值观

二、态度

三、工作满意度

第三节　知觉与行为

人们的行为建立在其对现实知觉的基础上。要对个体行为进行有效的引导、调整及控制，就必须要从知觉的角度入手来探讨个体的知觉与行为。

一、知觉和社会知觉的内涵与特征

二、知觉过程

三、影响知觉的因素分析

四、知觉偏差

五、归因理论与倾向

第四节　个性与行为

个性在相当大的程度上决定着一个人的行为。了解个体的气质、能力、性格、情绪，不仅可以掌握其目前的行为，而且可以预见其未来的行为。

一、个性概述

二、气质与行为

三、能力与行为

四、性格与行为

五、情绪与行为

第五节　组织承诺与组织公民行为

更高的组织承诺和自觉表现出组织公民行为能更有效地提高组织的管理效率。

一、组织承诺

二、组织公民行为

考核知识点与考核要求

一、需要、动机与行为

识记：(1) 需要与动机的概念；(2) 需要的特点；(3) 动机与行为的关系。

领会：需要、动机与行为之间的关系。

简单应用：(1) 如何有效利用需要与动机的关系；(2) 如何有效利用动机与行为的关系。

二、价值观、态度与行为

识记：(1) 价值观的含义；(2) 价值观的作用；(3) 态度的概念；(4) 态度的构成；(5) 态度的功能；(6) 工作满意度的概念。

领会：(1) 价值观的作用；(2) 态度对行为的影响；(3) 工作满意度的影响因素。

简单应用：(1) 价值观的形成；(2) 如何提升员工的满意度。

综合应用：不同的价值观、态度对行为的影响在企业管理实践上的体现。

三、知觉与行为

识记：(1) 知觉的内涵与特征；(2) 知觉的分类；(3) 社会知觉的内涵与特征；(4) 知觉偏差的类型；(5) 归因理论。

领会：(1) 知觉过程；(2) 知觉的影响因素。

简单应用：管理者如何有效避免知觉偏差。

综合应用：正确认识员工个体知觉与行为的关系。

四、个性与行为

识记：(1) 个性的概念；(2) 个性的特征；(3) 气质的定义；(4) 气质的类型；

(5) 能力的概念；(6) 能力的类型；(7) 性格的定义；(8) 性格的类型。

领会：(1) 能力发展的影响因素；(2) 性格的培养。

简单应用：个性对行为的影响在企业管理实践中的应用。

综合应用：情绪在员工管理中的应用。

五、组织承诺与组织公民行为

识记：(1) 组织承诺的概念；(2) 组织公民行为的含义；(3) 组织承诺的三因素。

领会：(1) 建立组织承诺的意义；(2) 组织公民行为的作用。

简单应用：如何提升员工的组织承诺。

综合应用：正确评价和测量组织公民行为。

第三章　群体行为基础

学习目的与要求

通过本章的学习，掌握群体的含义、类型及群体的发展阶段，掌握群体行为解释各变量的含义及内容，了解非正式群体形成的原因，掌握非正式群体的主要特点和作用。

课程内容

第一节　群体概述

群体介于组织与个体之间，是指两个以上相互交往、相互依赖的个体为了达到特别的目的而结合在一起的集合，即由若干个体组成的为实现组织目标和利益而相互信赖、相互作用、相互依存，并以一定的行为规范约束其成员的人群结合体。

一、群体的含义

二、群体的类型

三、群体的作用

四、群体发展阶段

第二节　群体行为解释

一个群体可能达到的绩效水平，在很大程度上取决于群体中每个人的行为方式，可以解释群体行为的变量包括群体外部环境、群体结构、群体互动过程和群体决策。

一、群体外部环境

二、群体结构

三、群体互动过程

四、群体决策

第三节　非正式群体与管理

在现代社会中，非正式群体问题是一个非常值得重视和研究的问题。因为非正式群体是客观存在的，它形成之后，不仅能满足个体许多心理需要，对员工的心理倾向和行为举止也有深刻的影响，而且直接影响组织效能。

一、非正式群体形成的原因

二、非正式群体的特点与类型
三、非正式群体的作用

考核知识点与考核要求

一、群体概述
识记：(1) 群体的概念；(2) 群体的类型；(3) 群体的发展阶段。
二、群体行为解释
识记：(1) 群体外部环境的内容；(2) 群体结构变量的内容；(3) 群体凝聚力；(4) 群体决策方法；(5) 群体决策的优缺点。
领会：(1) 群体规范的压力及作用；(2) 从众对群体行为的影响；(3) 群体互动过程对群体行为的影响。
简单应用：如何看待从众行为。
综合应用：(1) 如何提升群体凝聚力；(2) 如何提升群体效率。
三、非正式群体与管理
识记：(1) 非正式群体形成的原因；(2) 非正式群体的作用；(3) 非正式群体的特点。
领会：非正式群体的积极作用和消极作用。
简单应用：对非正式群体的管理措施。

第四章　沟　　通

学习目的与要求

通过本章的学习，了解和掌握沟通的含义、过程、类型、障碍及有效沟通的技能，理解互联网时代沟通的内涵、影响因素及如何做好跨文化有效沟通等内容。

课程内容

第一节　沟通及其分类
沟通是组织有效运转的核心，要做好管理工作就必须要做好沟通工作。
一、沟通概述
二、沟通的分类
第二节　沟通的障碍及改善
组织沟通过程中出现的各种障碍需要采取有效的措施进行克服，以保证组织机能良性运转。
一、沟通障碍
二、有效沟通
第三节　互联网时代的沟通
互联网时代的沟通有其自身的特点，进行有效沟通成为企业管理当中的一项紧迫任务。
一、网络对沟通的影响

二、网络时代的沟通特征

第四节　跨文化沟通

在现代管理活动中进行有效的跨文化沟通很有必要，跨文化沟通需要不同的方式和技能。

一、文化与跨文化沟通

二、跨文化沟通中的障碍及改进

三、有效跨文化沟通

考核知识点与考核要求

一、沟通及其分类

识记：（1）沟通的含义；（2）沟通的功能；（3）沟通的分类。

领会：沟通的过程。

简单应用：如何有效利用非正式沟通。

二、沟通的障碍及改善

识记：（1）沟通障碍的表现；（2）有效沟通的特征。

领会：（1）有效沟通的影响因素；（2）有效沟通的技能。

简单应用：如何有效反馈。

综合应用：有效沟通技能在企业管理实践中的应用。

三、互联网时代的沟通

识记：网络时代的沟通特征。

领会：网络对沟通的影响。

四、跨文化沟通

识记：跨文化沟通的原则。

领会：（1）跨文化沟通的策略；（2）跨文化沟通的技能。

简单应用：化解文化冲突与提升文化适应。

第五章　团　　队

学习目的与要求

通过本章的学习，了解和掌握团队的概念及特征，掌握团队建设的发展阶段及团队建设的心理机制，了解虚拟团队及其管理。

课程内容

第一节　团队概述

团队是指两个或两个以上的个体相互作用和协作，以便完成组织预定的某项目标的最小单位。

一、团队的概念

二、团队的特征

第二节　团队建设与管理

团队建设是指企业在管理中有计划、有目的地组织团队，并对其团队成员进行训练、总结、提高的活动。对团队进行有效的管理能充分显示团队的活力。

一、团队建设的发展阶段

二、团队建设的心理机制

三、虚拟团队及其管理

考核知识点与考核要求

一、团队概述

识记：（1）团队的概念；（2）团队的特征。

二、团队建设与管理

识记：（1）团队建设的发展阶段；（2）虚拟团队。

领会：团队建设的心理机制。

简单应用：团队发展不同阶段的有效管理措施。

综合应用：如何提升团队的凝聚力。

第六章　冲突与冲突管理

学习目的与要求

通过本章的学习，掌握冲突的定义、特征，了解冲突的不同观念及冲突的类型，了解不同学者对冲突根源的分析，理解冲突的过程，掌握冲突管理的原则及策略。

课程内容

第一节　冲突

冲突是一种广泛的社会现象，它存在于人类活动的各个层面、各个领域和所有的行为主体之中，并以各种形式而存在。

一、冲突概述

二、冲突产生的根源

三、冲突的过程

第二节　冲突管理

冲突管理是有规律和原则可循的，掌握这些基本规律和原则，对于有效地处理冲突可以起到事半功倍的效果。

一、冲突管理的原则

二、冲突管理的策略

三、群体间冲突的预防

考核知识点与考核要求

一、冲突

识记：(1) 冲突的定义；(2) 对待冲突的不同观念；(3) 冲突的特征。

领会：(1) 冲突产生的根源；(2) 冲突的过程。

二、冲突管理

识记：(1) 冲突管理的原则；(2) 冲突管理的策略。

领会：群体间冲突的预防。

简单应用：如何有效利用冲突。

第七章　组织结构与组织变革

学习目的与要求

通过本章的学习，掌握组织的含义、分类及功能，了解组织理论的发展历程，掌握组织结构的构成要素、组织结构的设计原则及组织的结构类型，了解组织变革的原因、变量、方式、过程、阻力及克服组织变革阻力的策略，学会在组织变革过程中应用处理员工工作压力的一些方法。

课程内容

第一节　组织概述

现代社会是一个高度组织化的社会，现代社会的一切成果都是组织活动发展的结果。组织概述包括组织的含义、分类、功用及组织理论的发展。

一、组织的含义

二、组织的分类

三、组织的功用

四、组织理论的发展

第二节　组织结构概述

组织结构反映了组织成员间的分工协作关系。组织结构概述包括组织结构的构成要素、组织结构的设计原则、组织结构的类型及机械性与有机性组织。

一、组织结构分析

二、机械性与有机性组织

第三节　组织变革

组织变革的根本目的是提高组织的效能。在动荡不定的环境条件下，要想使组织顺利成长和发展，需把握组织变革的原因、变量、方式、过程、阻力、克服组织变革阻力的策略及员工压力等内容。

一、组织变革的原因

二、组织变革的变量

三、组织变革与员工心理

考核知识点与考核要求

一、组织概述

识记：(1) 组织的含义；(2) 组织的分类；(3) 组织的功用。

领会：(1) 古典组织理论分析；(2) 近代组织理论分析；(3) 现代组织理论分析。

二、组织结构概述

识记：(1) 构成组织结构的三要素；(2) 组织结构的设计原则。

领会：(1) 组织结构类型；(2) 机械式结构；(3) 有机式结构。

简单应用：机械式组织结构与有机式组织结构的对比分析。

三、组织变革

识记：(1) 组织变革的原因；(2) 组织变革的变量；(3) 组织变革方式；(4) 压力的概念。

领会：(1) 组织变革的过程；(2) 组织变革的阻力。

简单应用：(1) 克服组织变革阻力的策略；(2) 减少压力的管理对策。

综合应用：如何看待和管理组织变革。

第八章　组织文化

学习目的与要求

通过本章的学习，了解和掌握组织文化的概念、特征、功能等基本内容，了解组织文化理论，掌握组织文化创建、维系和创新的相关内容，了解组织文化的发展新趋势。

课程内容

第一节　组织文化概述

组织文化存在于组织的每个角落，组织文化有不同的类型和特征，不同类型的组织文化对组织发挥着不同的作用。

一、组织文化的概念

二、组织文化的特征

三、组织文化的功能

第二节　组织文化理论

从 20 世纪 70 年代开始，各国学者通过对组织文化的研究，得出了不同的研究成果。

一、霍夫斯坦德的文化差异理论

二、迪尔和肯尼迪的组织文化因素理论

三、帕斯卡尔和阿索斯的 7S 管理框架

四、彼得斯和沃特曼的革新性文化理论

第三节　组织文化创建、维系和创新

组织文化管理的运作体系包括组织文化的创建、维系和创新三个方面。

一、组织文化创建
二、组织文化维系
三、组织文化创新
四、组织文化的发展趋势

考核知识点与考核要求

一、组织文化概述
识记：（1）组织文化的定义；（2）组织文化的特征。
领会：组织文化的功能。
二、组织文化理论
领会：（1）霍夫斯坦德的文化差异理论；（2）迪尔和肯尼迪的组织文化因素理论；（3）帕斯卡尔和阿索斯的 7S 管理框架；（4）彼得斯和沃特曼的革新性文化理论。
三、组织文化创建、维系和创新
领会：组织文化的发展趋势
简单应用：（1）组织文化的创建；（2）组织文化的维系；（3）组织文化的创新。

第九章　组织学习与学习型组织

学习目的与要求

通过本章的学习，掌握组织学习的定义、组织学习与个体学习的关系，理解组织学习的类型和组织学习过程，掌握学习型组织的概念、特征和学习型组织的五项修炼，掌握学习型组织的构建方法并学会在实践中应用。

课程内容

第一节　组织学习
组织学习是组织基业长青的重要方式之一，掌握组织学习的方方面面对组织的发展有着重要的意义。
一、组织学习的概念
二、组织学习的作用
三、组织学习的类型
四、组织学习过程
第二节　学习型组织
学习型组织是一个持续创新、不断进步的组织，它可以使组织不断成长和发展。
一、学习型组织概述
二、学习型组织的五项修炼
三、学习型组织的构建

考核知识点与考核要求

一、组织学习

识记：(1) 组织学习的定义；(2) 组织学习的作用。

领会：(1) 个体学习和组织学习的关系；(2) 组织学习的类型。

简单应用：如何看待组织学习过程。

二、学习型组织

识记：(1) 学习型组织的概念；(2) 学习型组织的特征。

领会：学习型组织的五项修炼。

简单应用：(1) 个体学习的促进；(2) 学习型团队的建立；(3) 学习型领导的培养。

综合应用：如何创建学习型组织。

第十章　领导及领导理论的发展

学习目的与要求

通过本章的学习，掌握领导的含义、领导的作用、领导权力、领导与管理的区别及领导者应具备的基本素质等内容，掌握领导特性理论、领导行为理论和领导情景理论的基本内容，掌握领导艺术的概念、原则，应用领导用人艺术、领导时间艺术、领导授权艺术及领导决策艺术。

课程内容

第一节　领导概述

领导在管理过程中发挥着重要作用，了解领导的含义、特点、作用及领导权力的内涵，可以为界定领导与管理奠定基础。

一、领导的含义及特点

二、领导的作用

三、领导权力

四、领导和管理

五、领导者应具备的基本素质

第二节　领导理论

自 20 世纪 40 年代以来，学者们从不同角度对领导问题进行了大量研究，目前最具代表性的有领导特性理论、领导行为理论、领导情景理论。

一、领导特性理论

二、领导行为理论

三、领导情景理论

第三节　领导艺术

领导是一门艺术，只有真正掌握领导的本质，才能发挥领导的真正魅力。

一、领导艺术概述
二、领导的用人艺术
三、领导的时间艺术
四、领导的授权艺术
五、领导的决策艺术

考核知识点与考核要求

一、领导概述

识记：(1) 领导的含义及特点；(2) 领导的作用；(3) 领导权力。

领会：(1) 领导与领导者的区别；(2) 领导与管理的区别；(3) 领导者应具备的基本素质。

简单应用：领导者与管理者的工作重点。

二、领导理论

识记：(1) 领导特性理论研究的主要内容；(2) 领导行为理论研究的主要内容；(3) 领导情景理论研究的主要内容。

领会：各领导理论的主要研究成果。

综合应用：各领导理论的研究成果在企业管理中的应用。

三、领导艺术

识记：(1) 领导艺术的概念；(2) 领导艺术的特征；(3) 领导艺术的原则。

领会：领导艺术的定位。

简单应用：(1) 领导的用人艺术；(2) 领导的时间艺术；(3) 领导的授权艺术；(4) 领导的决策艺术。

第十一章　激　　励

学习目的与要求

通过本章的学习，了解和掌握激励的概念、作用、影响因素，掌握激励相关的理论，领会激励理论对管理者的启示，了解激励在应用中的类型、原则，灵活应用激励方法。

课程内容

第一节　激励概述

激励是提高和调动员工积极性的重要方法。只有真正了解员工的需要和动机，才能发挥激励的重要作用。

一、激励的概念
二、激励的作用
三、激励的影响因素

第二节　激励理论

组织行为学提高激励水平的一项重要研究是对激发动机的探索，所以各学者从不同的角度进行研究，提出了许多激励理论。

一、内容型激励理论

二、过程型激励理论

三、行为改造型激励理论

第三节　对员工进行激励的方法和策略

一、激励的类型

二、激励的原则

三、激励的方法

考核知识点与考核要求

一、激励概述

识记：(1) 激励的概念；(2) 激励的作用。

领会：激励的影响因素。

二、激励理论

识记：(1) 马斯洛的需要层次理论；(2) 麦克利兰的成就需要理论；(3) 赫茨伯格的双因素理论；(4) 弗鲁姆的期望理论；(5) 亚当斯的公平理论；(6) 强化理论；(7) 归因理论。

领会：各激励理论的优缺点。

综合应用：如何在企业管理实践中有效应用各激励理论。

三、对员工进行激励的方法和策略

领会：(1) 激励的类型；(2) 激励的原则。

简单应用：激励的方法在不同情境中的运用。

Ⅳ 关于大纲的说明与考核实施要求

一、课程自学考试大纲的目的和作用

“组织行为学”课程自学考试大纲是根据专业自学考试计划的要求，结合自学考试的特点而确定的，其目的是对个人自学、社会助学和课程考试命题进行指导和规定。

课程自学考试大纲明确了课程学习的内容及其深度和广度，规定了课程自学考试的范围和标准。因此，它是编写自学考试教材和辅导书的依据，是社会助学组织进行自学辅导的依据，是自学者学习教材、掌握课程内容知识范围和程度的依据，也是进行自学考试命题的依据。

二、课程自学考试大纲与教材的关系

“组织行为学”课程自学考试大纲是进行学习和考核的依据，教材是学习掌握课程知识的基本内容与范围，教材的内容是大纲所规定的课程知识和内容的扩展与发挥。

大纲与教材所体现的课程内容基本一致；大纲里面的课程内容和考核知识点，教材里一定有。反过来，教材里有的内容，大纲里就不一定体现。（注：如果教材是推荐选用的，其中有的内容与大纲要求不一致的地方，应以大纲规定为准。）

三、关于自学教材

《组织行为学》，全国高等教育自学考试指导委员会组编，高树军主编，中国人民大学出版社，2016年版。

四、关于自学要求和自学方法的指导

本课程的大纲是依据专业考试计划和专业培养目标而确定的。课程基本要求还明确了课程的基本内容，以及对基本内容掌握的程度。基本要求中的知识点构成了课程内容的主体部分。因此，课程基本内容掌握程度、课程考核知识点是高等教育自学考试考核的主要内容。

为有效地指导个人自学和社会助学，本大纲已指明了课程的重点。

“组织行为学”是一门发展相对成熟的课程，它的概念、原理已较为成熟，考生应该有信心通过自己的努力学好这门课程。在学习过程中请注意以下事项：

1. 在学习每一章内容之前，先认真了解本自学考试大纲对该章知识点的考核要求，做到在学习时心中有数。

2. 务必重视对课程中基本概念、基本原理的学习，要下足够的功夫，反复思考，力求融会贯通，能够用这些基本概念、基本原理来解释与解决企业的实际问题。

3. 注意应用方面的练习，教材中每章后都有相关的思考题，通过相关思考题的练习能够达到本课程学习要求的程度。

4. 关于自学时间的安排。

由于考生情况的差异，以下建议仅供参考。

章次	内容	学时
绪论	组织行为学导论	10
第一章	个性与个体行为分析	15
第二章	个体心理与行为	15
第三章	群体行为基础	10
第四章	沟通	10
第五章	团队	10
第六章	冲突与冲突管理	10
第七章	组织结构与组织变革	15
第八章	组织文化	15
第九章	组织学习与学习型组织	15
第十章	领导及领导理论的发展	20
第十一章	激励	15
合计		160

五、对社会助学的要求

在助学活动中应注意的问题如下：

1. 要熟知考试大纲对本课程总的要求和各章的知识点，准确理解对各知识点要求达到的认知层次和考核要求，并在辅导过程中帮助考生掌握这些要求，不要随意增删内容和提高或降低要求。

2. 要结合典型例题，讲清楚基本概念、基本原理，重点内容更要讲透。在引导考生学习组织行为学的基本理论的同时，更要重视对组织行为学理论运用的讲解，帮助考生真正达到考核要求，并培养良好的学风，提高自学能力。不要猜题、押题。

3. 要使考生认识到辅导课只能起到“领进门”的作用，听懂不等于真懂，关键还在于自己练，应要求考生课后抓紧复习、认真做题。

4. 助学单位在安排本课程辅导时，授课时间建议不少于 60 小时。

六、对课程内容的说明

本课程要求考生学习和掌握的知识点内容都作为考核的内容。课程中各章的内容均由若干知识点组成，在自学考试中成为考核知识点。因此，课程自学考试大纲中所规定的考试内容是以分解为考核知识点的方式给出的。由于各知识点在课程中的地位、作用以及知识自身的特点不同，自学考试将对各知识点分别按四个能力层次确定其考核要求。

七、关于考试命题的若干规定

1. 本课程考核方法采用闭卷笔试形式，满分 100 分，60 分为及格。考试时间为 150 分钟。

2. 本大纲各章所规定的基本要求、知识点及知识点下的知识细目，都属于考核的内容。考试命题既要覆盖到章，又要避免面面俱到。要注意突出课程的重点章节，加大重点内容的覆盖度。

3. 命题不应有超出大纲中考核知识点范围的题目，考核目标不高于大纲中所规定的相应的最高能力层次要求。命题应着重考核自学者对基本概念、基本知识和基本理论是否了解或掌握，对基本方法是否会用或熟练使用。不应出与基本要求不符的偏题或怪题。

4. 本课程在试卷中对不同能力层次要求的分数比例大致为：识记占 20%，领会占 30%，简单应用占 30%，综合应用占 20%。

5. 要合理安排试题的难易程度，试题的难度可分为易、较易、较难和难四个等级。每份试卷中不同难度试题的分数比例一般为 2∶3∶3∶2。试题的难易程度与能力层次有一定的联系，但二者不是等同的概念，在各个能力层次都有不同难度的试题。

6. 课程考试命题的主要题型一般有单项选择题、多项选择题、名词解释题、简答题、论述题和案例分析等。

附录：题型举例

一、单项选择题

1. 下列不属于组织行为学基础学科的是（　　）。

A. 政治学　　B. 心理学

C. 经济学　　D. 社会学

2. 把组织看成一个封闭的理性模式的是（　　）。

A. 泰勒　　B. 梅奥

C. 麦格雷戈　　D. 费德勒

二、多项选择题

1. 组织行为学的研究内容包括（　　）。

A. 个体行为　　B. 群体行为

C. 组织行为　　D. 领导行为

E. 社会行为

2. 下列属于组织行为学学科基础的有（　　）。

A. 心理学　　B. 政治学

C. 人类学　　D. 管理学

E. 经济学

三、名词解释题

1. 跨文化沟通

2. 价值观

四、简答题

1. 简述行为的基本特征。

2. 简述动机与行为的关系。

五、论述题

试述群体间冲突的预防。

六、案例分析题

某精密仪器研究所成立于20世纪90年代，20多年来该研究所承揽了多项国家级项目，成绩斐然，多次受到上级表彰。这些成绩的取得与该研究所的负责人张某有着密切的联系，他根据员工的不同类型、特点、技术专长和生活需要，实行不同的管理模式。他在满足技术人员经济需要的同时，还为他们提供丰富多彩的社会活动、文体活动，以满足他们社会交往的需要；他对下属自始至终充满尊重、理解和信赖，把技术人员看做是研究所的灵魂，以完全平等的态度对待他们，让每位技术人员都能感到自己的贡献是被了解和被承认的；他还时时注意协调好技术人员之间的关系，消解他们的摩擦，营造和谐平等的工作氛围。此外，他极力创造条件最大限度地满足中层管理人员“自主、挑战”的需要，从而发挥他们的聪明才智。同时，他还认真对待研究所里每位员工的建议，为员工提供表现与发挥积极性的机会。

问题：

（1）张所长属于哪种人性观？

（2）该种人性观的主要观点是什么？

后　记

2014 年 12 月，由全国高等教育自学考试指导委员会办公室召开了全国高等教育自学考试课程大纲、教材编前会，会上确定了“组织行为学”课程自学考试大纲编写的指导思想、基本原则和要求。

本大纲由河北大学高树军教授负责编写。大纲完成后，中国人民大学秦志华教授、中国人民大学杨其静教授参加审稿工作，全国高等教育自学考试指导委员会经济管理类专业委员会审定。

全国高等教育自学考试指导委员会
经济管理类专业委员会
2016 年 1 月

组织行为学

编写说明

根据经济管理类专业的培养目标和要求，《组织行为学》教材充分体现自学考试特色，突出对难点和重点内容的讲解，教材内容的难度、范围充分适应成人教育学习者的特点，适应自我学习和考试的需要。本书的编写特点如下：

1. 结构清晰。本书介绍了组织行为学的概念、研究内容、产生及发展、研究方法等内容，围绕个体心理与行为、群体行为及其管理、组织行为和领导行为探讨了组织管理中的心理和行为规律。

2. 综合性。组织行为学是一门多学科、多层次交叉的边缘性和应用型学科，同管理学、心理学、社会学、文化人类学等其他社会科学紧密相连。本书以上述学科的研究作为理论基础，综合运用这些学科的理论和知识解释组织中人的行为，从而探索和把握人的行为的规律性。

3. 可操作性。本书对个体行为、群体行为、组织行为及领导行为的分析不仅提供了理论依据、分析思路及步骤，而且提供了操作方法，力求使读者通过阅读，在掌握理论知识的同时又能提高操作技能水平。

4. 创新性。本书在继承前人研究成果的基础上，结合知识经济及网络技术的发展给组织行为管理带来的变化，启发读者思考环境的变化与技术的进步对组织行为所产生的重要影响，也使读者明确与组织行为相关的理论是在不断变化的。

本书由河北大学高树军教授担任主编，刘艳巧教授担任副主编，申红、张伟超参与编写。全书由高树军统稿。

本书在编写中吸收和借鉴了国内外专家的思想和研究成果，在此一并表示感谢！

由于时间仓促和编者水平有限，书中难免有不足之处，敬请广大读者多提宝贵意见。

编者

2016 年 1 月

绪　论

学习目标

通过本章的学习，掌握组织行为学的概念，把握组织行为学的研究内容，了解组织行为学的产生与发展，掌握组织行为学的研究过程，熟悉组织行为学的研究方法。

第一节　组织行为学的概念和研究内容

一、组织行为学的概念及学科性质

（一）组织行为学的概念

国内外学者对组织行为学的概念有不同的界定：

美国著名管理学教授、组织行为学的权威斯蒂芬·P·罗宾斯（Stephen P. Robbins）认为："组织行为学是一个研究领域，它探讨个体、群体以及结构对组织内部行为的影响，以便应用这些知识来改善组织的有效性。"

里基·W·格里芬（Ricky W. Griffin）等人认为，组织行为学主要研究组织环境中的人类行为、组织和人类行为间的相互作用以及组织本身。

安德鲁·J·杜布林（A. J. Dubrin）认为："组织行为学是系统研究组织环境中所有成员的行为的一门学科，以成员个人、群体、整个组织以及外部环境的相互作用所形成的行为作为研究的对象。"

陈国权（2006）认为，组织行为学是依据实证科学的研究方法，综合运用有关学科（包括心理学、社会学、人类学、政治学、信息和系统科学等）中的知识，系统地研究由人所组成的各种组织在个体、群体和组织层次上的行为，以达到组织所期望的目标的学科。

关培兰（2008）认为，组织行为学是行为科学在管理领域的应用，是综合运用各种与人的行为有关的知识，研究一定组织中人的心理和行为规律的科学。

总之，不同学者从不同的角度对组织行为学给出了不同的解释。对于组织行为学的概念，我们需要把握以下几点。

1. 组织行为学的研究对象是人的心理和行为的规律性

组织行为学既研究人的心理活动的规律性，又研究人的行为活动的规律性，它把这两者作为一个统一体来研究。人的行为与心理是密不可分的，心理活动是行为的内在依据，行为是心理活动的外在表现，因此，必须把两者作为统一体来进行研究。

2. 组织行为学的研究范围是特定组织中人的心理和行为规律

组织行为学的研究范围是特定组织中人的心理及行为规律。这说明组织行为学并不是研究一切人类的心理和行为规律，而是只研究一定组织范围内（如企业、学校、机关、军队和医院等）人的心理和行为规律。组织中人的心理和行为规律，包括个体心理与行为、群体心理与行为及整个组织的心理与行为的规律。

3. 组织行为学的研究目的是提高预测、引导及控制人的行为的能力，以提升工作绩效及员工满意度

组织行为学的研究目的是在掌握一定组织中人的心理和行为规律的基础上，提高预测、引导、控制人的行为的能力，特别是要采取相应的措施，变消极行为为积极行为，以

实现组织预期的目标，取得最佳的工作绩效，同时提升员工的满意程度。

（二）组织行为学的学科性质

1. 跨学科性

组织行为学的跨学科性具体表现为：组织行为学的研究同管理学、心理学、社会学、文化人类学等其他各门社会科学密切相连，它必须以这些邻近学科的研究作为自己的理论基础。组织行为学在对组织中的人的心理活动和行为规律进行研究时，必须综合运用上述学科的理论和知识，在组织管理工作的实践中来解释组织中人的行为，从而探索和把握人的行为的规律性。

2. 系统性

组织行为学不是孤立地研究一个组织中的个体、群体和组织的心理和行为，而是按照系统理论的观点，用系统分析的方法，将个体的人作为一个系统，并将其放在群体这个较大的系统中来研究，个体就是群体的子系统，而很多的群体又构成一个组织。因此，群体又是组成这个大系统的子系统，它们均自成系统而又相互联系、不可分割；同时，它们又都处在社会环境这个更大的系统之中且相互作用，都是社会环境的子系统。

3. 权变性

组织行为学的研究对象是人的心理和行为的规律性。人是很复杂的，他们各不相同，很难用固定的定律去解释人的行为，同样情景条件下的两个人表现却大不相同；同一个人在不同情景下行为也会有所变化。依照具体情况而定，这就是组织行为学的权变性。

4. 实用性

组织行为学并非一门简单的理论学科，研究者也并非为研究而研究。相反，组织行为学是诸多学科中实用性很强的一门学科，它的很多研究结论都可以直接应用于具体的组织管理实践中。在研究和掌握了组织中人的规律性后，还要进一步研究、评价和分析人的行为的方法，掌握保持积极行为、改变消极行为的技术。

5. 科学性

作为一门科学，组织行为学符合社会科学的一般特征：总结社会现象背后的一般原理，并由此解释、预测社会现象。组织行为学的理论并不是针对某个特定现象的，而是解释某类现象的共同规律，这些规律可以运用于各种不同的情景条件。组织行为学的研究结论符合社会科学研究的一般规律，每个结论的得出都有相应的现象与数据支持，并且经过了多次验证，与物理学等自然科学的理论规律一样，只要相应的应用条件得到满足，这种规律就可以在不同时间重复发生。

二、组织行为学的研究内容

组织行为学的研究对象决定了其研究内容，即研究一定组织中人的心理和行为的规律。组织中人的心理与行为按不同的层面又分为个体心理与行为、群体心理与行为和组织心理与行为三个层次。组织行为学的研究目的是要对上述三个层次的心理与行为进行预测、引导和控制，以便更合理地利用人力资源，更有效地实现组织的目标，而这都需要通过管理者和领导者的行为来实现，研究领导心理与行为便构成了组织行为学的重要内容之一。所以，组织行为学的研究内容分为四大块：个体心理与行为、群体心理与行为、组织行为及领导行为。

（一）个体心理与行为研究

个体心理即个体在组织中因角色地位或不同的情境而表现出的心理现象，个体行为则是个体在组织环境下的所作所为。个体心理与行为的研究内容包括个性与个体行为分析、个体心理与行为分析。其目的在于揭示不同个体的心理活动特点及其与行为和工作效率之间的关系，为管理者认识和掌握组织成员共同的心理和行为规律，提高对员工行为的解释、预测和控制能力，掌握个体动机激发与行为选择、强化的规律，充分调动人的积极性，为合理用人提供理论依据。

（二）群体心理与行为研究

组织中的每一个成员都归属于某一个或某几个群体，组织中的群体既具有完成组织目标的作用，又具有协调人际关系、满足个体心理和行为需求的功能。群体心理与行为研究主要包括群体对个人行为的影响、影响群体行为的因素、沟通、团队建设、群体冲突及管理等。其目的在于正确处理人际关系，提高人际管理和沟通水平，增强群体成员的凝聚力和向心力，为实现组织目标服务。

（三）组织行为研究

个体及群体行为影响组织的生存与发展，组织行为也直接影响组织中个体和群体的心理与行为。组织行为研究主要包括组织结构、组织变革与发展、组织文化、组织学习等问题。其目的在于分析组织结构、管理体制、组织文化对组织成员心理和行为及组织效率的影响，以期形成良好的组织气氛，促进组织管理效率的提高，探索组织变革、组织发展的原则和模式，促进组织不断完善和发展。

（四）领导行为研究

领导行为研究主要研究领导者的心理活动及行为表现，解释领导活动过程中的一般规律，以发挥领导者带领组织成员高效实现组织目标的作用。领导行为研究包括领导理论、激励理论与实务两大部分。其目的在于掌握领导活动过程的一般规律，运用有效的激励手段激发下属的工作积极性，高效实现组织目标

第二节　组织行为学的产生与发展

一、组织行为学的学科基础

组织行为学是一门应用型的行为科学，它是在多门学科的基础上建立起来的，对它有主要贡献的学科包括心理学、社会学、社会心理学、人类学和政治学等。

（一）心理学

心理学（Psychology）是测量、解释、引导及改变人的行为的一门学科。心理学关心的是研究和理解个体的行为，心理学中对组织行为学有贡献的是学习理论家、人格理论

家、咨询心理学家，最重要的是工业和组织心理学家。早期的工业与组织心理学家的研究集中在疲劳、厌倦和其他与工作条件有关的因素上，因为这些因素会妨碍工作的有效性。近期的研究已经扩展到学习、激励、人格、知觉、培训、领导有效性、工作满意度、个体决策、绩效评估、态度测量、员工选聘、工作设计和工作压力等方面。

（二）社会学

社会学（Sociology）研究处于社会中的人的行为。社会学家关注的是个体，主要研究个体及其社会行为以及人类社会和人们社会行为的变化发展规律。社会学对组织行为学的最大贡献是关于组织中群体行为的研究，特别是正式和复杂的群体。社会学家向组织行为学所提供的有价值信息的领域还包括：群体动力学、工作团队设计、组织文化、正式组织理论与结构、组织技术、沟通及权威和冲突。

（三）社会心理学

社会心理学（Social Psychology）是研究个体和群体的社会心理现象的心理学分支，是心理学和社会学相结合的产物，属于心理学的领域。它关注人与人之间的相互影响。社会心理学家研究较多的领域是变革——怎样实施变革以及如何减少变革的阻力。另外，社会心理学家的贡献还包括对行为改变和态度改变、沟通、群体过程及群体决策等方面的研究。

（四）人类学

人类学（Anthropology）是从生物和文化的角度对人类进行全面研究的学科群。从字面来理解，人类学就是有关人类的知识学问。文化人类学家对于文化和环境的研究，使我们得以了解不同国家和不同组织内人们的基本价值观、态度和民族文化的差异。我们现在对组织文化、组织环境差异的认识大多是人类学家的研究结果或采用人类学方法的研究结果。

（五）政治学

政治学（Political Science）研究在政治环境中个体和群体的行为，其具体的研究课题包括：冲突的结构、权力的分配和人们如何为了个人利益而操纵权力。早期研究组织行为学的人对政治学家的研究几乎没有什么兴趣。现在我们已经清醒地认识到：组织是政治实体，如果想准确地解释和预测组织中人的行为，就必须在分析中引入政治学的观点。

二、组织行为学的产生

组织行为学是在组织管理学和人事管理学的基础上产生和发展而来的，是组织演变、管理理论发展的必然结果，与管理学、工业心理学、管理心理学、组织心理学有着历史渊源。

（一）早期的科学管理理论

1911 年，泰勒（Frederick W. Taylor）《科学管理原理》一书的出版，标志着管理学正式成为独立的科学。与此同时，美国的弗兰克·吉尔布雷斯（Frank Gilbreth）及其妻子莉莲·吉尔布雷斯（Lillian Gilbreth）也在集中力量通过动作研究和时间研究来提高工作效率，即通过动作—时间分析来确定科学定额。在研究中，莉莲·吉尔布雷斯还发现，由于管理人员不关心工人而引起的不满情绪也会影响工作效率。因此，她认为不能单纯通过工作的专业化、方法的标准化和操作的程序化来提高效率，还应该注意研究工人的心理。

（二）工业心理学

组织行为学的早期发展，除了和当时的科学管理理论相关外，同工业心理学的兴起也是分不开的。闵斯特伯格（Munsterberg）是工业心理学的主要创始人，1912 年他出版了《心理学与工业效率》一书，首先正式把心理学运用到工业管理之中，书中论述了用心理学测验方法选拔合格员工等问题，主要研究职业选拔与职业培训、疲劳及合理化建议等，研究的基本方向是如何挑选和培养合格的员工适应他们所选用的机器，解决人与机器的关系。闵斯特伯格所开创的工业心理学为行为科学的出现作出了重大贡献。之后，人事心理学、工程心理学先后诞生，分别研究人与事、人与机器和环境的相互关系的心理学问题。

（三）工业社会心理学

工业心理学的早期阶段，仅限于工业个体心理学的研究，考虑的面比较狭窄。20 世纪 20 年代，美国著名心理学家梅奥（G. E. Mayo）主持“霍桑试验”，发现了工作群体的重要性并提出了“人际关系学说”，使建立在群体理论之上的社会心理学研究真正起步，使学术界对工作中的社会环境、人际关系、管理者与被管理者的相互关系、组织机构本身的社会性等因素对人们心理和行为的影响有了足够的重视。学术界开始对企业中人的心理与行为进行综合探索，并形成了研究人—人相互关系的工业社会心理学，加强了研究的深度和广度，从而为组织行为学的诞生奠定了实验和理论基础，开辟了组织理论的新领域。

（四）管理心理学

美国斯坦福大学的莱维特（H. J. Leavitt）于 1958 年出版了经过系统研究的著作《管理心理学》。之所以这样命名该书，就是想引导读者考虑这样一个问题：如何引导、管理和组织一大批人去完成特定的任务。因为当时以群体特别是以小群体为研究对象的工业社会心理学，对员工工作绩效的影响越来越大，而且随着群体动力理论、需要理论、社会测量理论等心理学理论先后出现并运用于企业管理，人们也日益认识到在工业生产活动中，管理实际上占据着核心地位，应当将“管理”凸显出来。

（五）组织心理学

20 世纪 60 年代初，莱维特在其为《心理学年鉴》所写的一篇文章中又首先采用“组织心理学”（Organizational Psychology）这个名词，进一步将管理心理学的研究内容从个体心理、群体心理、领导心理扩大到组织心理的研究，如探讨组织结构、组织内外环境对心理的影响等，目的是要承担比个体差异测定更广泛的组织问题研究。

（六）组织行为学产生

随着这一学科从个体到群体再到组织研究的演变，其研究和实验的机构也发生了变化。自 20 世纪 60 年代起，它从各大学的心理学系转入管理学院、系，其教师队伍中又吸收了社会心理学家、社会学家和人类学家，从这批人中产生的研究项目开始被命名为“组织行为学”。这样就进一步强调了“组织”这一概念，同时又明确了它不是任何一门学科的产物，很容易被各有关学科的学者所认同。之后，“组织行为学”这一名词就被沿用至今。

三、组织行为学的发展

综合各家观点，组织行为学的发展大致经历了以下四个阶段。

（一）第一阶段：20世纪初到20世纪30年代，以泰勒、韦伯和法约尔等为代表，把组织看成是一个封闭的理性模式

19世纪末20世纪初，在社会生产力高度发展、劳资关系日益尖锐的前提下形成的古典管理理论又被称为古典科学管理理论。古典科学管理理论的代表人物有美国的泰勒（Frederick W. Taylor）、法国的亨利·法约尔（Henri Fayol）、德国的马克斯·韦伯（Max Weber）等人。

科学管理理论侧重于研究基层的作业管理，通过对工作方法的科学研究来改善生产效率。泰勒开创了科学管理的先河，当代许多重要的管理理论都是对泰勒理论的继承和发展。

泰勒有许多追随者，他们对“科学管理”运动都作出了一定的贡献，比较知名的有甘特和吉尔布雷斯夫妇等。亨利·甘特（Henry Gantt）是泰勒在创建和推广科学管理时的亲密合作者。在1887年至1902年间，他充当泰勒的助手。甘特的主要贡献是提出了工作进度原理。他在计划和管理技术方面，设计了一种生产计划进度表，又被称为“甘特图”（Gantt Chart）。甘特还发展了泰勒的工资制度，提出了“计件奖励工资制”，即除了支付有保证的工资外（完成或完不成定额，都可得到原定的工资，不再减少），但超额完成部分另给奖金。这种制度使工人感到工资有保证，从而激励他们更好地工作。这反映了甘特的一种信念，即金钱不是唯一的因素，工作安全感也是一种有力的刺激。

弗兰克·吉尔布雷斯曾是一位工程师和建筑承包商，后来放弃了他的承包商生涯而致力于研究科学管理。他在动作研究和工作简化方面作出了突出贡献。为了进行有关工人操作的动作研究，他采用了两种技术：一种是把工人的动作分解成各种基本动作；另一种是用影片记录和分析工人的操作动作。弗兰克·吉尔布雷斯最著名的实验要数关于省略砌砖动作的研究，他的动作研究和工作简化比泰勒深入且广泛。莉莲·吉尔布雷斯是一位心理学家，她除了协助丈夫从事动作研究外，还特别研究了管理心理学，于1914年出版了著作《管理心理学》，第一次使用了“管理心理学”的名称。她力图把早期心理学的概念应用到科学管理的实践中去，但这本著作当时并没有引起人们的足够重视。

亨利·法约尔是法国人，被誉为“管理过程之父”。与泰勒侧重于研究基层的作业管理不同，他的一般管理理论站在高层管理者角度研究整个组织的管理问题。法约尔提出了适用于各种组织的一般管理的五大职能及管理的十四条原则，从管理职能、原则的角度研究整个组织的管理问题。

马克斯·韦伯是德国古典科学管理理论的代表人物，还是社会学家、经济学家，被称为“组织管理之父”。他研究了国家和教会的管理，发现凡是管理比较正规、非人情化的效率较高，因此认为高效率的组织应该是较正式的组织——理想的行政组织体系，该体系强调组织活动要通过合理、合法的权力而不是个人或世袭地位来设计与运作。

古典科学管理理论最突出的贡献是为管理提供了一系列原理和方法，泰勒等人的科学管理侧重于操作管理或基层管理，法约尔对管理的五大职能的分析，为管理领域提供了一套科学的理论框架。古典科学管理理论包含着许多有益的组织行为学思想，对其后的心理技术学、工业心理学、组织行为学的诞生产生了较大影响

古典科学管理理论的局限主要表现在以下几个方面：

第一，把员工看成是“经济人”。

第二，强调独裁式管理。法约尔和韦伯强调：上下级等级系统不得破坏，劳动者只能听命于管理者。这种管理方式易导致企业内人际关系淡薄，限制员工的创造性和主动性。

第三，把组织看成是封闭的系统，组织职能的改善仅仅依靠组织内部的合理化，很少考虑外部环境的影响，不注意在宏观高度上研究经济和社会问题。

（二）第二阶段：20世纪30年代至20世纪60年代，以梅奥、麦格雷戈等为代表，把组织看成是一个封闭的社会性模式

20世纪20、30年代，一方面，劳资关系紧张；另一方面，经济的发展和周期性经济危机加剧，使得人们越来越注意到以前的管理理论和方法的片面性。例如，泰勒设计的工资激励制度在满足员工“经济需要”方面取得了一定的成功，但却忽视了员工是社会成员，他们“心理上的需要”也必须得到满足。于是，众多学者都认为再依靠传统的古典科学管理理论难以有效提高生产效率。

梅奥是美国心理学家、管理学家，原籍澳大利亚，早期的行为科学——人际关系学说的创始人。他在哈佛大学工商管理研究院工业研究室任教，参与策划了霍桑试验。有关霍桑试验的总结主要集中在他的著作《工业文明的人类问题》和《工业文明的社会问题》中。霍桑试验是于1924年至1932年间，由美国国家研究委员会和西方电气公司合作，在西方电气公司的霍桑工厂进行的研究试验。研究发现：生产效率不仅受物理和生理因素的影响，也受社会和心理因素的影响。相对于传统的科学管理理论而言，人际关系学说的新观点主要是：只有把人当做“社会人”来看待，而不是当做完全理性的机器人来看待，才能创造出高效率。这是管理学迈向重视人的因素，重视人的社会、心理需要，以及重视企业组织内部人与人关系的改善等对提高工作效率的影响的标志。

美国社会心理学家麦格雷戈（Douglas M. Mc Gregor）在《论企业中的人性》一书中提出了X理论和Y理论，围绕着“人的本性”来论述人类行为规律及其对管理的影响。X理论与传统观念相近，管理者认为员工是消极、被动的，只有通过严格监管、严密控制才能提高效率。Y理论则相反，认为员工愿意主动承担责任，能很好地控制自己，有很好的创新能力，可以很自然地将工作做好，对目标的执著来自于获得成就的情感回报。

1952年，美国成立了“行为科学高级研究中心”。1953年，福特基金会邀请一批著名学者开会讨论，会议决定把研究人的行为的这门综合性很强的科学正式定名为“行为科学”（Behavioral Science）。以此为标志，行为科学成为管理理论的一个重要分支。在此期间，美国和其他一些国家的许多学者，从不同的角度对管理活动中人的行为进行了大量的研究，并且在若干方面取得了较大的进展，如人的需要、动机和激励问题，与企业管理有关的“人的本性”问题，企业中的非正式组织及人际关系问题，企业中的领导方式问题等。

上述理论相较于那种只重视物的管理、不重视人的管理的理论来说，是具有创造性和

革新意义的，是一种进步，它改变了以往的传统管理理念，把人作为一种非常重要的管理对象纳入组织管理当中，开创了研究人的社会需要、心理情感等因素对工作效率影响的先河。

（三）第三阶段：20 世纪 60 年代至 20 世纪 70 年代，以费德勒等人为代表，把组织看成是开放的模式，从原来的封闭观念转向开放观念是一大进步

随着环境因素对管理工作的影响程度越来越大，20 世纪 70 年代，组织行为学发展出一个新的流派——权变学派，又称情境学派。权变理论认为，每个组织的内在要素和外在环境条件都各不相同，因而在管理活动中不存在适用于任何情境的原则和方法，即在管理实践中要根据组织所处的环境和内部条件的发展变化随机应变，没有什么一成不变的、普适的管理方法。成功管理的关键在于对组织内外状况的充分了解和有效的应变策略。该理论认为，在不同的情境中，不同的领导行为有不同的效果，所以又被称为领导情境理论。

最早对权变理论作出理论性评价的人是心理学家费德勒（F. Fiedler），他于 1962 年提出了一个“有效领导的权变模式”（即费德勒模式），认为任何领导形态均可能有效，其有效性取决于是否与所处的环境相适应。他把影响领导者领导风格的环境因素归纳为三个方面：职位权力、任务结构和上下级关系。

20 世纪 70 年代初，加拿大多伦多大学教授豪斯（R. J. House）提出了路径—目标理论。豪斯等人认为：领导是一种激励部下的过程，领导方式只有适用于不同的部下和环境时，才是有效的。该理论的核心是有效的领导者既要帮助下属充分理解工作目标，又要指明实现目标的路径。

领导生命周期理论由赫西（Paul Hersey）和布兰查德（Ken Blanchard）提出，他们认为下属的“成熟度”对领导者的领导方式起重要作用。所以，对不同“成熟度”的员工采取的领导方式有所不同。

（四）第四阶段：20 世纪 70 年代至今，综合前三个阶段之所长，把组织看成是一个开放的社会性模式，要求把组织行为学的研究转变到社会文化这一更深的层次上

第二次世界大战后，特别是 20 世纪 70 年代以来，日本汽车和电子消费品等像潮水般涌入国际市场。在战后短短的 30 年，日本发展成为仅次于美国的经济大国，由此引起了美国朝野上下的普遍震惊。此后，越来越多的美国人在这种严峻的态势下开始审视日本，反省自身。在对美日两国不同的管理模式进行分析、探讨后，美国理论界和企业界认为日本企业成功的奥秘在于其独特的企业文化，并在 1981—1982 年短短的两年间通过对日本管理经验的总结和两国管理状况的比较研究，接连出版了《Z 理论——美国企业界怎样迎接日本的挑战》《日本企业管理艺术》《企业文化——企业在生活中的礼仪》《寻求优势——美国最成功公司的经验》等著作，对企业文化的研究进入繁荣时期。对企业文化的研究在 20 世纪 80 年代和 90 年代已经成为管理学、组织行为学等学科研究的一个热点，20 世纪 80 年代和 90 年代也被称为管理的企业文化时代。

组织是一个开放系统，它不能脱离社会环境而存在。同样，组织文化也不能脱离社会环境而构造。组织文化就是在这种适应的过程中形成的。管理植根于文化之中。文化是组织的灵魂，是组织最重要的无形资产，是推动组织持续发展、快速成长的强大精神力量。

同时，组织文化还是一种“形散而神不散”的动态文化，它是一个组织在长期的管理建设中沉淀的精神财富，是一种新型的管理方式，它代表了组织管理发展的一种新趋势。

此外，组织行为学还吸收了系统学说、权变学说、组织文化理论及学习型组织等理论的观点，从而大大丰富了自身的内容，拓宽了研究的范围。从组织行为学的起源与发展过程，我们可以看到，随着管理实践的深入和学术界、企业界的不断探索与研究，组织行为学的理论和方法将更为科学和更具可操作性，该学科将更为成熟和完善。

随着管理实践的深入、管理理论的发展，组织管理理论也在不断完善和发展。正是在这个基础上，组织行为学的理论才逐步得到升华，它改变了传统管理对人的认识，从忽视人的作用变为重视人的作用。因此，现代管理也由原来的以“事”为中心，发展到以“人”为中心；由原来的对“纪律”的研究，发展到对人的“行为”的研究；由原来的“监督”管理，发展到“动机激发”管理；由原来的“独裁式”管理，发展到“参与式”管理。

第三节　组织行为学的研究过程与研究方法

一、组织行为学的研究过程

不同的学者对组织行为学的研究过程的划分是不同的，但都遵循从实际出发、实事求是的原则。

有一种观点认为，组织行为学的研究过程包括以下三个基本步骤：

第一步：归纳综合。也就是在观察和如实记录某种环境因素对个人、群体或组织行为的影响程度的基础上，归纳综合该种因素与个人、群体或组织行为反应之间相互关系的规律性。

第二步：演绎推论。也就是应用归纳综合所得的有规律性的结论，说明产生各种行为的原因及其相互关系，预测推断个人、群体或组织在特定环境下可能的行为反应。

第三步：检验。为了确定上述结论指导下的预测与推论准确与否，就应该放到实践中进行检验。如果实践与预测不相符，那么可以根据在实践中所收集的新的数据和资料，对原来的预测与推论进行修正。

美国的管理学教授西拉季（Szilagyi）和华莱士（Wallace）把组织行为学的研究过程细分为以下六个步骤：

第一步：弄清要研究的问题。研究问题是对某一现象或困惑的好奇。它陈述了两个或多个变量之间的潜在关系，提供了进行实证检验的可能性。它通常始于问“是什么？为什么？何时？如何？”等问题。

第二步：查阅与某种行为问题有关的理论和信息资料。一旦有了感兴趣且重要的研究问题，就需要进行广泛的文献回顾。广泛的文献回顾有助于评价研究问题是否已经得到回答；也有助于找到一些相关理论来解决困惑，从而帮助改进研究问题，甚至发现文献的不足或察觉未经检验的命题。

第三步：形成假设。假设是对研究问题的暂时回答。现有的理论对于回答所研究的问题并形成有意义的假设至关重要，假设是对事物之间的可能关系的陈述。

第四步：选择正确的设计步骤和方法开展研究工作。这一步包括研究设计、数据收集和数据分析方法的设计。

第五步：实际观察、测试和实验。对调查研究过程中收集的资料和数据进行详细的统计分析，从而得出一些相应的结论。

第六步：解释研究结论。结论是根据研究过程中收集到的资料、数据进行整理后向读者展示的客观事实，它告诉我们最终得到什么，这些东西是什么。通过总结反思，可以了解本次研究结论的理论分析、研究方法的科学性与局限性及研究成果的可靠程度与适用范围等；也可明确本次研究解决了哪些问题，有什么不足之处，还存在什么问题，以及在研究过程中又发现了什么新问题、新线索需要进一步研究等。

二、组织行为学的研究方法

在组织行为学的研究中，要将依据经验和逻辑思辨的方法以及类似自然科学的定量研究方法有机结合起来，才能产生高水平的研究成果。对组织行为学的研究，通常采用以下几种主要方法。

（一）观察法

观察法是指借助人的感官和各种测量仪器直接对研究对象进行观测，观察员工的工作过程、行为、内容、工具等，进行分析与归纳总结，并将观察结果记录下来的方法。观察法有下述几个特点：有预定的研究目的，有系统的程序与设计，有系统的文字记录，一般不向被观察者暴露所要了解的问题。

1. 分类

按照观察者与被观察者的关系来分类，可把观察法分为参与观察法和非参与观察法两类。参与观察法是指观察者直接参与被观察者的活动，并在共同活动中进行观察的方法。非参与观察法是指观察者不参与被观察者的活动，以旁观者身份进行观察的方法。

2. 优缺点

观察法的优点：简便易行；所获得的材料比较真实；能够比较全面和深入地了解工作要求。观察法适用于那些工作内容主要由身体活动来完成的工作，如装配工人的工作、保安人员的工作等。

观察法的缺点：花费的时间多；观察得来的材料难以量化，难以说明刺激条件与行为变化之间的精确关系；有些被观察者难以接受，他们觉得自己受到了监视或威胁，在心理上对观察人员产生反感，同时也可能造成操作动作变形。观察法不适用于脑力劳动比重比较高的工作，以及处理紧急情况的间歇性工作，如律师、教师、急救站的护士、经理等人的工作。

3. 注意事项

（1）要注意工作行为样本的代表性；

（2）观察人员在观察时尽量不要引起被观察者的注意，干扰被观察者的工作；

（3）观察前要有详细的观察提纲和行为标准；

（4）观察者要避免机械记录，应反映工作有关内容，并对工作信息进行比较和提炼。

（二）调查法

调查法是为了达到设想的目的，制订某一计划，就一些问题对某些个人或群体进行访问或发放调查表要求被调查者回答，收集所需要的各种资料和数据，并以此来分析、推测其行为与心理倾向的研究方法。

调查法根据收集资料的方式不同，主要分为访谈法和问卷法。

1. *访谈法*

又称面谈法，是指运用口头沟通方式来收集资料的一种方法，应用最为广泛。面谈可以标准化，亦可以非标准化。标准化的面谈需根据预先拟定的提纲提出问题，被调查者根据问题进行回答，谈话过程像是口头问卷。非标准化面谈的过程、结构比较松散，没有固定的模式。通过面谈，双方不仅交换了意见，也交流了感情。

访谈法的优点：（1）可以对员工的工作态度与工作动机等较深层次的内容有比较具体的了解；（2）运用面广，能够简单且迅速地收集多方面的资料；（3）易了解到短期直接观察法不容易发现的情况，有助于管理者发现问题；（4）有助于与员工的沟通。

访谈法的缺点：（1）访谈者要有专门的技巧，需要受过专门的训练；（2）比较费时、费力，工作成本较高；（3）无法完全避免主观因素、暗示、诱导所形成的信息失真。

2. *问卷法*

问卷法是根据研究的课题与目的，预先设置一系列问题，编制问卷，对人的心理与行为进行调查，然后统计分析，得出结论的方法。问卷可分为封闭式和开放式两种。封闭式问卷是把所要了解的问题和可能的答案全部列出的问卷形式，调查时只需调查对象从已给出的答案中选择某种答案。开放式问卷是只提出问题，不给出可选答案的问卷形式。

问卷法的优点：（1）调查范围广；（2）调查样本量大，适用于需要对很多人员进行调查的情况；（3）调查的资料可以量化，由计算机进行数据处理。

问卷法的缺点：（1）设计理想的调查问卷要花费较多时间，人力、物力、费用成本高，问卷设计若不科学，有可能造成调查结果不准确；（2）问卷在使用前需进行测试，以了解被调查者是否了解问卷中的问题，为避免误解，还经常需要工作人员亲自解释和说明，会影响工作效率；（3）填写问卷一般单独进行，缺少交流和沟通，因此，被调查者可能不积极配合，从而影响调查的质量。

（三）个案分析法

研究者通过对个体、群体或组织整体情况较长时间的连续调查、了解，全面收集资料，从而研究其心理发展变化的全过程，得出研究结论的方法称为个案分析法。比如某研究者深入某企业进行较长时间的观察、了解和生活体验，掌握企业人员的思想状况、智力结构、领导特性、生产状况等主要因素，并以此为基础，通过进行深入的分析，整理出这个企业的详细材料，这个材料即称为个案。个案分析是一种跟踪研究，只要是与研究对象有关的材料一概收集，通过对这些有关材料的分析，找出研究对象心理发展变化的轨迹，从中得到其行为规律和心理活动规律，并进一步探索一般的心理活动和行为活动规律。

要做好的个案分析，所选择的案例要典型，应是能代表一批同类的个体、群体和组织，只需要通过分析这个案例就可以得到其他同类对象的状况，因而研究上有推广价值。研究者要尽可能地通过各种方式获得个案各个角度、各个层次和各个时间段的资料和信息，最好是一手资料，这样才能在分析中发现案例背后所隐含的规律。

（四）实验法

实验法是指在人为控制的环境下精确操纵自变量从而考察因变量如何因其而变化，进而研究变量间相互关系的方法。实验法有实验室实验和现场实验之分。实验室实验在专门的实验室进行，一般借助各种仪器设备而取得精确的数据。它具有控制条件严密、操作程序固定、可反复验证等特点。但实验室实验具有很大的人为性，与实际生活条件有一定的差距。

现场实验是在真实的组织环境中进行的。比如，要了解照明度对生产的影响，可安排两个同样条件的车间在不同的照明光线下生产，比较生产率。现场实验是一种有效的研究方法，所得的结论也更具有普遍意义，但由于工作现场的具体条件复杂，许多控制变量很难排除或在一段时间内保持恒定，故需有一个周密的计划，研究的成本较高。

（五）心理测验法

心理测验法就是采用标准化的心理测量量表或精密的测量仪器来测量被试者的方法。随着研究的深入和科学的发展，用于心理测验的心理测量量表和测量仪器日臻完备，心理测验方法的使用也日益广泛。科学的组织行为学的特征之一就是能对个体的行为进行量化的研究，心理测验是使个体行为量化的主要工具。常用的心理测验有人格测验、心理健康测验、倾向性测验等。心理测验与个体的真实状况之间会存在一定的差异，但可以进行必要的控制和差异衡量，以信度和效度来表明测验结果的可靠性和有效性。采用心理测验法研究组织行为学问题有两种方式：（1）采用心理测验法来研究个体行为某一层面的个别差异；（2）采用心理测验法来研究被试者两种或多种行为之间的关系。

（六）情景模拟法

根据被试者所承担或将要承担的工作任务，研究人员设计一套与岗位实际情景相似的测试场景，将被试者放置于模拟的工作环境中，观察被试者的才能、行为，并按照一定的规范对所观察的行为进行评定，即为情景模拟法。这种方法具有针对性、客观性、预测性和动态性等方面的特征，因而信度和效度较高。

以上几种方法各有其应用价值，但也各有其局限性。研究者在进行组织行为学研究时，并不是只采用一种方法，而是根据研究对象与任务同时采用几种方法，以达到取长补短、有效解决问题的目的。

思考题

1. 简述组织行为学的学科性质。
2. 组织行为学的研究内容包括哪些？
3. 简述组织行为学的发展阶段。
4. 简述常用的组织行为学的研究方法。

第一篇
个体心理与行为

第一章　个性与个体行为分析

学习目标

通过本章的学习，掌握人性假设的基本观点和内容，了解关于个体行为的不同解释，了解影响人的行为的心理因素。

第一节　人性假设

现代的管理是以人为中心的管理，一切有关人的管理原则和方法，都必须以对人的基本看法作为出发点。对人性、人的本质的不同观点，会产生截然不同的管理原则和方法。因此，对于人性的研究也就成为组织行为学探讨的问题之一。

一、"经济人"假设

（一）"经济人"的基本含义

"经济人"也叫"唯利人"或"实利人"。这种假设源于"享乐主义"的哲学观点和亚当·斯密（Adam Smith）关于劳动交换的经济理论（这一理论流行于19世纪末到20世纪20年代）。

1. "经济人"的观点

"经济人"的观点把人看做是"经济人"，认为人的行为在于追求本身的最大利益，工作的主要动机就是获得经济报酬。

亚当·斯密是资本主义古典政治经济学的创始人，他于1776年发表代表著作《国民财富的性质和原因的研究》（也称《国富论》）。该著作的问世标志着资本主义商品经济理论体系构筑完成。该书以资本主义财富为中心，对资本主义的商品经济做了全面系统的分析。亚当·斯密认为，经济问题的出发点是人的本性，即资本主义的利己主义，每一个人的所有活动都会受到利己心的支配，这种个人利益的追求者就称为"经济人"。他在论述资本主义"自由经济"时，同样提出了对管理发展有深远影响的管理见解。

亚当·斯密提出了"经济人"的观点，即经济活动产生于个人利益基础上的共同利益，在追求个人利益最大化的同时，必须要兼顾其他人的利益，在此基础上产生了共同利益，进而形成总体社会利益。个人追求利益的动机和行为有利于发展生产、调动积极性，会自然形成社会共同利益。这种"经济人"的观点是资本主义生产关系的反映。

2. X理论

美国工业心理学家道格拉斯·麦格雷戈（Douglas M. Mc Gregor）在他的著作《论企业中的人性》一书中提出两种对立的人性假设理论：X理论和Y理论。X理论的基本观点有以下几点：

第一，多数人天生就是懒惰的，都尽可能逃避工作；

第二，多数人都是胸无大志，不愿负任何责任，甘愿受别人的指挥和领导；

第三，多数人的个人目标和组织的目标是相互矛盾的，必须用强制、惩罚的办法才能迫使他们为了达到组织的目标而努力工作；

第四，多数人从事工作的目的在于满足基本的生理需要和安全需要，所以只有金钱和其他物质利益才能激励他们努力工作；

第五，人大致可以分为两类，大多数人具有以上特性，属于被管理者，少数人能克制自己的感情冲动进而成为管理者。

（二）基于“经济人”假设的管理

1. 采用任务管理的方式进行管理

管理工作的重点在于提高生产效率、完成生产任务，也就是重视完成任务，较少考虑人的情感。

2. 管理工作只是少数人的事情，与工人无关

工人的主要任务在于听从管理者的指挥。比如泰勒认为，在大多数情况下，需要有一类人如管理者先去制订计划，另一类完全不同的人再实施计划。

3. 实施明确的奖惩制度

在奖励制度方面，主要用金钱来刺激工人的生产积极性，同时对消极怠工者采用严厉的惩罚措施，也就是对工人采用“胡萝卜加大棒”的政策。

泰勒制是“经济人”观点的典型代表。泰勒所提倡的“时间—动作”分析以及制定各种操作规程、工时定额、计件工资制、差额工资制等，从组织制度上保证了生产任务的完成，具有一定的科学性。但他对工人的思想感情漠不关心，反对工人参加企业管理，使得这种管理方式具有很大的局限性。

（三）对“经济人”假设的评价

“经济人”假设是以享乐主义哲学为基础的，它把多数人看成是天性懒惰且不喜欢工作的“自然人”。根据这种假设决定的管理理论、原则及措施是以金钱为主的机械式管理模式，通过权力严密控制员工。

“经济人”假设认为大多数人都是缺少大志向和责任心的，只有少数人起到统治的作用；反对工人参与管理，把管理者和被管理者对立起来，否认工人在生产中的地位和作用，并无形中将少数人对多数人的剥削合理化，反映了资本主义的特点。

当然，“经济人”假设和 X 理论以及泰勒制的管理原则，也有科学管理的成分，具有一定的积极作用。它改变了当时放任自流的管理作风，强化了社会各界对于消除浪费及提高工作效率的关注，科学分析了工人在劳动中的机械动作并制定了精确的工作方法，实施了比较完善的计算与监督制度，促进了科学管理体制的建立。

二、“社会人”假设

（一）“社会人”假设的基本含义

“社会人”假设产生于 20 世纪 30 年代至 50 年代，认为人们在工作中得到的物质方面的利益在调动其生产积极性方面只是起到次要作用，人们最重视的是在工作中与周围人群形成的良好的关系，良好的人际关系是调动人的生产积极性的决定性因素。梅奥的人际关系学说是这一假设建立的基础。梅奥在长达 9 年的霍桑试验的基础上，提出了“社会人”假设的基本观点。

1. 人是“社会人”

传统管理理论把人假设为“经济人”是不准确的，人的生产积极性的提高除了受到物质因素影响之外，还有社会方面的因素。人应该是“社会人”，是由于社会需要才引起的

工作动机。所以，金钱并不是激励员工工作积极性的唯一动力，员工的社会心理需求是影响工作积极性的主要因素。

2. 管理工作要“以人为中心”

生产效率的高低并不取决于工作方法和工作条件，而是取决于员工工作的“士气”。员工“士气”的高低取决于其在社会、企业组织及家庭生活当中人际关系的协调程度，工作环境及工作方法只是有锦上添花的作用。

3. 组织中存在“非正式群体”

在传统管理中，人们关注的焦点都在“正式群体”上，如结构、职权划分及规章制度等。霍桑试验揭示了正式组织中还存在着无形的“非正式群体”，这种组织有其自身的规章制度，并在无形中影响着群体成员的行为方式。

4. 建立新型的领导方式

作为一个组织的管理者，要做的是学会善于倾听并与员工进行良好的沟通。一方面，要研究员工合乎逻辑的行为；另一方面，要了解员工不合乎逻辑的行为。管理者要努力使正式组织的经济目标与非正式群体的社会目标达到一个动态的平衡状态，最终使得员工心甘情愿为了组织的目标而协作和贡献自己的力量。

自霍桑试验以后，其影响随着时间的推移逐渐扩大，西方涌现出大批从事人际关系研究的学者。

（二）基于“社会人”假设的管理

第一，管理人员不应该只是关注生产任务的完成情况，还应该把关注点放在关心人、满足人的需要上。

第二，管理人员在注重指挥、监督和控制等的基础上，还要关注员工之间的人际关系，努力提高员工对组织的认同感、归属感和整体感，激起员工对组织的奉献精神，培养员工的群体意识，进一步增强组织的凝聚力。

第三，在实行奖励措施时，应主张实行集体奖励制度而不是主张实行个人奖励制度。

第四，管理人员的职位要进行轮换，不应该只局限于计划制订、组织工序、产品检验等，而应在员工和上级之间起到联络人的作用，负责上下级之间的信息沟通。一方面，要倾听员工的意见，了解员工的情感和需求；另一方面，要将上级的命令和意图精准地向下传达，并监督和贯彻执行。

第五，主张“参与管理”的管理方式。参与管理就是在不同程度上让员工或下级参与到企业政策的有关讨论当中。

（三）对“社会人”假设的评价

从“经济人”的假设到“社会人”的假设是管理思想上的一次巨大飞跃，标志着人们对人性认识的进一步加深。“社会人”的假设承认人是一个社会客体，在重视人的自然需要的同时还要关注人的社会需要，主张从满足人的社会需要入手来调动人的积极性，鼓励员工参与管理，以便改善管理者和员工之间的关系。实践证明，这比单纯的物质激励效果更好。它给企业管理带来重大影响，促进管理思想和管理方式发生重大变化，促进管理水平的提高和生产的发展。

三、"自我实现人"假设

（一）"自我实现人"假设的基本含义

"自我实现人"也叫"自动人"。这种人性假设产生于20世纪50年代，是美国著名心理学家马斯洛（Abraham H. Maslow）、克里斯・阿吉里斯（Chris Argyris）和道格拉斯・麦格雷戈等人提出来的。"自我实现"指个人才能得到充分展示和发展。用马斯洛的观点来讲，最理想的人就是成为"自我实现人"。但在现实中，由于社会环境的限制，这种人是少数的，多数人都不能达到"自我实现"的水平。

1. 马斯洛的"自我实现人"假设

马斯洛提出的"自我实现人"是指人都需要发挥自己的潜力，表现自己的才能，只有人的潜力充分发挥出来，人的才能充分表现出来，人才会感到最大的满足。

2. Y理论

麦格雷戈在总结并归纳马斯洛、阿吉里斯及其他人类似观点的基础上，结合实践中的管理，提出了著名的Y理论，主要观点如下：

第一，厌恶工作不是普通人的本性。工作可能是一种程度上的满足，人们有意愿去做；工作也可能是一种惩罚，有人想要逃避并且不愿意工作。这一般要取决于控制条件。当周围环境和条件比较好时，运用体力和脑力从事工作，就像是做游戏和休息一样自然。

第二，外部的控制及惩罚带来的威胁不是促使人们努力达到组织目标的唯一手段。因为人们有一种表现自我才能和发挥自己潜力的欲望，所以人们在执行任务过程中能够进行自我控制和自我指挥。

第三，一般人在适当的条件下，不但能够承担一定的责任，还会乐于追求责任。逃避责任、缺乏抱负及强调安全感，这一般是实验的结果，并不是人真实的本性。

第四，在人群中广泛存在并分布着高度的想象力、智谋和解决组织中各种各样问题的创造性力量。

第五，员工自我实现的需要和主动完成组织工作的意向，使得组织绩效更加富有成果。这二者之间并不存在必然的矛盾。若给予适当的机会，员工会自愿地将自身的个人目标与组织目标结合为一体。

第六，在现代工业化社会条件下，普通人的智力只是得到了部分发挥。

（二）基于"自我实现人"假设的管理

1. 管理重点的变化

"自我实现人"的假设把管理的重点从重视人的因素转移到重视工作环境上面。它主张为员工创造一个舒适的工作环境和条件，能够充分发挥员工的个人潜力和才能，充分发挥员工的个人特长和创造力。这种对环境的重视与对工作任务的重视不同，其重点是重视人各方面的因素，更加注重人的价值和尊严，尽量把工作安排得有意义、有挑战性，使得员工可以通过工作过程和工作业绩得到满足，得到自身追求意义上的提升。

2. 激励方式的转变

"自我实现人"假设认为，对于人来说，最根本且起长远作用的是那些内在的激励因素，如在工作中获取知识，增长自我才干，充分发挥自己的才能等。只有内在的激励才能在根本上满足人的自尊和自我实现的需要，进而极大地调动员工的积极性。

3. 管理制度的变化

“自我实现人”假设主张管理权限的下放，建立参与和决策制度、提案制度、劳资会议制度及制订发展计划，让员工选择自己喜欢的工作等，这些都能在一定程度上让员工展示自己的能力，达到自己所希望的成就。

4. 管理职能的改变

以“自我实现人”假设为出发点，管理者的主要任务在于尽可能为员工充分发挥自己的才能创造良好的条件，减少和消除员工在自我实现过程中所遇到的障碍。

（三）对“自我实现人”假设的评价

从理论角度来看，“自我实现人”假设和“经济人”假设存在共同的错误，即把人性看成是天生的、自然形成和逐渐成熟的。事实上，人格和人性的形成与发展是在一定的物质基础上，通过社会、家庭和学校的教育影响实现的，是人们在社会实践中能动改造、变革的结果。

虽然“自我实现人”假设存在一定的缺陷，但是其理论及相应的管理措施在当时的社会环境和背景下是相当有说服力和先进性的，有许多观点值得借鉴。

四、“复杂人”假设

（一）“复杂人”假设的基本含义

“复杂人”假设是20世纪60年代末至70年代初提出来的。

前面三种人性假设各自存在合理的一面，但都不是普遍适用的，因为人是复杂的，不仅人与人之间的性格不同，并且一个人在不同的年龄阶段、不同的时期及不同的地点和环境中也会有不同的表现。人的需要和潜力会随着年龄的增长、知识的增加及身份、地位的改变有所变化，不能用统一的模式进行笼统的嵌套。“复杂人”假设就是基于这样的事实，以期更加合理地说明人的需要与工作的动机。

美国的行为科学家埃德加·沙因（Edgar H. Schein）于1965年出版了《组织心理学》，对人性进行了相应的归类，提出了“复杂人”假设：

第一，每个人的需要和能力各不相同，工作动机是复杂多变的，难以进行统一、明确的概述。人的每一个动机都建立在各种不同的需求之上，动机构造模式是因人而异的，即使同一个人，在不同的时间和空间条件下，动机也是可能发生变化的。

第二，人在组织中的工作和生活条件是不断变化的，因此会不断产生新的需求和动机。一个人在组织中表现出的动机模式是原来自有的动机模式和融入组织之后获得的组织经验模式之间融合的结果。

第三，人在不同的组织和不同的部门当中，同样可能会产生不同的动机模式。当在正式组织中不能很好地获得所谓的认同感时，人们转而会投入非正式组织中寻找社会需要和自我实现需要的满足感。

第四，一个人能否感到心满意足，是否愿意为组织出力，取决于他本身的动机构造模式、同组织之间的关系、工作的性质、个人的工作能力和技术水平的高低、动机的强弱及与同事之间的相处状态等。

第五，人们可以根据自己的动机、能力及工作性质对不同的管理方式相应做出不同的反应。

沙因对人性的各种情况作了归纳和概括，给管理者描绘了一个较好的坐标指南，是对管理思想的一个很好的发展。

（二）基于“复杂人”假设的管理

1. 采用不同的组织形式来提高管理效率

依据工作性质的不同，可以采用固定的组织形式，也可以采用灵活多变的组织形式。

2. 采用富有弹性的、灵活多变的领导方式

由于每个企业自身的状况不同，领导方式也必将进行相应的改变。当企业工作任务不明确、工作秩序混乱时，应采用较为严格的领导方式，以建立良好的工作秩序；若企业任务明确、分工清楚，工作秩序也井然有序，就可以采用比较民主的、授权的领导方式，来充分发挥并调动员工的积极性和主动性。

3. 关注个体之间的差异性

管理者要善于发现员工在需要、动机、能力及个性等方面的差异，因地制宜地采用灵活多变的管理方式和奖惩措施来进行有效的员工管理。

（三）对“复杂人”假设的评价

“复杂人”假设和权变理论及其管理措施以人与人之间及环境之间存在差异这一点为出发点，重点强调针对不同的情况和不同的人应灵活采取相应的管理措施，这对管理工作有一定的启发意义。

第二节　关于个体行为的解释

一、华生的行为主义理论

（一）华生的行为主义理论的主要内容

美国现代心理学的主要流派之一——行为主义的创始人约翰·华生（J. B. Watson）于1913年出版了代表作《行为主义观点的心理学》，到1928年他的观点发展成为一个较为完整的行为主义思想体系。

1. 学习是建立条件反射的过程

华生认为，学习就是一种刺激代替另一种刺激、建立条件反射的过程。在他看来，人刚出生时只会有几种反射（如膝跳反射）和情绪反应（如爱、愤怒、恐惧等）。

2. 心理学研究的是可以测量的刺激和反应

华生主张心理学应当摒弃意识、意象等主观的东西，只研究能观察到的并能够进行客观测量的刺激和反应，没有必要理会这一过程的中间环节。

3. 行为源于后天学习

华生认为，人类的行为都是后天习得的，环境决定一个人的行为模式；人类也可以通过学习对行为进行更改、增加或消除，只要明白了环境刺激与行为反应之间的规律性关系就能根据刺激预知反应，或是根据反应来推断刺激，达到预测并控制行为的目的。在华生看来，行为就是有机体用以适用环境刺激的各种躯体反应的一种组合，有的表现在外表上，有的隐藏在内部，人和动物没有多大差别，都遵循相同的规律。

4. 刺激影响行为

华生认为，行为受到客观刺激的影响，一定的刺激必然会引起一定的反应。用公式表示为S—R（刺激—反应）。在众多场合，华生都采用这一公式来描述行为，采用较为直接的物理学和生理学术语来设想这些刺激和反应。

华生的行为主义心理学的影响在20世纪20年代达到顶峰，其预测和控制行为的观点在一定程度上促进了心理学的发展，但刺激—反应公式并不能解释行为最为显著的特点，即选择性和适应性。

（二）对华生的行为主义理论观点的评价

1. 否认遗传的作用

华生认为，行为发生的公式是刺激—反应，从刺激可以预测反应，从反应也可以推测刺激。在他看来，刺激是指客观环境和体内组织本身的变化，反应是指整个身体的运动，包括手臂、腿及躯干的活动，或者所有这些运动器官的联合运动。华生将思维、情绪及人格等心理活动都等同于一系列的动作。因为刺激是客观存在的，不取决于遗传，而行为反应又是因为刺激引起的，所以行为也不取决于遗传。

华生虽然承认机体在构造上的差异源自于遗传，但是他认为构造上的遗传并不导致机能上的遗传。个体遗传构造的未来形式取决于其所处的环境。

华生的心理学把控制行为作为研究目的，而遗传是不能进行控制的，所以遗传的作用越小，控制行为的可能性就越大。因此，华生否认了遗传对个体心理和行为发展的作用。

2. 片面夸大环境和教育的作用

华生强调环境决定论，他在提出此观点时虽然注意到了个体遗传基础，但是却片面夸大了环境和教育在个体心理发展中的作用，在忽视个体主动性、能动性和创造性的同时还忽略了促进心理发展的内部动因。当然，不可否认的是华生的环境决定论确实具有很大的启发作用，它使得人们开始关注影响个体心理发展的各种社会因素。

华生的理论观点在研究行为产生的原因、如何改变和调节人的行为以及提高工作效率方面具有重要的意义，但是由于没有全面说明人的行为的全过程，仅仅把人看做是因外界刺激而引起反应的“机器人”，因而招致后来新行为主义者的批判。

二、新华生主义

新华生主义又被称为新行为主义，是20世纪30年代由爱德华·托尔曼（Edward Tolman）、克拉克·赫尔（Clark L. Hull）和伯尔赫斯·弗雷德里克·斯金纳（Burrhus Frederic Skinner）等行为主义心理学家在华生行为主义的基础上进行改造，加入了中间变量而诞生的一系列学术流派的总称。这一学派认为研究对象是行为本身，主张以实验科学的分析方法进行行为分析，并找出相关变量之间的函数关系。

随着华生行为主义的不足的逐渐暴露，托尔曼、赫尔和斯金纳等人纷纷根据自己的见解对行为主义做出了不同程度的贡献，影响较大的是托尔曼的整体行为主义、赫尔的假设—演绎系统、斯金纳的操作性条件作用论。

新华生主义者认为，在刺激、反应之间应该加上一个因素 O，也就是个体。人的行为受到多种因素的影响，如环境、个体的身心状况等。可以用公式 S—O—R（即刺激—心理加工—行为）表示人的行为模式。如果把人脑看成一个加工系统，输入的是刺激，输出的是行为，这样的思维加工系统就是心理加工过程，是行为科学的研究重点。

（一）托尔曼的理论

1. 目的性的行为主义

20 世纪 30 年代，托尔曼将行为心理学的研究整体化，并对中间变量的概念加以整理和分析。他提出了“目的性的行为主义”的主张，认为刺激和反应之间存在一系列不能被直接观察到的，但是可以根据引起行为的先行条件及最终的行为结果本身推断出的中间因素，如认识、期望、目的等，这些就是被华生称为意识的“主观主义的东西”的中间变量。

2. 固有决定因素

托尔曼认为，某些“内含的”目的（如认知）是任何行为所固有的，这些变量是客观存在的，起着决定行为的作用，是导致某种行为最直接的原因，托尔曼称之为“固有的决定因素”。这些固有的决定因素是由环境刺激和一些初始状态引发的，环境刺激和初始状态被称为行为的初始原因，固有的决定因素在初始原因和最后结果（行为）中起中介作用。

（二）赫尔的理论

赫尔是内驱力理论的主要代表人物。他认为，有机体的需要产生内驱力，内驱力激发有机体的行为。

内驱力主要有两种：原始性内驱力和继发性内驱力。

1. 原始性内驱力

原始性内驱力同生物性需要状态是相伴随的，并与有机体的生存有着密切的联系。这些内驱力产生于机体组织的需要状态，如饥饿、口渴、空气、体温调节、睡眠等。

2. 继发性内驱力

继发性内驱力是指情境（或环境中的其他刺激），这种情境会随着原始性内驱力的下降而成为一种内驱力。

赫尔的“刺激—反应”公式中演绎出的冲动是人类行为的基本动机因素。

（三）斯金纳的理论

斯金纳综合、优化前人的理论，并将其应用到其他学习领域，因此他成为新华生主义最具代表性的人物。

斯金纳的理论体系强调行为科学研究必须在自然科学的范围内进行，任务就是建立实验者控制点刺激情境和随后的有机体反应之间的函数关系。斯金纳提出了强化理论，该理论认为，人或动物为了达到某种目的，会采取一定的行为作用于环境。当这种行为的后果对其有利时，这种行为就会重复出现；当行为的后果对其不利时，这种行为就会逐渐弱化甚至消失。

斯金纳主张不要中间变量，反对任何形式的内因论，认为强化行为、改变行为的主要动力是有机体“操作”环境的效果。

三、卢因的观点

群体动力是群体中个体行为方向和结果的重要制约性因素。分析个体在群体情景下的行为影响因素和作用方式，有助于对群体成员的工作动机进行有效的识别、激发和调适，实现个体行为与群体目标的协调一致。

（一）卢因的群体动力论公式

美籍德国人库尔特·卢因（Kurt Lewin）是著名的社会心理学家，群体动力论的创始人。他认为，人的行为动向取决于内部力场和情景力场，也就是所谓的情景因素的相互作用。即一个人的行为是个体与环境中各种相关力量相互作用的函数，可以用如下公式表示：

$$B=f(P, E)$$

B是个体行为，P是个体的内部驱动力、内部特征，E是个体所处的群体环境。即群体中的个体行为取决于个体现存需要的紧张程度和情景力场的相互作用关系。

（二）群体动力的内涵及理论启发

1. 群体动力的内涵

卢因的“场”理论最初用于研究个体行为。1933年，他将“场”理论应用于群体行为的研究，提出了“群体动力”这一概念。“群体动力”就是指群体中各种因素“力”的相互作用，并对群体成员在资源利用、任务实施及关系维护等方面产生的影响力。如果把群体看成是一个开放的资源转化系统，群体动力主要体现在群体作业关系协调和资源转化的过程之中。

在群体中，只要有别人在场，一个人的思想行为就和他自己独自一个人时不同，会受到其他人的影响。研究群体中各种力量对个体的作用和影响过程的理论就称为群体动力理论。

2. 理论启发

群体动力理论启发人们要学会从内因的角度去考察、研究群体行为的产生和发展规律，从群体成员之间的关系以及整个群体氛围中去把握群体行为的变化过程。

卢因认为，人们形成的群体不是静止不变的，一直处在动态作用和相互适应的过程中。所以，群体行为不等同于群体中各个成员行为的简单相加，它包含集体智慧融合的精华，可能产生新的行为形态。群体与个体的关系是：总和不是部分的简单相加，各部分相互作用的最终结果可能大于或小于总和。

四、个体行为规律

（一）行为概述

人的行为受到思想和心理的共同支配，思想和心理是在长期的社会实践中逐渐形成和发展的，人的行为有自身的规律和特征。

1. 行为的概念

人的行为是指人的有目的的活动，包括人的欲望、动机、情感、态度及意志在行为上的表现。一般来讲，人的行为的产生、发展和变化是有原因、有目标的。人的行为与一般动物的行为的根本区别在于，一般动物的行为是在有机体的自然需要的支配下产生的活动，是本能的体现。

2. 行为的基本特征

人的行为有以下基本特征：

（1）目的性。

人的行为本身就有一定的目标取向，没有目标的行为是毫无意义的。行为的目标性规定了行为的方向，并在一定程度上成为控制行为过程的内在参照模型。如果行为达到预期目的，并符合了内在的参照模型，那么行为就成功了；否则，就会对行为进行相应的调整、修正，采取新的行为。

（2）自主性。

人的行为是自觉自主的，不是被动和盲目的。人不仅可以能动地认识世界、发现和揭示事物的本质，还能在一定程度上改造世界，影响和改变周围的环境，并根据周围的环境主动调节自己的行为方式，以适应环境变化的需要。

（3）社会性。

人都是生活在社会环境中，并处在一定的社会关系里，人的任何行为都离不开社会。人的理想、信念及价值观等都是在社会环境中形成的，并且受到社会的影响。人为了实现自身的目标也必须从社会获取相应的资源，取得帮助并同他人合作进而产生各种社会关系。

（4）连续性。

人的行为是一种连续不断的过程。人的行为受到思想的支配，思想观念一旦形成，便具有相对稳定性。从一段相对较长的时间来看，人的行为具有连续性、一致性。管理者可以根据员工以往的行为方式去判断他的思想、动机，在此基础上实施有效的管理。

（5）持久性。

人的需要是无止境的，当低层次的需要得到满足时，高层次的需要又会产生。人的行为总是在不断地满足自身的需要。同时，人会为了实现一定的需要进行学习、工作和生活，而人对这种价值目标的追求依然是无止境的。

（6）可塑性。

人的思想观念没有一成不变的，人的精神状态也不是恒定不变的。受到思想驱动的人，其行为也会随着时间、地点及条件的变化做出相应的改变。由于主观条件的限制，人的目标和需求不能一次性实现，人的能力也不可能获得最大限度的发挥。所以，个体具有较大的潜能和可塑性，但需要进行适当的正确引导。研究人的行为的共同特征，对探索人的行为、动机和规律、心理活动等，进而对人的行为进行引导、控制有着重大意义。

（二）人的行为模式

人的行为尽管是错综复杂的，但心理学家总结出了便于研究人的行为规律的各种模式。

1. S—R 模式

S：代表某种刺激（环境、条件）；

R：代表反应、行为；

—：代表神经系统的作用。

这种模式认为，人的行为总是在一定的刺激条件下产生的。但是，这种模式排除了人的主观能动性，因此，很难明确说明人的行为的本质和全过程。

2. S—O—R 模式

现代心理学家认为，在刺激（S）与行为/反应（R）之间，应该考虑个体（O）的内在条件、主观能动性。所以，在自变量 S 和因变量 R 之间应该放入中间变量 O。该模式如图 1—1 所示。

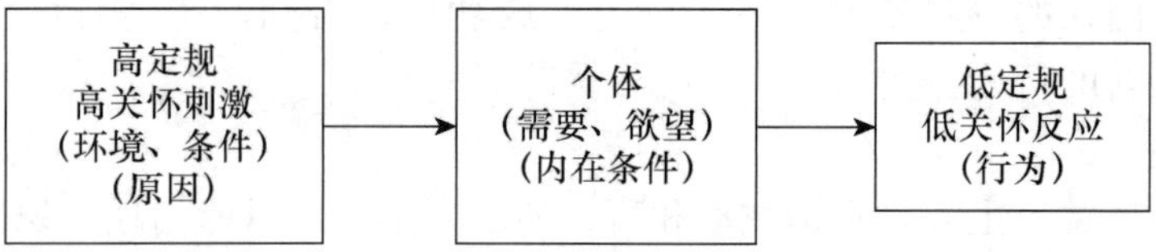

图 1—1　S—O—R 模式

由于个体的思想观念、知识经验、心理状态、身体状况等不同，其行为也会因人、因时、因地不同，即刺激和反应之间会有各种不同的关系。个体对于刺激的反应大概有以下几种情况：

第一，同一刺激对于不同的个体会引起相同的行为；

第二，同一刺激对于不同的个体会引起不同的行为；

第三，不同刺激对于不同的个体会引起相同的行为。

3. B＝f(P，E) 模式

B：代表个体的行为；

P：代表个体（内在的需要）；

E：代表环境（社会和自然环境）；

f：代表某种函数关系。

这种模式表明，个体的行为是个体自身与所处环境的函数。也就是说，个体的行为取决于个体的内在需要与周围环境相互作用的结果。

（三）个体行为规律

在一定的客观环境下，人总会有某种需要，而需要决定动机，动机会产生相应的行为，行为则指向一定的目标，一旦目标实现了，下一个新的需要又将会诞生，这样周而复始的循环就构成了人的行为规律（见图 1—2）。

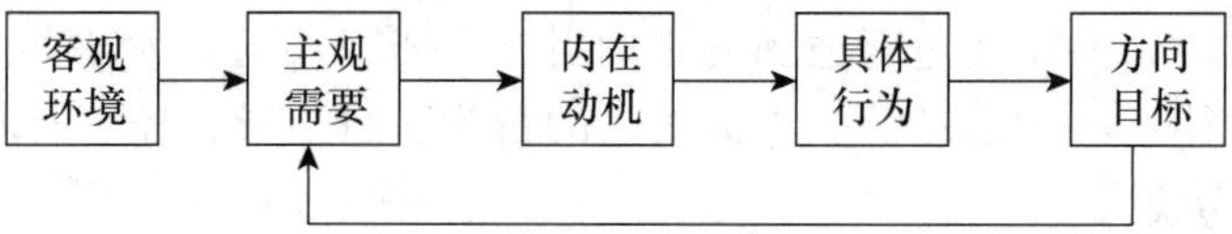

图 1—2　人的行为规律

1. 环境

决定人行为的外部因素是环境，环境是事物发展的外在驱动力。人的需要与行为的发生和发展脱离不了一定的客观环境的作用和影响。

（1）自然环境。

为了生存和发展，人类首先要做的就是学会适应和改造所处的自然环境，因为每个人的生存和发展中产生的各种需要，都是通过对自然的定向改造来实现的。

（2）社会环境。

人类的生存和发展同样离不开对社会环境的改造。人类社会按照自身的发展规律在不断运动、发展和演变，人的需要必定会与一定的社会历史环境相联系。社会中的生产、经济、政治法律、社会文化及伦理道德等关系，同样从不同的方面对人的需要进行着规定和制约。

2. 需要

需要是人的客观要求在主观上的一种反映；或者是人对于某种目标的需求或欲望。需要是产生人类行为的内在驱动力。人客观存在的需要一旦被主观意识到，就会以动机的形式显现出来。需要在主观上的体现是不满足感，不满足感越强烈，由此引发的行为表现就越有力。

3. 动机

动机是在需要的推动下达到一定目标的内在驱动力。动机也可以说是产生人的行为、维持这一行为并将这一行为引导到一定目标的心理活动过程。

动机产生于人的主观需要和客观环境的相互作用中。人的行为虽然产生于动机，但是每一行为的产生并不是由单一动机推动形成的，在众多情况下，推动人行为发生的是几种动机的综合，不过在几种动机当中，必有一种动机会占据主导地位。

一个人动机的强度直接取决于需要的强烈程度。动机越强烈，投入某种活动的精力和努力程度越高，克服困难的毅力越大，活动的最终结果也越优秀。但是，如果动机超过一定的限度，不顾主客观条件的限制，莽撞行事，活动的最终结果会事与愿违。

4. 行为

人的行为总是在一定的动机支配下形成的，但是人的某种行为很少由单一动机支配，往往会受到多种甚至是相互矛盾的动机混合驱动。

动机指导行为产生，也就是说，人的动机和行为通常处在统一状态，但是在动机和行为之间经常表现出错综复杂的关系。所以，对人的行为的分析不能脱离对其动机的深入研究和分析，这样才能做出真实客观和恰如其分的评述。

5. 目标

目标是人的行为的最终目的。人的任何一种行为都是朝着既定的目标前进，毫无目的、盲目的行为是不会存在的。因此，目标会导向行为的产生与发展。

目标是人对某一种活动的最终预期，是对未来的一种想象，每一种目标都是人主观确定的，是激励行为发生的一种诱因。一旦某个目标实现了，新的目标就会出现并且被主观确定。但是，只有符合客观实际的目标才是可行的，才能在根本上刺激行为的产生和发展。

（四）个体行为分析

对个体行为应进行科学的分析，见图 1—3。

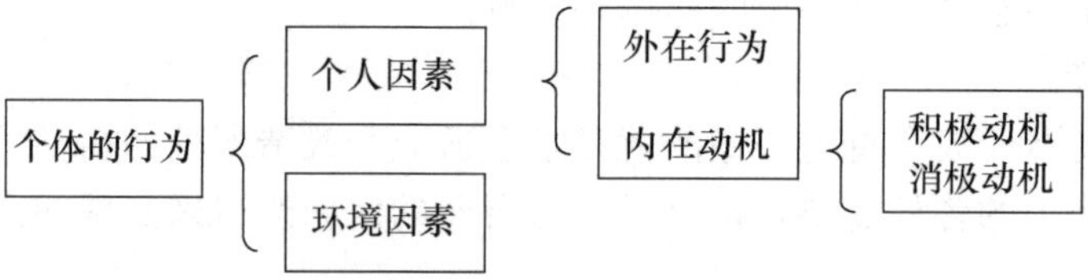

图 1—3　个体行为分析

具体来说，应把握以下三点：

第一，分析个体行为时，应该同时考虑个人因素和环境因素，因为任何一个行为的产生与发展都是个人因素和环境因素共同作用的结果。

第二，分析个人因素时，应该同时考虑外在行为和内在动机，因为两者的关系相互交叉、错综复杂。

第三，分析内在动机时，应该同时考虑积极动机和消极动机，因为产生的行为既有积极的一面，也有消极的一面。

第三节　影响人的行为的心理因素分析

人的心理是非常复杂的，总的来讲可以分为两个方面：心理过程和个性心理特征。心理过程是心理活动的重要方面，个性心理特征是个体心理活动过程体现出来的特点。整个心理过程又包括认识过程、情感过程和意志过程，这三个过程是相互联系又相互区别的。研究人的心理活动过程的特点和规律，对于做好管理工作有积极的意义。

一、心理过程

心理过程是人的心理活动发生、发展的过程，它是指在客观事物的作用下，在一定的时间内，大脑反映客观现实的过程。心理过程包括认识、情感与意志过程。

（一）认识过程

认识过程是人的心理过程的初始阶段，它是通过个体的感觉、知觉、记忆、想象、思维等活动对事物属性及各方面联系的综合反映过程。认识过程是个体心理活动过程的基础，是个体行为发生的前提条件。个体心理的认识过程包括对事物的认知阶段和知识阶段。

1. 认知阶段

（1）认知形成阶段。

这一阶段主要包括感觉和知觉两种心理活动。

感觉是个体借助感觉器官对客观事物个别属性在头脑中的反映。人的感觉是多种多样的，主要有视觉、听觉、嗅觉、味觉、触觉等。这些不同的感觉，使得个体在认识事物时，能从各个方面了解事物的属性、特征。

知觉是个体对直接作用于感觉器官的客观事物的各种属性整体上的反映。它在感觉的基础上把感觉的材料加以综合整理，从而形成对事物的完整印象。

（2）认知发展阶段。

在认知的形成阶段，个体获得了对事物本身直观形象的了解，这只是对事物表象的认知。当个体调动自身的各种神经活动系统，对事物做出进一步的认知时，其就会利用记忆、想象、思维等心理活动来完成这一过程。

记忆是人们对经历过的事物在头脑中的保存，在一定条件的影响下可再显现出来。记忆一般包括四个部分：识记、保持、回忆和认知。识记是记忆的前提条件，是个体为了获得对外界事物更为深刻的印象，反复进行感知。保持是在识记的基础上，把感知到的事物进一步巩固的过程。回忆是指过去感知到的事物因为一定条件的诱发，重新显现出来的过程。认知是指过去感知的事物重新显现在面前时确认的过程。

想象是个体改造记忆中的表象进而创造出新形象的心理过程，它在记忆的基础上，把过去经验中已经形成的联系重新进行组合，创造新形象。想象发展和深化了个体的认知。

思维是个体对事物的一般属性和事物内在联系间接和概括的反映。思维的基本形式是分析、综合、比较、判断、推理等。思维是认识发展的高级阶段。

2. 知识阶段

知识阶段是认识的高级阶段，即理性认识阶段。个体不仅通过感觉和知觉去认识事物的外在联系，还借用表象的形式向思维进行过渡，以进一步认识事物的一般特性和内在联系，更为全面、本质地把握事物。

个体在思维过程中，始终保持着与感知、表象的联系，即一方面保持着事物个别属性同整体形象的直接联系，另一方面继续发展感知和表象的认识功能，使得认识的两个阶段之间相互转化和交替发展，共同完成对事物的认识过程。

总之，个体对事物的认识过程，是从感知到思维的过程。感知是形成表象并产生思维的直接基础，在此基础之上进行思维活动。两种活动在头脑中协同进行，共同影响个体行为。

（二）情感过程

个体行为是个体通过情感过程对客观事物在感性上的反映，是对客观事物带有评价性质的主观体验；同时还会通过神态、表情、语言、动作等各种带有特殊色彩的外部形式展现出来。

情感使得个体行为活动带上感情色彩，对个体行为决策有重大影响。喜、怒、哀、乐、爱、恶、惧七情就是个体情感表现的基本形式。个体情感在个体行为活动中主要表现在三个方面：面部表情、声调、动作表现。面部表情主要是目光和眼神；声调指说话的语调、声音强弱及语速的变化等；动作表现通常是个体的身体动作。

情绪与情感是个体对客观事物是否符合自己的需要而产生的主观体验，是既有联系又有差异的两种心理体验。情绪一般由当时的特定情况所引起，并随着条件的变化而发生变化。情绪的表现形式是相当短暂和不稳定的，具有较大的情境性和冲动性。情感是指与个体的社会性需要和意识相联系的内心体验，是个体在长期的社会实践中受到客观事物的反复刺激形成的。与情绪相比，情感对个体行为的影响是相当长久和深远的。

情绪和情感虽有差异，但在一定程度上又是相互联系的。情绪的变化一般会受到已经形成的情感的制约；而离开了具体的情绪过程，情感及其特点是无从表现和存在的。

（三）意志过程

1. 意志概述

意志是个体自觉地确定目的，根据目的调节、支配行动，并努力克服困难，实现预定目标的心理过程。如果说个体对事物的认识活动是外部刺激向内部意志的转化，那么意志活动就是内在意识向外部行动的转化。只有实现这一过程的转化，个体心理活动才能支配行为。

2. 意志活动的特点

（1）意志活动是有意识、有目的的活动。

人类的活动可以分为无意识的活动和有意识的活动两种。人的全部社会活动都是有意识的、有目的的，也就是意志活动。人类的任何一种社会活动都是以活动目的和结果为前提条件的。只有通过意志的调节，个体的行动才能服从既定的目的和结果，使得人类成为改造客观现实的主人。

（2）意志活动是自觉克服困难的活动。

意志活动的重要特征在于其行动目的的自觉性。在确定活动目标时，个体对其行动目标的方向具有充分的自觉认识，能够自觉服从客观事物的发展规律，服从社会公认的准则；在实现活动目标时，会自觉克服重重困难，以确保既定目标的实现。

（3）意志活动是由一系列的随意活动实现的。

随意活动是保证有机体成为统一整体并与环境维持相互作用的活动形式，受心理、意识的调节。随意活动是意志活动的基础，它是在后天的生活实践中形成和发展的。随意活动体现了对意志的调节作用，主要表现在两个方面：一是激励；二是克制。意志对行动的激励和克制是与既定的目的认识和相应的情绪体验相联系的。有了随意活动，个体才能根据既定的目的去组织、支配并调节自己的行为方式和动作，构成复杂的行动，实现预定的目的。

3. 意志的表现

个体的意志品质是意志的具体表现。个体的意志品质经常稳定地表现在个体的各种行动当中，这些品质就成为个体的性格特征。良好的意志品质，主要通过以下几个方面表现出来：

（1）坚毅性。坚毅性是指个体能正确地理解社会要求和利益，在行动中有坚定的目的，能克服困难和障碍去完成既定的目标。

（2）果断性。果断性是指个体能够迅速地估计所发生的情况，立即做出决定，并毫不迟疑地去执行决定。

（3）自制性。自制性是指个体在行动中，善于控制自己的情感，约束自己的言论，节制自己的行动。

个体优秀的意志品质是在长期的社会实践过程中逐步巩固和发展起来的。个体只有通过各种社会实践活动，努力克服主客观方面的种种困难，才能逐步培养勇敢、机智、坚毅、果断和自制等良好的意志品质。

二、个性心理

（一）个性心理的含义

个性心理又称为人格，是个体带有倾向性的、比较稳定的、本质的心理特征的总和。它是个体独有的并与其他个体区别开来的整体特性。

人的个性是在先天生理素质的基础之上，经过后天社会环境的影响，通过自身的实践活动逐步形成和发展起来的。生理素质是通过遗传获得的，是个性心理产生的物质基础。后天实践是个性心理的社会属性，正是由于先天遗传和后天实践的不同，才导致不同的个体个性心理各不相同。

（二）个性心理的构成

人的个性心理主要是由个性倾向性和个性心理特征两大部分组成的。

1. 个性倾向性

个性倾向性是指个体在和客观现实交互作用的过程中，对事物所持有的看法、态度和倾向。具体包括需要、动机、兴趣、爱好、态度、理想、信念、价值观等。

个性倾向性体现的是人们对社会环境的态度和行为特征。个性倾向性对个体心理的影响，主要表现在心理活动的选择性以及对目标对象不同的态度体验和个体行为模式上。

2. 个性心理特征

个性心理特征是能力、气质和性格等心理机能的特殊结合。

能力体现的是个体完成某种活动的潜在可能性的特征；气质显现的是个体心理活动的动力特征；性格反映的是个体对现实环境和完成活动态度上的特征。以上三者的特殊结合，构成个体个性心理特征的主要方面。对个体个性心理特征及行为的研究，主要是研究个体在能力、气质、性格方面的差异及其在行为模式上的反映。

思考题

1. 亚当·斯密对管理的主要贡献是什么？
2. 简述梅奥“社会人”假设的基本含义以及基于“社会人”假设的管理措施。
3. 简述“复杂人”假设的基本含义。
4. 新华生主义的主要理论有哪些？
5. 个体行为的基本特征是什么？
6. 简述影响个体行为的心理过程及个性心理。

第二章　个体心理与行为

学习目标

通过本章的学习，了解和掌握个体心理与行为的相关概念、特征、关系，掌握需要、动机、态度、价值观、知觉、气质、性格、情绪的概念、分类以及其与行为之间的作用关系，掌握组织承诺的基本内容，理解个体心理与行为之间的相互作用、组织承诺对组织公民行为的影响等内容。

第一节　需要、动机与行为

现代企业管理的核心问题就是要调动员工的工作积极性。人的积极性和需要相联系，是由人的动机推动形成的。所以要预测人的行为，就要对人的需要和动机进行了解，以引导人的行为并调动人的积极性，使得行为的最终结果朝着组织目标方向发展。

一、需要、动机及行为规律

行为科学家把行为看成是机械式的，认为行为是由刺激直接引起的。行为发生的基本模式如图 2—1 所示。

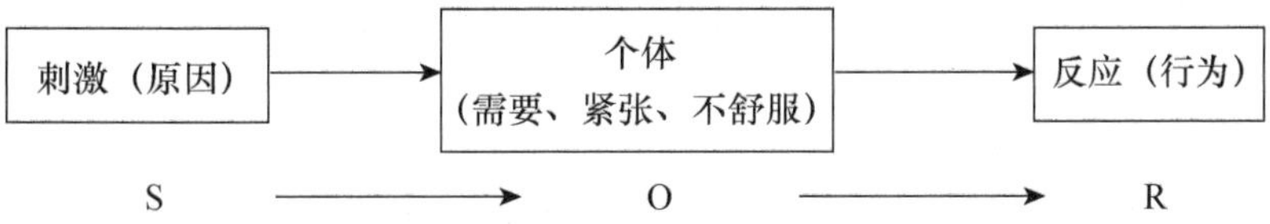

图 2—1　行为发生的基本模式

要了解人的行为，就必须从对需要和动机的研究开始。也就是说，人的行为是由动机决定的，动机又是由需要支配的。

行为的产生是为了满足某种需要，也就是为了达到一定的目标。目标是一种外在的对象，是行为的诱因。目标并不是采取一次性行动就能实现的，需要采取一系列的行动。

行为科学家把为实现目标而采取的行为划分为两种：目标导向行为和目标行为。目标导向行为是寻找目标的过程，目标行为是直接满足目标实现需要的行为。鉴于目标导向行为和目标行为对需要的强度有不同的影响力，所以要使动机强度保持在一个恒定且较高的水平上，有效的方法就是使目标导向行为和目标行为循环交替。同时，目标导向行为的过程不能太长且目标不能定得太低。

从以上分析可知，人的行为是有规律的。个体行为规律的循环过程如图 2—2 所示。

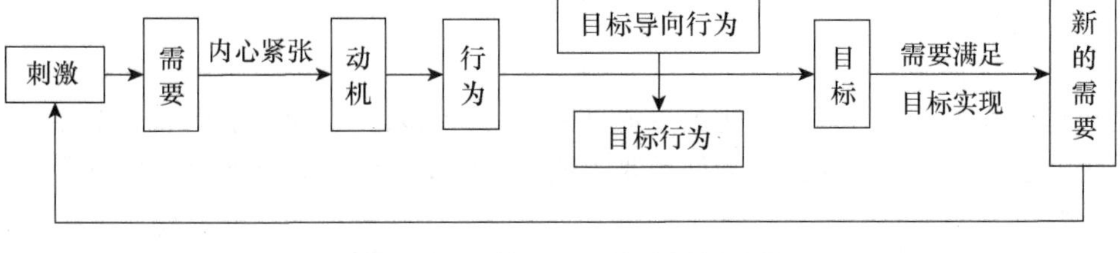

图 2—2　个体行为规律的循环过程

只有了解人的需要，才能预测人的动机与行为。人的需要是多种多样的，不同年龄、不同阶层的人，其需要是不同的。行为的发生会受到多种因素的影响，行为是可以改造的，所以了解人的需要、预测其行为并对行为进行引导是一种有效的管理方法。

二、需要与动机

(一) 需要

需要就是人对事物的欲望和要求。需要具有以下特点。

1. 指向性

人的需要总是会指向某种具体的事物，即一定的客体或一定的结果。人们总是会力求通过自己的行动去获得某种所需的具体对象。

2. 多样性

人的需要是多种多样的。一个人在不同时期可以有多种不同的需要，即使在同一时期，也存在多种程度和作用不同的需要。需要可以分为自然性需要和社会性需要：自然性需要指个体为了维持生命与种族延续所必须的一些需要，它是与生俱来的，也是人类最低级的需要；社会性需要指个体在成长过程中，通过各种经验的积累所形成的特有的需要，是后天的，并且是人类高级的需要。

3. 层次性

支配个体行为的需要是从低级向高级发展变化的，当低层级的需要得到满足后才会产生更高层级的需要，需要的层次是由其迫切性决定的。在一定时期内，只有那些表现最为强烈的、感觉最为迫切的需要才能引发人们的动机，进而影响人们的行为。

4. 潜在性

个体存在多种多样的需要，但是这些需要并不是随时且全部被其感知和认识。许多需要以潜在的形式存在着，只有在合适的状态下，个体才会觉察并认知它。

5. 可变性

需要的可变性是指需要的迫切性及由此决定的需要层次结构是可以发生改变的。改变的原因有两个：一是原来迫切的需要得到满足，紧张感已经消失，需要的迫切性也随之消除；二是外界环境的变化导致原来的需要后退，当下的需要变得最为迫切。

6. 社会制约性

人的需要是在社会生活中发展、形成的，是在受教育过程中及社会历史条件的影响下形成的，所以需要具有社会制约性。

(二) 动机

1. 动机的定义

动机指激励人们去行动，以达到一定目标的内在动因。心理学上把引起个体行为、维持该行为并将这一行为导向满足某种需要的欲望、愿望、信息等心理因素叫做动机。

2. 需要与动机的关系

需要和动机既相似，又有着严格的区分。需要是人的积极性的基础和根源所在，动机则是推动人类进行活动的直接原因。当一个人的需要具有某种特定目标时，这种需要才会转化为动机。所以，动机是在需要的基础上产生的。但是需要并不必然会导致动机的产生。需要转化为动机必须具备两方面条件：一是需要对象的确定；二是需要达到一定的强度，当需要的强度在某种水平上时，才可能变成动机并引发行为。

三、动机与行为

组织行为学认为，人的行为是由动机支配的，动机是由需要引起的。行为的导向是寻求目标，满足需要。动机是满足需要、进行活动的念头或想法，也就是被意识到的活动或行为的诱因。动机是行为的直接动因，驱动人们从事某种行为并规定行为的方向。

（一）动机的三种机能

动机具有原始性、内隐性及实践活动性的特征，因此其具有以下三种机能：

（1）始发机能：动机是个体行为发生的直接动因。

（2）选择机能：动机能指导人们作出相应选择，使得行为朝着既定方向、预期目标前进。

（3）强化机能：行为结果的好坏，会驱使动机重复出现或不再出现。

（二）动机与行为的关系

一般来说，动机是行为发生的直接内动力，行为是动机的外在表现。

对于动机和行为之间关系是否完全确定并对应，卢因给出了观点。他认为，任何一个人的行为，都是个人因素与环境因素相互作用的结果，对于同一个人、相同的动机，不同的环境会导致产生不同的行为；在个人因素中，外在表现和内在动机有时是一致的，有时是不一致的，二者的关系表现出复杂性；内在动机有消极和积极之分，各种成分相互混杂。人的行为是这些因素的综合体现。

动机和行为的复杂关系具体表现如下：

第一，同一动机可以引发多种不同的行为。

第二，同一行为可以源自不同的动机。

第三，一种行为可能由多种动机所引发。

第四，合理的动机可能会引起不合理的甚至错误的行为。

第五，错误的动机有时会被外表积极的行为所掩饰。

总之，人的动机和行为之间的关系是很复杂的。

不论动机和行为的关系如何复杂，都能明显地揭示出需要、动机及行为之间的关系及其发展规律，即需要→心理紧张→动机→目标导向行为→目标行为→需要满足→新需要产生。遵循这样的规律，管理者即能从宏观上掌握下属的心理，并能据此制定相应的较为科学的管理措施，高效实现组织目标。

第二节　价值观、态度与行为

一、价值观

价值观是一个人关于生活的基本信念。对个体而言，它是相当稳定的，一旦形成就不容易发生改变；即使发生变化，也是极其微小并且十分缓慢，不容易察觉。人类在一代代的传承、发展过程中，价值观也在发生着变化，这就告诉我们：价值观不仅有个体差异，还存在着时代及民族差异。

（一）价值观的含义

价值观是指一个人对周围客观事物（包括人、事、物）的意义、重要性的总评价和总看法，是一个人基本的信念和判断。每个人都生活在特定的社会环境中，对现实生活中的一切事物都会存在一定的评价，这就是价值观。价值观代表的是人们最基本的信念，这种信念会使人们对一些事物的认可和可接受程度要高于其他事物。

（二）价值观的属性

价值观的属性包括内容属性和强度属性。内容属性指某种行为模式或存在状态是否重要。强度属性界定的是某种行为模式或存在状态的重要程度。

价值观不是简单地存在于一维空间，而是由许多个不同但是又相互联系的价值衡量标准构筑形成的一个相对稳定的层级和结构，所以更确切地说，价值观是一套价值体系，并且以多元价值观为基础。

每个人对于是非善恶的判断标准是不相同的，所以不同个体的价值体系的内涵是不同的，它体现在人们对人生价值观的看法、对生活意义的评价、对行为方式的选择等不同维度上，这些维度是有差异的。

（三）价值观的形成

一个人的价值观自出生的时候就开始在家庭和社会的影响下，逐渐形成并最终稳定下来。对一个人价值观的形成有决定性作用的是其所处的社会环境、家庭的经济条件和社会地位、父母的职业和价值观以及早期学校的教育等。此外，广播、电视、报刊等大众媒体的影响也是不可小觑的。

关于价值观的研究表明，一个人一旦形成自己的价值观，在相对较稳定的状态下和较短的时间内，价值观是恒定、持久的，不容易发生改变。但是随着时间和空间跨度的更迭，人们的一些观念也会发生相应的变化，这体现的是价值观的时代属性和社会属性。

（四）价值观的作用

价值观对于组织行为的重要作用如下：

第一，价值观是研究各个成员对组织认同程度的核心衡量指标。

第二，价值观是了解组织成员的态度及动机的基础，管理者可在此基础上对组织成员进行行为分析。

第三，价值观会使个体对那些不被其所在群体或组织接受的信仰、态度及行为进行合理化，以解决内心的冲突，进而提高个体的道德感和自我效能感，以便在组织中保持和维护自己的尊严。

第四，价值观会影响企业领导人的决策行为。

二、态度

（一）态度的概念

态度是指个体对某一对象所持有的评价和行为趋向。或者说，态度是一种带有评价性与感情倾向性的主观感受与意识状态。当一个人的需要得到满足时就会产生满足的感受，得不到满足就会感到不满。人的满意感特别是工作满意感，与激励、需要及动机是密切联系的。人的工作满意感是一种主观心理感受或意识形态，其实质是一种态度。

态度的心理结构由三种成分构成：知觉成分、情感成分及行为意向成分，这三者合称为态度的 ABC 模型。

（1）态度知觉成分：态度知觉成分指个体对客体的理解和价值评价。

（2）态度情感成分：态度情感成分在三种成分中占据关键性地位，指个体对客体的情感体验，也就是个体对客观对象的情感倾向及其程度。

态度中的情感成分分为两类：一类是情境性的情绪，是情感过程在外部表现中可以测量的部分，带有冲动性并且容易变化；另一类是比较稳定的情感，由对事物比较深入的认识所引起。

（3）态度行为意向成分：态度行为意向成分是指个体对客体的行为准备状态及行为反应的倾向。

一般情况下，三种成分是有机结合在一起的，协调一致，使得个体心理处于一种平衡状态，构成人的态度。由于受到认知复杂性、感情与认知的矛盾性、信息来源多样性等的影响，这三种成分也会出现不协调的现象。这时，个体就会通过各种努力，使得结构趋于协调，最终达到心理平衡。

（二）态度在工作中的功能

态度在工作中一般有以下四种功能：

（1）调整功能：能够帮助个体更好地适应各种环境，并把这种态度作为今后行为的基础。

（2）自我保护功能：能使得个体在受到挫折时更好地保护自己。

（3）价值表现功能：个体能够借用其所持有的态度来表现自己所推崇的价值观。

（4）知识功能：在个体所能知觉到的外部世界中寻求一种稳定、一致的或者可预测的行为倾向。

态度一旦形成，就会在无形中变成一种知觉客观世界的参照框架，它使得人们能够解释周围的客观世界，并作为个体行为的一种指南。

（三）态度对行为的影响

态度属于行为的指导和动力系统，对人的行为有直接、重要的影响。

1. 态度影响认知和判断

认知影响态度的形成，而态度一旦形成又会对认知产生作用，既有正向作用也有负向作用。由正确价值观所形成的科学态度对人的社会认知、判断产生积极、正向的影响；但如果态度形成使人产生心理上的惰性，则会干扰、妨碍认知和判断的准确性，容易产生偏见、成见，导致判断失误。

2. 态度影响行为效果

当人们热爱自己的工作并用稳定、积极的态度对待工作时，会在态度持续的时间里提高工作效率。

3. 态度影响忍耐力

忍耐力是人们对挫折的忍受和适应能力，它与人们对所从事活动的态度有密切的联系。

4. 态度影响相容性

在社交活动中，一个人对自己、他人及集体的态度往往能够影响其与这个群体的融洽程度；同样，团体成员相互之间的态度也会影响团体自身的相容性和凝聚力。

要想对态度进行进一步的分析，就要对其进行客观的测量。对态度进行测量的方法主要有两种：一是量表法，这是一种较为准确的测量方法，给被测者提供一组相关联的陈述句或与态度有关的主题材料，通过被测者的回答来推测其态度；二是自由反应法，自由反应法能定性测量被测者的态度。

三、工作满意度

（一）工作满意度概述

工作满意度是指人们体验到的一种愉悦或积极的情绪状态，这种情绪状态是人们通过对自己的工作或工作经验进行评价而产生的。

员工不仅要承担职责范围内的事务性工作，如处理文件、接待客人、驾驶货车等，还要与同事和上级领导进行交往、遵守组织的规章制度等，这些都意味着员工对其工作满意或不满意的评估是大量独立工作因素的复合。

（二）工作满意度的主要影响因素

影响工作满意度的因素很多，从不同的角度进行分析得出的结论是不一样的，概括来讲主要有以下几个方面。

1. 挑战性的工作

具有挑战性的工作可以为员工提供发挥才能的机会，可以使用自己的技能，提供各种各样的工作任务并有一定的自由度，能对工作的好坏提供反馈。挑战性比较低的工作会使人们感到厌烦，挑战性太高的工作则会让人们产生挫败感。只有那些有适度挑战性的工作，才会让多数员工感到愉悦。

2. 公平的报酬

员工希望分配制度与晋升政策是公正、明确的，并与他们的期望相一致。当公正的报酬是建立在工作要求、个人技能水平及社会工资标准基础之上时，会带来工作满意度。很多人宁愿接受较少的报酬，也愿意选择自己喜欢的工作，或是选择有充分自主性和可以自由支配时间的工作。报酬和工作满意之间联系的关键并不是绝对所得，而是相对的公平感。员工同样会追求公平的晋升政策。晋升能为员工提供个人成长的机会及更多的责任，带来社会地位的提升。

3. 支持性的工作环境

员工对工作环境的关心不仅仅是为了个人的舒适，也是为了更好地完成工作。研究表明，员工希望自己工作的环境是安全、舒适的，这样有助于员工顺利开展工作。

4. 和睦融洽的同事关系

对大多数员工来讲，他们从事工作不仅是为了金钱和获得外部的成就，还因为工作能满足他们的社交需要。友善和支持性的同事关系能提高员工对工作的满意度。领导者的行为也是决定员工工作满意度的主要因素。

第三节 知觉与行为

人们的行为建立在其对现实知觉的基础上。从某种意义上讲，个体知觉到的世界比客观世界对他们行为的影响更加重要。在组织的管理当中，要对个体行为进行有效的引导、调整及控制，就必须要从知觉的角度入手来探讨个体的知觉与行为。

一、知觉和社会知觉的内涵与特征

（一）知觉的内涵与特征

1. 知觉的内涵

所谓知觉，是指直接作用于感官的客观事物的整体属性在人脑的反映。它是在感觉的基础上产生的，是对感觉信息的加工、整合与解释的过程。但是这种反映不是消极的、被动的，而是一种积极能动的认知过程。

2. 知觉的种类

根据不同的标准，可以将知觉划分为不同的类别。根据人脑对事物特性的认识，将知觉分为空间知觉、时间知觉、运动知觉、错觉。

（1）空间知觉。

空间知觉主要处理物体的大小、形状、方位和距离等方面的信息，它是人脑对物体空间特征的反映，有形状知觉、大小知觉、方位知觉、距离知觉等。空间知觉是通过后天的学习获得的，是由视觉、触觉、动觉等多种感官系统协调活动的结果，视觉在空间知觉中起着主要的作用。

（2）时间知觉。

时间知觉主要对事物延续性及顺序性等方面的信息进行处理，它是人们对客观现象延续性及顺序性的反映。

（3）运动知觉。

运动知觉处理的是物体在空间位移等方面的信息，它是人脑对物体空间位移的知觉。物体的运动总是在一定的时间和空间中进行，运动知觉与空间知觉、时间知觉密不可分。

（4）错觉。

错觉是人们对客观现实不正确的知觉，包括几何图形错觉、时间错觉、运动错觉、空间错觉、整体影响部分的错觉、声音方位错觉、形重错觉、触觉错觉等。

3. 知觉的特征

（1）知觉的选择性。

知觉的选择性是指个体根据兴趣和需要，有意识地把知觉对象优先从背景中区分出来并进行组织、加工、整合的特性。知觉的选择性受到主观因素与客观因素的影响。主观因素包括知觉的需要与动机、兴趣和爱好、过去的知识经验及客观因素对个体的意义等。

（2）知觉的整体性。

知觉的整体性是指个体在以往经验的基础上，能够把许多部分或属性的客观对象当做一个整体来反映的特性。当知觉的对象是多个部分的组合体、每一部分又有不同的特点时，人们在进行知觉时并不是将其当做个别的、孤立的部分来感知，而是作为整体来看待。

（3）知觉的理解性。

在知觉过程中，人们往往根据过去的经验对当前的知觉对象进行解释并作出最为合理的说明，使其有一定的意义，这样的特性就是知觉的理解性。

知觉的理解性与知觉的选择性和整体性密切相关。首先，理解有助于选择，理解帮助知觉对象从背景中分离出来。其次，理解有助于知觉的整体性。人们容易把自己熟悉的事物当做一个整体来感知，对于不熟悉的事物，知觉的整体性会受到破坏，理解性恰恰让受到破坏的整体性得到补充、完善。

（4）知觉的恒常性。

知觉的恒常性是指当知觉的客观条件在一定范围内发生改变时，知觉映像在相当程度上会保持其稳定性的特性。知觉的恒常性表现在以下几个方面：亮度恒常性；大小恒常性；形状恒常性；颜色恒常性。

（二）社会知觉的内涵与特征

1. 社会知觉的内涵

社会知觉是在知觉过程中出现的一种心理过程，是社会生活中的客观事物在人们头脑中的反映。总之，它是个体在社会环境中对某个具体个体或群体的心理状态、行为动机和意向做出推测和判断的过程。

2. 社会知觉的特征

（1）认知对象的独特性。

社会知觉的主体可能同时是社会知觉的对象。社会知觉的对象一般是有意识的人、复杂的社会环境和人际关系，人们对这些对象的知觉是通过一些特殊的媒介进行的。例如，借助语言、行动、表情和态度等来认识、判断和知觉他人。但是不论是知觉的主体还是知觉的对象，一般都会掩盖其内在动机，所以人们的社会知觉判断通常是不准确的。

（2）知觉过程的双向作用性。

因为社会知觉的主体和客体可以理解个体行为对双方利害关系的影响，所以知觉者和被知觉者都能有意识地操控和利用对方。当个体能够预测他人下一步要采取的行动时，便可以对自己的行动预先进行安排，所以他们之间的期望能影响彼此的知觉。

（3）信息加工过程的特殊性。

社会知觉的认知过程需要对知觉对象的各种信息进行分析和分类。社会知觉的形成不仅仅取决于知觉对象的物理特性，还要受到社会特性的影响。

二、知觉过程

知觉过程一般可以划分为五个阶段：观察、选择、组织、解释及反应。

（1）观察：观察是指个体运用自己的感觉器官来了解外界的客观事物，并通过视觉、听觉、味觉、感觉、触觉及嗅觉等来感知客观事物的个别属性。

（2）选择：选择即根据自己的需要、动机、兴趣、经验以及客观事物的特征和所处的背景决定知觉对象的取舍。

（3）组织：组织是指运用思维的力量，把感知信息和大脑表象中积累的知识与经验综合成一个整体。

（4）解释：解释即运用概念、判断及推理等对知觉对象进行加工、处理，并通过抽象和概括，使其获得一定的意义。

（5）反应：反应是个体对知觉对象的解释，最终会在个体的态度或行为中表现出来。

三、影响知觉的因素分析

（一）主观因素

知觉者主观因素的不同会导致知觉个体差异，即对同一事物，不同的人知觉是不同的。知觉的主观因素主要有以下几种。

1. 兴趣和爱好

兴趣和爱好方面的个体差异会影响知觉的选择性。通常，人们最容易知觉到自己感兴趣的事物，并会把握更多的细节，而自己不感兴趣的事物往往会被排除掉。兴趣和爱好相近的人往往会有相近的知觉，并容易沟通进而形成非正式群体。

2. 需要和动机

需要和动机的不同，也在一定程度上决定人们的知觉选择。凡是能够满足人们某种需要并合乎其动机的事物，便容易成为知觉的对象和注意的重点；反之，就不容易被知觉。

3. 知识和经验

个体具有的知识和经验会影响当前知觉的过程。个体会更多地注意到自己熟悉的事物或特性。

4. 个性特征

个性也会影响知觉的选择性。不同气质类型的人，在知觉的深度和广度上有明显的差异。

（二）知觉对象的特征

人们在知觉事物时，会根据对象的特征进行组织、整合。这种整合遵循以下规则：

（1）接近律：在时间、空间上接近对象，有被知觉为同类的倾向。

（2）相似律：具有相似性的对象往往容易被知觉为一组。

（3）闭锁律：人们能够把分散但是具有一定联系的知觉对象的反映综合起来，形成一个整体。

（4）连续律：在空间和时间上有联系的对象往往容易被视为一个整体。

这些规则使得知觉更为简便和有效，被称为知觉组织的“简明性规则”。通过对知觉对象的组织，可以更迅速地理解它们。

不过，知觉的简明性组织倾向也会让人们对时空或运动特征上有关联但实质上并不相关的对象之间的因果关系产生错觉。知觉对象的颜色、形状、大小、声音、强度和高低、运动状态及新奇性等都会影响知觉的结果。

（三）知觉环境

在不同的环境下认识和了解客观事物，也会影响我们的知觉。其中，物理环境和社会环境扮演着重要角色。

（1）物理环境：一个事物能否被知觉，取决于它在环境中的显著性。此外，一些环境因素如地点、光线、温度等也有影响。

（2）社会环境：个体所在的社会环境不同，对于相同事件的知觉也会有所不同，它们之间的差异甚至会很大。

四、知觉偏差

在实际生活中，由于主客观条件的限制，人们在反映客观现实的时候会产生各种偏差，这种偏差会影响知觉的准确性。对偏差的认知有助于更好地开展管理工作。

知觉偏差可以分为以下几种类型。

（一）首因效应

首因效应本质上是一种优先效应，当不同信息相互结合的时候，人们总会倾向于关注最前面的信息。所以，在人际交往中，给第一次见面的人留下美好的印象是十分重要的，它会影响到人们对他以后一系列特性的知觉。但是这种印象往往是不全面的、不真实的，一旦形成就会导致认识上偏差的出现。在企业管理工作中，要正确运用首因效应，发挥其积极功能。

（二）近因效应

近因效应指人们在知觉过程中，最后给人留下的深刻印象会冲淡过去获得的印象，并对以后对该对象的社会知觉产生强烈的影响。当个体知觉熟悉的人时，近因效应发挥的作用较大；在个体知觉陌生人时，首因效应发挥的作用更大。

（三）晕轮效应

晕轮效应指人们在知觉过程中，常从或好或坏的局部印象出发，进而扩展到全部的或好或坏的整体印象。晕轮效应是在掌握较少有关知觉对象信息的前提下做出了整体性判断结果，其特点是以偏概全、以点盖面。它与首因效应一样，在社会知觉过程中是普遍存在的，管理工作者要尽量避免晕轮效应。

（四）投射效应

投射效应也称为假定相似，通常指人们通过将自己的品质投射到他人身上，从而形成的关于他人的印象。知觉者对他人的知觉受自身的影响要远远大于受被知觉者特点的影响。当知觉者与被知觉者十分相似时，这种知觉就会比较准确；若双方并不相似，知觉就会出现偏差。

（五）心理定势

心理定势指人们在认识特定对象时心理上的准备状态。心理定势可以使得人们对主观刺激的知觉更迅速、更具方向性，但同样也容易使得人们从主观臆断出发来歪曲事实。我们对人进行知觉和评价时，常常伴有心理定势，总是顺着一定的倾向性来解释所得到的信息，所以使得客观知觉带有主观色彩。

（六）对比效应

对比效应指在对两个或两个以上的对象进行知觉时，人们总是会不自觉地将其放在一起进行比较，而不考虑客观的标准。这种对比，结果一般会带有偏差。

（七）刻板效应

刻板效应指对某一类事物或人产生的一种较为固定的、具有概括性的、笼统的印象。产生这一印象的根源在于人们的思维是从个别到一般、再从一般到个别的逻辑，也就是根据不同的标准把事物或人分为不同的群体，再推论出其普遍性，最后根据这种普遍性的特点来进行解释，这样容易产生错误的认知和判断。

五、归因理论与倾向

（一）归因的内涵

归因是指人们利用相关信息资源，对自己或他人的举止进行分析、判断并推论其原理的过程。即根据人的外部特征及内在心理状态对其举止进行解释与推测，是人们对自己或他人行为结果之所以如此的知觉。

（二）归因理论

归因理论是关于某种行为与其动机及价值取向等属性或逻辑结合的理论，它主要研究的是人们如何从主观上把某种行为表现和与其相应的其他内外属性或倾向逻辑地结合在一起的原理。

1. 海德的恒常原则归因理论

海德（F. Heider）是归因研究的创始人。1958 年，他在《人际关系心理学》中从朴素心理学的角度提出了归因理论。他认为，我们对行为给予解释时，一般采用两种方式：一种是认为该行为的发生是由于情境因素导致的，即属于自己控制范围之外的因素引起的，称为外部归因；另一种是把行为发生的原因归为个人自身的因素，即属于自己控制范围之内的因素，称为内部归因。

2. 凯利的三要素理论

凯利（Kelley）进一步补充了海德的归因理论。他认为，当我们观察个体的行为时，总会试图判断这种行为的发生是由于内部原因还是外部原因造成的。这种判断在相当大的程度上由三个要素决定：特殊性、共同性及一贯性。

（1）特殊性。特殊性是针对这种行为是只在特殊情境下发生，还是在不同情境下都会经常发生的解释。

（2）共同性。共同性考查的是这类情境能否引起大家的共同反应。

（3）一贯性。一贯性考查的是在不同的时间和情境下，个体是否都表现出类似的行为。

3. 罗特的控制源理论

罗特（J. Rotter）认为，人们对于积极或消极事件原因的预料是不同的。

（1）内控者。内控者一般认为自己有能力控制事件的发生。倾向于内部控制的人，控制感比较强，认为事件发生的原因、行为是受自己支配的。

（2）外控者。外控者则认为事件的发生与自己无关，是外部因素造成的。倾向于外部控制的人，控制感较低，认为事件的发生是由于自己之外的因素造成的。

（3）控制源的影响。罗特的研究表明，控制源对于成功的期望有重要影响。研究发现，个体在经历成功之后，当其将成功归因于自己的技能时，其对下次成功的期望比较高；反之，当个体将成功归因于机遇时，其对下次成功的期望就比较低。而个体在经历失败后，其归因结果呈现相反的状态。

4. 韦纳的成就归因理论

韦纳（B. Weiner）从成功与失败这两个角度对归因问题进行研究。在他看来，能力、努力、任务难度、运气是人们在解释成功与失败时知觉到的四种原因，他将这四种主要原因划分为控制点、稳定性及可控性三大维度。

（1）控制点维度。依据控制点维度，韦纳将原因分为内部原因和外部原因。内部原因是努力和能力，外部原因是任务难度和运气。

（2）稳定性维度。依据稳定性维度，韦纳将原因分为稳定原因和不稳定原因。稳定原因是能力和任务难度，不稳定原因是努力和运气。

（3）可控性维度。依据可控性维度，韦纳将原因分为可控原因和不可控原因。努力是可控原因，任务难度及运气是不可控原因。

第四节　个性与行为

个性是组织行为学研究的一个重要内容，它在相当大的程度上决定着一个人的行为。了解个体的个性，不仅可以掌握其目前的行为，而且可以据此预见其未来的行为。

一、个性概述

（一）个性的概念

个性是个体拥有的，并带有倾向性的、经常的、本质的、比较稳定的心理特征和品质的总和，存在于个体的生理素质基础之上，并在一定的社会历史条件下通过社会实践活动形成和发展。

个性包括相互联系的两部分：一是个性倾向性，也就是心理过程的倾向性，包括兴趣、爱好、需要、动机、信念、理想等；二是个性心理特征，也就是心理过程的特征，有气质、能力和性格等。

从某种意义上来说，个性是概括或抽象出的一个人通过学习形成的个人特点以及其对世界的知觉和所持态度的集合，是对一个人的整体性描述。个性和环境的相互作用往往决定着这个人的行为。

(二) 个性的特征

1. 差异性

由于个体的遗传因素、学习历史、所受教育、成长经历及所处环境不同等，每个人都有不同于他人的心理特点，都以自己独特的行为模式和思维方式去适应环境，所以会表现出极大的个性差异。

2. 倾向性

个体在客观世界的作用下，表现出对事物不同的态度、体验及特定的行为模式，体现的是个人的需要、信念、理想和世界观。倾向的不同及因此而产生的能力、气质和性格方面的不同，对个体的心理活动会产生重大影响。

3. 稳定性

个性是个体在成长过程中逐渐形成的，一旦形成便具有相对稳定性，这成为判定一个人心理特点和行为倾向的主要依据。这种稳定性虽然也会随着环境的变化和个体自身学习、培养的改变而改变，但无论怎样变化，其个性本质是不会变的。

4. 整体性

个性是一个统一的整体，某种个性心理特征只有放在个性的整体之中去理解才是有意义的。个性是所有心理特征的有机结合，存在于一个具体的人身上，不存在彼此孤立的个性特征。

5. 社会性

人的个性是社会的产物，是在一定的社会关系下，经过社会实践和教育训练才逐步形成的，是社会关系的本质体现。个性主要是后天形成的。个性的形成同样也会受到遗传因素的影响，是自然属性和社会属性的有机统一。

二、气质与行为

气质是人心理活动的动态特征，与日常生活中所讲的“脾气”“秉性”类似。气质较多地受到个体生物组织的制约和影响，是天赋心理特征的表现，与人的其他心理特征相比，具有更强的稳定性。一个人的气质在其参与的不同活动中会有近似的表现，一般和活动内容、动机及目的无关。生活中，个人的气质特点在任何时间、地点都会表现出来。气质是一个人自然特征和精神风貌的集中体现。

(一) 气质的定义

气质是人们典型、稳定的心理特征，是人天生的、表现在心理活动动力方面的个性心理特征。

1. 气质是先天的个性心理特征

气质的某些特点是与生俱来的，这使得气质比能力和性格更多地受到生理组织因素的制约。

2. 气质是人的心理活动的动力特征

它指的是心理活动过程的速度、稳定性、强度和指向性等。气质作为决定人的心理活动的自然属性，为每个人增添了独一无二的色彩，凸显每个人的个性特征。气质没有好坏之分，每一种气质类型都各有长短，关键是能否在社会实践中扬长避短，高效发挥气质的效能。

（二）气质的类型

古希腊的著名医生希波克拉底在大约公元前5世纪时观察到人有不同的气质，他认为人体内部有黄胆汁、黑胆汁、血液及黏液四种体液，由于这四种体液在不同人身体上的分布比例有所不同，所以形成了人不同的气质类型。后人把人的气质分为四种类型：胆汁质、多血质、黏液质及抑郁质。

1. 胆汁质

具有这种气质的人，情感发生得快而强烈，并带有明显的外部表现，具有外倾性。其最突出的特点是具有很高的兴奋性和较弱的抑制过程，所以在行动上表现出不均衡性，多数是热情而性子急的人。

这种人性情直率、感情充沛、精力旺盛，但是脾气暴躁，情绪容易冲动。这种气质类型的人能够以极大的热情投身于工作、事业当中，勇于克服多种困难。但是当遇到重大挫折时，其情绪可能会低落。

2. 多血质

具有这种气质的人，其感情发生的速度快，外部表现明显，但在强度方面却是比较温和的。这种人热情活泼、机智灵敏、动作迅捷，其心理活动和外部动作都具有很高的灵活性。

这种人神经过程平衡、灵活，因此善于交往并容易适应环境，在一个新环境当中并不感到拘束，能较快把握新生事物。这种人从事多变和多样化的工作往往成绩优异，并且工作效能显著。但是由于对事物缺乏深刻的体验，他们的情感和兴趣等也容易发生变动。

3. 黏液质

具有这种气质的人，其各种心理活动和外部动作都是相当迟缓的，但是他们想象力丰富。

这种人待人处事心平气和，并且沉着冷静，有很强的忍耐力，能较好地克制自己的情感冲动，较少发脾气。他们交际适度，比较务实，能严格遵守既定的生活秩序和工作制度。这种人的不足在于固定性有余而灵活性不足，对待事物比较刻板，有惰性。

4. 抑郁质

这种气质类型的人，其情感和活动都非常缓慢，情感活动单调持久且不易形于外，具有明显的内向性。这种人的突出特点是具有高度的情绪易感性，即使是微弱的刺激，他们也会当做较强的作用来感受，所以这种人经常会多愁善感，容易神经过敏。

这种气质类型的人观察问题比较深刻细腻，善于觉察到别人不易察觉的细小事物。在工作中克服困难的精神也很强，并具有坚定性。在人际关系方面，他们能与别人和睦相处，能胜任他人的委托，为人诚实，办事也很认真。但他们的性格大都比较孤僻，办事缺乏果断性。此外，这种气质类型的人容易动感情，所以其情感容易受挫，悲观情绪比较重。

以上是气质的典型类型，但我们观察个人气质的时候，应侧重研究其具体的气质特点，分析这些气质特点对行为方式的具体影响，不应该按上述模式生搬硬套。一般来讲，气质特点会随着年龄的增长发生变动，男女气质的差异也不能一概而论，需要区分对待。

三、能力与行为

（一）能力概述

能力指一个人顺利完成某种活动而在主观方面所必须具备的心理特征。

能力作为个性心理重要的特征，是影响人们活动效果的基本因素。在其他条件相同的情况下，能力高的人比能力低的人会取得更好的结果。但是任何一种活动或工作都不是靠单一能力就能顺利完成的，而是需要几种能力共同作用。当一个人具备完成某种活动所需要的各种能力时，他就具有了某方面的才能。

（二）能力的分类

通常将能力分为两种：一般能力和特殊能力。一般能力也称为智力，包括观察能力、记忆能力、思维能力及想象能力等，是人们完成一切活动所必需的。特殊能力指在特殊活动领域发生作用的能力，如节奏感、色彩鉴别能力等。

在具体活动中，人的一般能力和特殊能力是有机联系在一起的，二者相辅相成、相互促进。一般能力的发展为特殊能力的培养和发展创造有利条件，特殊能力的培养和发展又在一定程度上促进一般能力的发展。

能力类型不同，其发展水平也不同。人的能力差异是客观存在的，因此要认真分析人的能力，全才是没有的，非凡的能力是在一定的范围内而言的。

（三）能力发展的影响因素

1. 自然素质

自然素质是个体天生的某些解剖生理特征，包括个体的感觉器官、运动器官、大脑的结构形态及生理特点。自然素质是个体能力发展的必要前提，没有这个自然基础作为铺垫，就不可能有能力的形成及发展。

自然素质虽是能力发展的基础，但不是能力本身。自然素质作为先天生成的解剖生理特征，是在社会生活实践中显露并逐步发展起来的，最后形成能力这样的心理特征。

2. 社会实践

能力的大小主要是由实践的广度、深度及个体主观能动性的发挥程度决定的。在实践活动中，劳动实践对于人各种能力的发展起着重要作用。劳动能发展人的一般能力，也对人的特殊能力起促进作用。

3. 个性因素

众多学者认为，个体能力的发展是和坚强的信念相联系的。此外，个体的思想倾向性和信念的恒定性也会影响其对生活的态度，进而影响个体对自己的要求。

四、性格与行为

性格是个性中最为重要、最为显著的心理特征，在个性中起着核心的作用，是一个人区别其他人的集中体现。性格与其他个性心理特征既相互影响又相互联系，但是它们之间也有着明确的界限。

(一) 性格的定义

性格是一个人对现实的态度，以及在习惯化的行为方式中所表现出来的较为稳定的心理特征。也可以说，性格是人对现实的稳定态度和习惯化的行为方式。个体生活中偶然性的表现，并不能被看做是一个人的性格特征；只有那些经常性的、习惯性的表现，才能被认定是一个人的性格特征。

(二) 性格的分类

1. 依据心理活动的优势性划分的性格类型

依据心理活动的优势性，可以将性格类型划分为理智型、情绪型及意志型三种。

(1) 理智型：理智型性格的人一般用理性来衡量一切事物，并用理智支配行为，不被情绪所左右。

(2) 情绪型：情绪型的人经常用情绪来评估一切，依靠情绪来待人处事，不善于用理智思考。

(3) 意志型：意志型的人行动目的明确、主动积极、果敢坚定，同时自制力也很强。

除以上三种典型的类型以外，还有一些混合的类型，如情绪—意志型。人的性格一般是混合型的。

2. 依据个体对现实的态度划分的性格类型

根据个体对现实的态度是倾向于内还是倾向于外，可以将性格类型划分为外倾型和内倾型。

(1) 外倾型：外倾型的人，其性格特征是呈现外露状态的。这种人坦诚豁达、明快洒脱、锐意进取。

(2) 内倾型：内倾型的人，其性格特征呈现内隐性。这种人待人接物总是胸有成竹且不表露在外，感情细腻、不外露。

大多数人的性格处于中间类型，既有外倾部分也有内倾部分。

3. 依据个体独立性划分的性格类型

根据个体独立性的不同，可以把性格类型划分为独立型和顺从型。

(1) 独立型：独立型的人有主见，不容易受他人见解的干扰，在紧急状态下能果断、镇静、不慌张，易于发挥自己的力量。

(2) 顺从型：顺从型的人缺乏主见、易受暗示、往往不加选择地接受别人的意见，经常按照别人的意见办事，在紧急情况下容易出现惊慌失措的状态。

4. 五种性格特征

五种性格特征是美国学者巴里（M. R. Barrie ）和芒特（ M. K. Mount）于 1991 年提出的，受到了理论研究者和实际工作者的青睐，被认为是最有效的人的性格差异的诊断方法。这五种性格特征是外向与内向、情绪适应性、易相处性、谨慎程度、接受新经验的开放度，简称 Big Five。

对性格类型的研究有一定的实践意义，它不仅为因材施教提供心理学依据，还为合理使用人才、充分发挥人才的积极性与主动性提供心理指导。

（三）性格的培养

性格的培养要注重从以下几个方面入手。

1．建立正确的个性倾向系统

个性倾向系统指的是理想、信念、世界观及人生观等。人的性格和个性倾向系统的关系要比兴趣、气质和能力与个性倾向系统的关系密切得多，也就是说，性格就是个性倾向系统在人对现实的态度和待人处事上的表现。要培养优良的性格，就应该建立正确的个性倾向系统。

2．培养坚强的意志

意志在一个人的性格特征中占据重要地位，坚强或软弱的性格主要是随个体的意志发展水平而转移的。培养坚强的意志，可克服性格的弱点，使性格沿着健康的方向发展。

3．形成自我教育能力

自我教育能力一般包括自我认知、自我评价、自我监督及自觉执行等，它有助于优良性格的培养。

人们克服性格缺点的自觉程度，主要取决于其对自己性格缺点危害性的认识程度。个体在性格方面的缺点，不仅对他人、对工作有害，还会对个体自身的生活及前途造成不良影响。这种认识越深刻，个体自觉克服性格缺点的决心越大。

五、情绪与行为

（一）情绪的概念

情绪指的是个体受到某种刺激后所产生的一种身心激动的状态。情绪作为一种心理和生理经历，它直接指向人或物，是对客体的一种反应。

（二）情绪的特征

1．情绪的非自发性

情绪不是自发的，是由刺激所引起的。引起情绪的刺激，有时是外在的，有时是内在的。

2．情绪的短暂性

情绪是一种短暂的经历，不是一种特质。人们表现出愤怒的情绪，这种愤怒也许会在几分钟或几小时内消失，不会成为其某种特征长期存在。

3．情绪是一种主观意识体验

个体对情绪的体验是主观的，是一种自我感受过程，它构成了情绪的心理内容。

4．情绪会产生生理唤醒

生理唤醒指的是情绪所引起的生理反应，即人们在生理上经历的情绪。不同情绪的生理反应模式不一样。情绪的生理反应常常是个体无法控制的。

（三）情绪的维度

情绪之间的差异可以从以下三个维度给予划分：情绪的种类、情绪的强度、情绪的频率和持久性。

1．情绪种类多样化

情绪种类多样，如悲伤、愤怒、害怕、挫折、嫉妒、憎恨、骄傲、惊奇、快乐、希望、热爱等。以上情绪可以划分为积极情绪和消极情绪。积极情绪可以提高人的活动能力，消极情绪可以降低人的活动能力。

情绪虽然种类多样，但是可以概括为六种基本情绪：厌恶、愤怒、悲伤、害怕、惊奇和快乐。它们通常会在工作场所表现出来。

2. 情绪强度存在差异

不同的人在情绪表达强度的内在能力上存在差异，这种差异通常是因为个人的人格特点产生的，有时是工作需要的结果。

3. 情绪的频率和持久性

不同的工作岗位，对情绪的频率和持久性的要求是不同的。比如麦当劳点餐人员需要对每一位顾客都报以微笑，由于客流量很大，故对其快乐情绪的频率要求很高。总之，要求情绪频率高和持久性的工作，对工作人员提出了更为苛刻的要求。

（四）工作中的情绪管理

1. 情绪劳动

情绪劳动是指员工在工作中表现出令组织满意的情绪状态。情绪劳动在人际交往中非常重要。几乎所有的工作都会要求和期望员工加入某种程度的情绪劳动，当一项工作需要与更多的人交流和接触时，对情绪劳动的要求便会更多。

2. 情绪智力

萨罗威（Salovey）和梅伊尔（Mayer）于1990年正式提出了情绪智力这一概念。他们认为，情绪智力表现为以下五点：

（1）自我意识：体会自我情感的能力。

（2）自我管理：管理自己的情绪和冲动的能力。

（3）自我激励：面对挫折和失败坚持不懈的能力。

（4）感同身受：体会他人情感的能力。

（5）社会技能：处理他人情绪的能力。

（五）情绪在组织行为中的应用

情绪在组织行为中的应用主要体现在以下六个方面：

（1）选聘员工。通过心理素质测评解读应聘者的情绪，可以有效地识人，帮助组织招聘到有积极情绪的员工。

（2）决策。积极的情绪能提高解决问题的技能，有助于获得灵感或启发，从而迅速做出正确的决策。

（3）创造力。情绪积极的人思维更加灵活和开放，创造力也会更强。

（4）激励。积极的情绪能增强人们的工作效率，而积极的反馈又加强了积极的情绪，使得工作效率再度提高。

（5）领导力。高效的领导者依靠情绪手段来帮助自己传达信息。通过激发情绪并把情绪与一个吸引人的愿景结合起来，领导者就更有可能成功地领导自己的下属，进行有效的管理。

（6）谈判。谈判是一个情绪交互的过程。一个资深的谈判专家一般会表情严肃，因为这样的情绪表现往往能让谈判者比竞争对手更有优势。

第五节　组织承诺与组织公民行为

一、组织承诺

（一）组织承诺的内涵

组织承诺也叫“组织认同感”“组织归属感”，是员工对于特定组织及其目标的认同、情绪依赖及参与程度。它不同于个人与组织签订的工作任务和职业角色方面的合同，而是一种“心理合同”或“心理契约”。

高组织承诺的员工对组织有非常强的认同感和归属感。高组织承诺意味着员工认可组织的价值观和目标，极力维持其在组织中的成员资格，愿意为之付出高水平的工作努力。

（二）组织承诺的三因素

1. 感情承诺

指员工对组织的感情依赖、认同和投入。员工对组织所表现出来的忠诚和努力工作，主要是由于其对组织有深厚的感情，而非物质利益。

2. 持续承诺

即员工会考虑到跳槽的成本而不愿意离职的态度和行为，这可能是因为离开组织的代价过高或暂时没有更好的工作机会。

3. 规范承诺

它是员工因为长期受到社会影响形成的社会责任而留在组织内的承诺，是员工对继续留在组织的义务感。

（三）建立组织承诺

研究发现，组织承诺能够预测离职现象，甚至能够预测离职意向。管理者对一个人工作绩效和晋升机会的评价与他自身的感情承诺水平呈正相关，然而持续的承诺却与工作绩效呈负相关。

1. 建立高情感承诺

培养员工更高的感情承诺和规范承诺，会带来更低的缺勤率、更低的离职率及更高的绩效。感情承诺最重要的影响因素是个体感到组织满足他们的期望的程度，而工作的挑战性、组织的可靠性及工作角色的明确性等，都是比较重要的因素。总体来讲，个体刚开始工作的那几个月的经验，对于情感承诺的发展是非常重要的。

2. 建立财务类的持续承诺

组织还应该通过财务类的持续承诺进一步把员工和组织联系起来，并通过赢得员工的信任来实现感情承诺，最终形成三因素的良性循环。通过营造适宜的工作环境，为员工能高度投入并努力实现组织目标创造条件。对员工的付出，组织要适时给予肯定，并通过公平的报酬系统和晋升系统给予回报。

总之，让员工在一定程度上参与决策、提高其工作安全感和工作内容的趣味性、提高员工的自主性和责任感，这些都是能提高员工组织承诺的有效方法。

二、组织公民行为

（一）组织公民行为的含义及特点

1. 组织公民行为的含义

组织公民行为是指个体的行为是自主的，并非直接或外显地由正式的奖惩体系引发的，一般包括无私并主动地帮助他人、主动参与组织活动、承担超过常规的任务要求等。这种行为方式很少体现在正式角色的规定之中，但是一旦缺少它们，整个系统运行将会出现困难。

2. 组织公民行为的特点

第一，人们除了致力于实践组织的规定事项以外，还会经常主动自发地付出额外的心力，从事一些直接或间接有利于组织的事情。

第二，组织公民行为是一种自我裁量的自动自发行为。

第三，组织公民行为的出现与正式的报酬并不直接相关。

第四，组织公民行为对于组织长期效能及成功运作有关键性作用。

（二）组织公民行为的作用

第一，它是一种自愿的合作行为，能自觉维护整个组织的正常运行，减少矛盾和冲突。

第二，它能使得组织所拥有的资源摆脱束缚，投入到各种各样的生产活动之中。

第三，它能促进普通员工及管理人员生产效率的提高。

第四，它能有效协调团队成员和工作群体之间的活动。

第五，它能构建良好的企业文化，增强组织的吸引力和留住优秀人才的能力。

第六，它可以在无形中影响组织的绩效。

（三）组织公民行为在管理实践中的应用

1. 组织公民行为的形成依赖工作环境的构建

组织通常希望并一直在鼓励组织成员表现出更多的组织公民行为。组织公民行为的一个基本假设是员工和组织的关系是与经济交换相区别的社会交换关系。

社会交换是一种基于信任的自愿性行为。员工的组织公民行为有很多种可能的原因：可能是为了预期能从组织中得到的回报而进行的投资，也可能是为了从组织中获得的支持而进行的回报等。

员工的工作满意度、领导者的信任、组织公平感、组织支持感及员工和领导者之间建立的良好的关系等，都与员工的组织公民行为之间存在积极的正向关系。所以，构造良好的工作环境对于激发员工的组织公民行为是较为有利的。

2. 行为科学原理对行为的塑造

在塑造人的行为方面，行为科学的作用是相当显著的。在管理实践中，可以通过有效的行为塑造来推进组织公民行为的发生与发展。

（1）强化行为的重复发生。

得到强化的行为倾向于重复发生。对于组织公民行为，管理者应当给予其足够的关注和不断的强化。例如，在工作中一旦发现员工的组织公民行为就要及时给予肯定。

（2）情境迁移影响行为改变。

行为的改变可以从一种情境迁移到另一种情境。在日常培训中，如果提供适当的组织公民行为的学习机会，在日后的工作中发生迁移的可能性就会增加。

（3）运用角色榜样促进学习。

个体的组织公民行为受到群体中其他成员的组织公民行为的影响，当群体中他人比较一致地表现出组织公民行为时，个体也更倾向于表现出组织公民行为。所以，可以通过树立角色榜样，让其他员工学习。直接主管的身体力行也可以成为下属的角色榜样。

（四）组织公民行为的负面影响

研究发现，某些员工做出组织公民行为是为了获取更大的利益，如表现自己、获得晋升、引起上司的重视等。在这种情况下，员工为了获得组织公民行为可能给自己带来的好处而刻意表现出这些行为，有可能会忽视自己的工作职责。这种负面影响会产生示范作用，进而带动更多的员工倾向于这种行为。

管理者应该清楚地认识到组织公民行为的这种负面影响，识别并培养健康的组织公民行为，进而发挥其积极的作用。

思考题

1. 解释需要、动机、行为的关系。
2. 简述价值观及价值观的作用。
3. 什么是知觉？影响知觉的因素有哪些？
4. 简述归因理论并解析“晕轮效应”“刻板效应”的含义。
5. 什么是个性？它的特点表现在哪些方面？
6. 试述气质及气质的类型划分。
7. 简述性格的类型和特点。
8. 简述组织承诺的内涵。
9. 什么叫组织公民行为？它在管理实践中有哪些应用？

第二篇
群体行为及其管理

第三章　群体行为基础

学习目标

通过本章的学习，掌握群体的含义、类型及群体的发展阶段，掌握群体行为解释各变量的含义及内容，了解非正式群体形成的原因，掌握非正式群体的主要特点和作用。

第一节　群体概述

一、群体的含义

群体介于组织与个体之间，是指两个以上相互交往、相互依赖的个体为了达到特别的目的而结合在一起的集合，即由若干个体组成的为实现组织目标和利益而相互信赖、相互作用、相互依存，并以一定的行为规范约束其成员的人群结合体。群体要比个体的随意组合紧密一些，成员之间发生互动，心理上具有特定的联系，有着共同的需要，并互相依赖而实现一定的目标。

从以下几个方面理解能更全面把握群体的含义：

（1）群体由两个或两个以上的个体组成。群体成员相互联系、相互依存，形成一个整体，具有群体意识和归属感，意识到自己是群体中的一员。

（2）群体具有稳定的结构。群体成员在群体内占有一定的地位，扮演一定的角色，为完成共同的目标而分工协作，具有组织性；群体拥有一定的行为规范，群体成员要遵守这些行为规范，他们在行为上相互制约。

（3）群体成员有着相同的目标。这个目标为全体成员所接受，只有靠群体的共同努力才能实现。

（4）群体成员有着共同的利益，个体利益存在于群体之中，没有群体利益，个体需求也无法得到满足。群体成员间有共同的利益，或是为了共同的爱好，或是为了共同的利益，或是为了共同的情感等而聚集在一起，互相分享信息、建立友谊、取长补短。群体的这一特性，是群体建立和维系的基本条件。

二、群体的类型

群体的类型多种多样，按照不同的标准，可以对群体做出不同的分类。

（一）按照群体构成的原则和方式，可以把群体分为正式群体和非正式群体

正式群体是指有明文规定的、由一定社会组织认可、有明确的组织结构、职务分配清晰的群体。工厂的班组、车间、科室，学校的班级、教研室以及党团组织、行政组织等都是正式群体。在正式群体中，群体特征受组织的影响。群体成员在群体中的地位和角色由组织决定，群体及其成员行为的指向与组织目标保持一致并受到组织的引导与控制，群体规范与组织文化特征和管理风格相协调。

正式群体还可以细分为命令型群体和任务型群体。命令型群体是指直接对某主管负责、向某主管报告工作的下属同其主管之间构成的群体。比如工厂厂长与各部门负责人之间、车间主任与所属各班组长之间、各班组长与工人之间所构成的群体，都是命令型群体。任务型群体是指为完成某项指定任务或项目而在一起工作的群体。它也是由组织结构决定的，由来自组织各个部门、各个层次的人员组成。比如筹备大型会议而成立的一个会务组，下设文秘处、接待处、宣传处、医疗处、保安处等，该会务组吸收了办公室、公关部、保安部等部门的人员参加。

非正式群体是指没有明文规定，没有正式结构，不是由组织确定，而是在成员某种共同利益的基础上，为满足社会交往的需要，在工作环境中自然形成的群体。非正式群体的构成是由多方面因素造成的，成员个人需求在群体中得到满足是其中的一个重要原因。由于个体需求的多样性，形成非正式群体复杂性的特征。从个性需求方面来看，非正式群体有如下特征：有达到一致认同的目标并在实现目标的基础上获得满足，而且在群体行为关系中相对较少的约束和指令使得成员更能按个体的个性特征自由发挥；成员间多以自愿交往而非强制性交往的方式，形成较小心理压力的沟通关系；群体中因淡化等级差别及制度化的行为模式而形成更多默认的、相对于正式群体更灵活的关系结构和群体规范。与正式群体比较，非正式群体的特征具有较强的可塑性，进行相应特征适应环境的协调在时间、空间上具有一定的优势。

非正式群体还可以进一步细分为利益型群体和友谊型群体。利益型群体是指为了某个共同关心的特定目标而走到一起的人。例如，失业自救群体是由一群为摆脱失业、寻找就业机会相互提供帮助而走到一起的人组成的。值得注意的是，这些群体各有各的明确目的，而且这些目的与组织目标不一定相关。友谊型群体是指那些因为兴趣、观点等相同或相近而走到一起的人。如摄影小组、书画协会等。友谊型群体的成员经常会在工作之余仍保持合作与交流关系。

（二）按照成员关系的密切程度，可以把群体分为松散群体、联合群体和集体

松散群体是处于最低层次的群体，群体成员只在时间和空间上接近，但没有共同活动的内容和目标要求。松散群体不是组织行为学研究群体的主要对象。松散群体在某些特定条件发生变化时，可能促成其群体特征的发展与变化，群体的发展水平可能得到提高，可能由低级层次的松散群体发展为中间级的联合群体。比如，不同地方的一群人因共同目的地及共同路径而频繁接触和交流，松散群体就发展为联合群体。

联合群体处于群体发展水平中的中间层次，常常由松散群体进一步发展而成。联合群体的特征是成员之间有一些共同的活动，但这些共同活动主要取决于成员的个人目的或利益。因此，群体活动的成败与个人利益有密切的关系。群体成员虽然能在心理上意识到“我是群体成员之一”，但其行为带有浓厚的个人感情色彩，既可以承担任务，也可以拒绝承担任务。比如，音乐爱好者协会等。

群体发展的最高层次是集体。集体的主要特点是它的存在不仅对其成员有意义，而且对整个社会和人类都有意义。集体的目的与社会要求的根本利益一致，对社会和人类都有积极、有益的作用。集体的活动具有广泛的社会意义，集体的组织极为严密、纪律也极为严格。集体成员不仅有共同的目标、共同的利益和共同的活动，而且每个人都承担一定的责任，在明确的规范下相互交往，沟通极为密切。集体具有组织性和成员心理上的团结一致的特点。需要注意的是，任何集体都是群体，但不是任何集体都可称为群体。可称为集体的有学校、工矿企业、机关团体及一切进步的组织（如少先队、共青团等）。

（三）按照群体的规模大小，可以把群体分为大型群体和小型群体

这种划分具有相对意义。车间相对于工厂是小群体，相对于班组是大群体。一般来说，大群体包含许多小群体。小群体更多地是指成员有直接的、个人间的、面对面的接触和联系的、规模较小的群体，这些群体的成员在感情上和心理上容易接近。

（四）按照群体是否实际存在，可以把群体分为假设群体和实际群体

假设群体又称为统计群体，即实际上并不存在，只是为了研究和分析的需要而划分的群体。假设群体可以根据不同特征，如民族、年龄、性别、职业等来划分。虽然假设群体在客观上并不存在，但这样划分却是研究、分析问题的有效手段。

实际群体是客观上实际存在的群体，这类群体的成员之间有着实际的、直接或间接的联系。如企业的车间、班组、科室等，都是实际群体。

（五）按照群体在社会上发挥作用的大小，可以把群体分为参照群体和一般群体

参照群体又称标准群体或示范群体。这种群体的标准、目标、规范可以成为人们行为的指南，成为人们努力追求达到的标准和学习的榜样。比如以某英雄或模范人物命名的班组、车队，这些英雄模范群体常常起着无形的典型示范作用，人们会把自己的行为与这些群体的标准进行对照，如果不符合这些标准，就改正自己的行为。参照群体在社会上发挥着表率作用，其标准和目标成为人们的向往和追求。相对于参照群体而言，一般群体是指那些大量存在于社会的、不足以成为人们行为楷模的普通群体。

（六）按照群体的开放程度，可以把群体分为开放型群体和封闭型群体

开放型群体的成员变动频繁，来去自由，成员间的权利与地位不稳定，与外界联系较密切，内部联系相对松散。封闭型群体的成员相对稳定，变动较少，内部权利与地位明确，成员等级关系严格。一般来说，封闭型群体思想相对保守，对外界新事物接受较慢，有时甚至有抵触情绪；而开放型群体吸收新思想和新人才较快，对外部环境的适应性较强，但不适于完成长期任务。

三、群体的作用

（一）完成组织任务

完成组织所赋予的任务，这是群体对组织来说最主要的功能。一个组织要有效实现组织目标，必须使各个群体充分协作，将总目标分为几个分目标，交付不同的群体来完成。群体的功能就是承担组织分配的职责，群体成员根据群体的分目标，制定出每个人的具体目标。

每个群体都承担着组织所分配的任务，管理者要通过宣传、鼓动和思想教育工作，把群体所有成员有效组织起来，使大家通力合作，形成一种新的合力，发挥出最佳效能。为了确保完成组织交给的任务，群体既要通过群体的制度、纪律、规范等把个人的行为统一到群体行为中，使群体行为协调一致、相互配合，又要根据具体情况，协调人际关系，促进团结、增进友谊，从而创造性地完成任务。

（二）满足成员的心理需要

群体作为一种社会化形式，可以满足其成员安全感的需求，个人在群体中可以避免孤独感和恐惧感，达到心理上的平衡。群体还可以满足成员获得成就和自尊的需要。在群体中，成员之间团结协作，可以取得个人难以取得的成就，这种成就会使成员获得其他人的尊敬，使个体心理得到满足。此外，群体还可以促使成员相互关心、相互依存，增加个体的力量感。

（三）进行有效的信息沟通

群体是成员了解别人、了解社会的一个窗口。在群体里，人们可以利用各种正式渠道和非正式渠道，互通信息，交换情报，与各方面保持联系。

（四）协调人际关系

人们长期在一个群体中工作、学习、生活，既可能形成亲密友好的关系，也可能产生一些隔阂和矛盾。群体就可以根据这些隔阂和矛盾，有针对性地做工作，既能进行各种信息沟通，也能促进个人之间的情感交流，促使成员相互了解，协调各成员的关系。

（五）促进成员间的相互激励

群体是成员相互激励、相互竞争的有利环境。一方面，通过成员之间的思想交流，可以巩固自己原来的不确定、不定性的看法和意见，增强个人的自信心，完善自我认识；另一方面，通过相互交往，可以看清别人的优点和长处，也能认识到自己的短处和不足，从而激发群体成员奋发向上的精神。这样，群体在客观上就能起到促使群体成员你追我赶、相互竞争、共同提高的作用。

衡量一个群体的有效性，一要看其任务完成得好坏；二要看其成员心理需要的满足程度。假如一个群体不能很好地完成组织任务，那自然是一个无效的群体。但是如果只重视任务完成，而忽视群体成员心理需要的满足，成员之间不团结，士气不旺盛，工作同样搞不好。因此，群体在完成组织任务和满足成员心理需求这两方面不可有失偏颇，二者是相互制约、相互促进的。

四、群体发展阶段

群体的发展过程不仅受到群体成员个性特征的影响，还受到文化、习俗的影响。群体的发展过程实际上是一个从不熟悉到熟悉、从松散到紧密的过程。下面着重介绍群体发展的五阶段模型和间断—平衡模型。

（一）群体发展的五阶段模型

塔克曼（Tuckerman）和詹森（Jensen）（1977）认为，群体的发展要经历五个阶段：形成阶段、震荡阶段、规范化阶段、执行阶段和中止阶段。

1. 形成阶段

这是群体发展的初始阶段，主要涉及群体成员之间的相互认识，包括了解其他成员的性格、优点及行为。成员要在这一阶段确定加入该群体是否能够满足其需要。最后，他们开始确定群体的领导。

2. 震荡阶段

在初步形成之后，群体必须面对一些十分重要的问题。首先，群体必须确定其目标体系及各个目标的优先次序；其次，应安排成员进行相互交流，相互影响。这一阶段的核心问题是各个成员应该扮演什么样的角色。

3. 规范化阶段

在规范化阶段，群体制定出一套规则和角色以协调群体活动，同时促进群体目标的实现。在这一阶段，群体成员之间的关系开始亲密，群体也表现出一定的凝聚力。

4. 执行阶段

在这一阶段，群体成员明白了群体的目标及各自的角色，并制定出用于指导工作的规则。群体在这一阶段完成其大部分实质性的工作。

5. 中止阶段

中止的原因或是群体所关注的问题发生了较大的变化，或是群体运作无效，或是群体目标已实现，等等。在这个阶段，群体开始做解散准备，注意力放到了群体的收尾工作上，高绩效不再是大家关注的焦点。这时的群体成员情绪差异极大，有乐观的，也有悲观的。

人们通常认为：从第一阶段发展到第四阶段，群体会变得越来越有效，群体的绩效水平会提高。原因显而易见：随着大家熟悉程度的提高，彼此间的合作和协调会更加有效率。但是使群体有效的因素远比这个模型所涉及的因素复杂。在某些条件下，高水平的建设性冲突有可能会导致高的群体绩效。所以，我们也会发现群体在第三阶段和第四阶段的绩效水平比第二阶段下降了。此外，群体并不总是明确地从上一个阶段发展到下一个阶段。由于冲突，群体常常在这些阶段之间来回移动，然后随着冲突的解决，群体又开始按照顺序向下一阶段移动。因此，群体发展的各个阶段之间的界限并不是非常严格和清晰的。

（二）间断—平衡模型

间断—平衡模型是由鲍姆加特纳（Baumgartner）和琼斯（Jones）提出来的。该模型认为，群体发展当中的第一次聚会很重要，因为它能营造出群体的氛围，也能确定群体的领导；随后是一个均衡时期，群体投入正常运作；然后变化突然发生，这一点被称为群体发展阶段的中点；之后由于认识到任务必须尽快完成，这种均衡状态被打破，同时在群体的各项安排上出现了革命性的变化。这一理论得到了一些研究者的支持，研究证明在群体的形成和变革运作方式的时间阶段上存在着高度一致性。间断—平衡模型如图 3—1 所示。

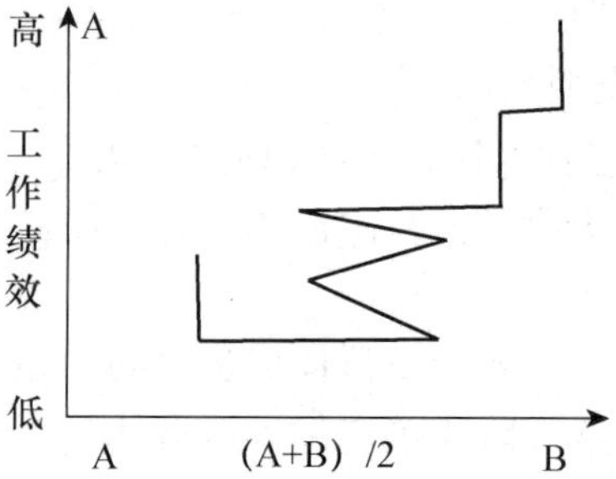

图 3—1　间断—平衡模型

群体成员完成其项目所要求的行为模式和假设的基本框架，以及群体的发展方向都会在群体成员的第一次会议上被确定。当群体发展的方向和行为框架被固定下来后，那么这些东西在群体寿命的前半阶段被重新修订的可能性就微乎其微了。因此，前半阶段将会成为按照惯性进行群体活动的阶段，也就是说，群体发展倾向于静止，或者被锁定在一种固定的活动上。即使有一些新创意对初始模式和假设进行挑战，群体也不可能在第一阶段实施这些创意。

尽管每一个群体完成项目所花的时间并不一定相同，但是每个群体进行转变的时间却非常相似，几乎都是在其寿命周期的中间带上发生转变。这种现象似乎是在说明每个群体在其存在阶段都要经历“中年危机”。这种危机信号促使群体成员认识到，完成任务的时间是有限的，必须快速行动。这个转变表明第一阶段结束，群体进入第二阶段。这一转变过程的特征是集中于迅速的变革，即对旧模式的扬弃、对新观点的采纳。第二阶段是一个新的平衡阶段，群体开始依照其转变时期创造出来的新计划按部就班地开展工作。而群体最后一次会议的特点是以迅速的活动来结束工作任务。

总而言之，间断—平衡模型告诉我们：群体在其存在过程当中会有一个短暂的变革时期，而这一变革是由于群体成员意识到任务时间期限的紧迫性而引发的。由此可以看出，间断—平衡模型适用于描述临时性工作任务群体的发展变化情况，而不适用于长期的工作群体和非任务性的群体。

第二节　群体行为解释

一、群体外部环境

为了理解工作群体的行为，首先应将其看做是更大系统中的一个子系统。工作群体不可能孤立存在，它是更大组织中的一部分。例如，某公司科研部的一个研究小组，必须遵守科研部和总公司制定的规章制度。可见，每个工作群体都要受到来自群体外部各种因素的影响。这些外部因素包括组织的整体战略、职权结构、规章制度、资源、员工录用过程、绩效评估和奖励体系、组织文化及工作物理环境等。

组织的整体战略通常由组织的高级管理层制定，它规定着组织的目标及实现这些目标的手段。组织战略可能引导组织朝着不同方向发展。例如，组织可以致力于降低成本，也可以致力于提高产量；可以致力于扩大市场份额，也可以致力于收缩整体经营规模。在任何时候，组织所追求的战略都会影响组织中各种工作群体的行为。反过来，组织的高级管理层也以此来确定如何给工作群体分配完成任务的资源。例如，如果一个组织通过出售或关闭主要业务部门来实现其紧缩战略，它也会相应缩减其工作群体的资源支出。

每个组织都有其职权结构，它规定着谁向谁汇报工作，谁有权做出决策，哪些决策权力可以下放给个体或群体。职权结构通常决定着一个工作群体在组织权力结构中的位置，决定着群体的正式领导者和群体之间的正式关系。虽然工作群体可能由一个非正式的领导者率领，但组织中的正式领导者——由组织管理层任命的管理者——仍然具有群体内其他成员所不具备的权力。

组织通常会制定规则、程序、政策、工作说明书及其他形式的规章制度来规范员工的行为。例如：麦当劳公司对填菜单的格式、做汉堡包和炸薯条的方法都设定标准的工作程序，因此，该公司的工作群体能够独立制定行为标准的余地很有限。组织对所有员工施加的正式规则越多，群体成员的行为就越一致，行为结果也就越容易预测。

有些组织规模较大，而且利润丰厚、资源丰富，其员工拥有现代化的设备、高质量的工具来完成任务；而有些组织资源有限，那么其工作群体所拥有的资源也就比较有限。工作群体能够做什么，在很大程度上取决于资源条件。组织给工作群体分配的各种资源（如资金、时间、原材料和设备）是否充裕，对群体的行为有着巨大影响。

任何工作群体中的成员，首先是这个群体所属组织的一部分。比如，长城汽车公司中一个削减成本的特别行动小组的组员，首先必须受雇于长城汽车公司。一个组织在员工录用过程中所使用的标准，决定了该组织工作群体中成员的类型，进而影响着群体行为。

另一个影响群体行为的变量是绩效评估和奖励体系。组织的绩效评估方式，以及组织所给予奖励的行为，都会影响群体成员的行为。

每个组织都有其规章制度来规范员工的行为，大多数员工在进入组织几个月后就能了解这些规定。这些规章制度是组织文化的重要组成部分。

群体所在的工作物理环境也对群体行为有重要影响。一般来说，建筑师、工业工程师、办公室设计人员决定了工作场所的外观与规模、设备安排、照明水平及是否有隔音设施降低噪音干扰。这些因素对于群体互动的影响有利也有弊。如果员工的办公空间相距较近，相互没有间隔物，而直接上司又在相距较远的封闭办公室中，显而易见，员工之间进行相互对话或传播流言就容易多了。

二、群体结构

群体结构塑造着群体成员的行为，使我们有可能解释和预测群体内部大部分的个体行为及群体本身的绩效。群体结构对群体的工作效率有很大的影响，会使群体协调一致，紧密团结，提高工作效率。群体结构变量主要包括角色、群体规范、从众行为、群体规模、群体构成和群体凝聚力。

（一）角色

角色是指人们对于在某一社会单元中占据特定位置的个体所期望的一套行为模式。每个人同时扮演着多种角色，比如，在学校的学生面前扮演着老师的角色，回到家在孩子面前扮演着父亲/母亲的角色。因此，要理解一个人的行为，关键在于弄清其现在所扮演的角色。

1. 角色认同

角色认同是指在一种角色中，态度与实际行为保持一致。如果人们发现环境条件要求其做出重大改变时，他们能够迅速调整自己的角色行为。例如，当一名工会干事晋升为基层主管时，人们会发现他的态度在随后的几个月中发生了变化，从亲工会转向亲公司管理层。如果情况发生变化，他又回到原来的岗位，那么他的态度也会变回亲工会。

2. 角色直觉

角色直觉是指个体对于自己在特定情境中应该如何表现的认识和了解。角色直觉来自我们周围的多种刺激，如朋友、书籍、电影和电视。在贸易专业领域中设立了学徒制度，目的就是让初学者通过观察“专家”的行为，从而学会按照人们期望的方式行动。

3. 角色期待

角色期待是指在某个特定情境中别人认为你应该表现出什么样的行为。个体的行为方式在很大程度上由其做出行为的背景所决定。

在工作中，心理契约这一概念有助于我们更好地了解角色期待。在雇主和员工之间存在一种不成文的协定，这种心理契约以双方的相互期待为出发点，也就是管理层对员工的期待及员工对管理层的期待。实际上，正是心理契约界定了每个角色的行为期待。一般来说，员工期待管理层公平对待他们，给他们提供可以接受的工作条件，向他们清晰表达每天的工作任务，对他们的工作状况给予反馈；管理层期待员工工作态度认真，听从指挥，忠于组织。

假设心理契约中蕴含的角色期待没有得到满足，则会发生什么情况呢？如果管理层没能满足员工的角色期待，我们可以预计，这会对员工绩效和工作满意度产生消极影响；如果员工没能满足管理层的角色期待，结果可能是受到某种形式的处分，甚至是被解雇。

4. 角色冲突

当个体面对相互之间存在分歧的多种角色期待时，就会产生角色冲突。如果个体发现服从了一种角色要求，就很难符合另一种角色要求时，就面对角色冲突。在极端情况下，可能包含这样的情境：个体所面临的两个或多个角色期待是相互矛盾的。

一般而言，在一个特定的群体中，我们可以观察到成员有三种比较典型的角色表现，这些不同的角色对群体绩效会产生不同的影响，如图 3—2 所示。

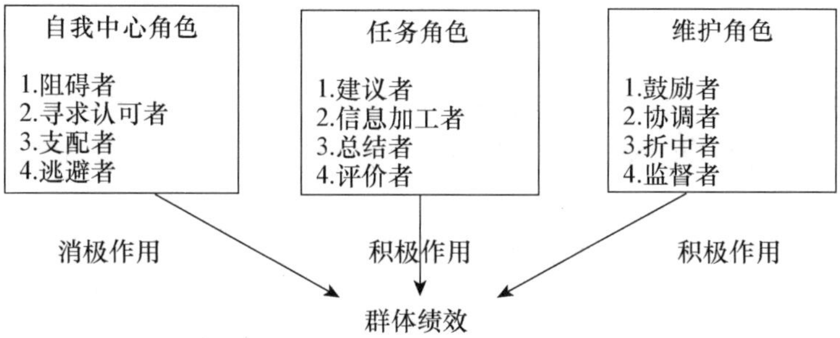

图 3—2　不同角色对群体绩效的影响

（二）群体规范

1. 群体规范的概念

所谓群体规范，是指群体成员认同与共同遵守的行为标准和准则。为了保持群体的一致性，每个群体都必须确定自己独特的行为标准，群体的每个成员都要遵守这些行为标准。群体规范有的是正式规定的，即成文的正式规范，如规章制度、公约、规定等，但大部分是非正式的、不成文的或约定俗成的，如习惯、风俗、舆论、传统等。

群体规范具有一种公认的社会力量，直接引导和限制着个体的态度与行为，使群体成员明白该做什么、不该做什么。群体规范不断内化人们的心理尺度，使个体在社会化的过程中发挥作用。

2. 群体规范的形成

群体规范的形成受模仿、暗示、从众等社会心理因素的影响。这里可用一个经典的社会心理学实验来说明群体规范的形成。美国心理学家谢里夫（Sharif）设计了一个实验，让被试者坐在暗室里观察前面一定距离内的一个光点，几分钟后让光点熄灭，然后让被试者判断光点移动的方向。实际上光点并未移动，但由于在暗室中光点无背景容易造成视错觉现象，因而被试者觉得光点似乎在移动。实验进行几次之后，每个被试者都会形成自己特有的反应模式。有的被试者觉得光点向右移动，有的被试者觉得光点向左移动，也有被试者觉得光点向下或者向上移动。总之，反应模式各不相同。随后，让被试者一起坐在暗室里再看光点，边看边讨论。经过几次实验和讨论之后，大家对光点移动方向的意见逐渐趋于一致。这就是说，大家在讨论过程中会彼此模仿、暗示，形成一致的规范。实验继续进行时，出现了一个有趣的现象，当每个人再单独判断光点位置时，并未恢复到原来的个人反应模式，也未建立新的反应模式，而是一致保持群体形成的规范。这表明，群体规范会形成一种无形的压力，约束着群体成员的行为，而这种约束并未被人意识到。

实验结果完全证实了现实生活中群体的实际情况。霍桑试验同样发现在非正式群体中存在着一定的规范，约束着群体成员的行为。如果仔细观察一下，不难发现在企业中，群体规范到处都存在。比如，谁也没规定科室人员轮流得一等奖，但不少企业的科室人员为了搞好关系，采用轮流坐庄的办法，并已形成了一种规范。在先进集体中，人们会自觉遵守纪律，相互关心，相互帮助，这是一种好的规范；而在落后的集体中，调皮捣蛋、破坏纪律者会被捧为“英雄”，勤勤恳恳、兢兢业业的人却会受到讽刺和嘲笑，这是一种不良的规范。因此，组织管理者应该研究群体规范，以便在群体中形成积极的规范，克服和改造消极的规范。

3. 群体规范的改进

由于群体规范与组织利益有直接关系，越来越多的人对群体规范进行了研究。20 世纪 60 年代后期，美国心理学家皮尔尼克提出“规范分析法”作为提高群体工作效率的手段。其内容包括：

（1）明确规范内容。调查、了解群体已形成的规范，特别是起消极作用的规范，并听取成员对这些规范的改革意见。

（2）制定规范剖析图。将规范分为“组织荣誉”“业务成绩”等 10 类，每一类定出理想的评分点，这种理想的评分点与实际评分的差距称为规范差距。在图上连接实际评分点形成曲线，从中即可找到当前最关键项目，并由此制定出解决问题的措施。

（3）进行改革。改革从组织最上层的群体开始逐级向下。在确定优先改革的项目时，主要考虑该规范对组织效率影响的大小，并不一定把规范差距大的项目列为优先改革的项目，只是作为考虑因素之一。根据规范标准，制定出系统的改革方案，包括管理部门的责任、信息交流、反馈、奖励和招收新职工等。

规范分析法的优点在于，用这种方法提出改革不是针对个人，而是针对群体，易于被人们接受。这种群体规范的改革，在美国一些企业管理中已经收到显著的效果。规范分析法的基本精神，对我们的企业管理工作具有指导意义和借鉴价值。当然，我们应根据自己的国情，依据企业的实际情况列出规范项目、制定改革方案，而不应机械搬用。

4. 群体规范的压力

群体规范会对群体成员产生一种压力，迫使其按照群体目标和准则来调节自己的行为。群体压力虽然不具有强制性，但个体心理上感到难以违抗。个体由于过失造成损失，或个体在目标、态度、行为方式上违反或者超越群体成员所认可的规范、习惯，或由于个体与群体其他成员关系失调而受到群体成员的心理排斥等，都会使个体感到群体压力。这种压力表现为受到群体的惩罚，惩罚不仅有明文规定的有形惩罚，而且有无形的、令人难以忍受的群体成员的疏远和孤立，使个体产生无所归属、无所依附的失落感。因此，群体规范形成的压力有时比强制性权威命令还要大。

美国心理学家莱维特提出了群体对持异议者施加压力的四种方式：理智讨论、怀柔政策、铁腕政策和开除政策。这就是说，先用讲道理的方式使个体顺从群体；如果讲不通，就用开玩笑或“和稀泥”的方式表示其与群体无原则性分歧；再不行，就公开施加压力，甚至把个体从群体中开除，或者对个体的意见根本不予理睬。

一般来说，群体压力发生作用的特点与一定的群体心理环境密切相关。群体压力是一种价值评价，直接影响着群体成员的态度，引导着某种归属行为。群体压力对于促进群体成员的归属意识，推动制约群体成员遵守群体规范、完成群体目标具有积极的导向作用。但也要看到，在社会文化发生变迁、观念出现更新的情况下，反映旧意识的群体压力往往会迫使人们做规范的奴隶，对规范俯首帖耳，这时的群体压力就起了消极的阻碍作用。在管理中，应避免采取群体压力的方式压制群体成员的独创精神。

5. 群体规范的作用

（1）群体规范能起到群体的支柱作用。

任何一个有生命力的群体，其内部必然有严格的行为规范，依据群体规范，成员间彼此认同，行为趋向一致化、标准化、特征化，从而使群体的关系更紧密。可以说，群体规范是一切群体得以维持、巩固和发展的支柱。支柱倒塌，群体必然松散、崩溃、瓦解。

（2）群体规范能起到评价标准的作用。

群体规范一旦被其成员认同，就会成为群体成员行为的参照标准，并用这一标准衡量是非善恶，从而制约交往过程中人们对事物的认知、态度和行为。

（3）群体规范能起到群体动力的作用。

群体规范一旦被群体成员所掌握，就成为评价成员行为的准绳。当某个成员的行为与群体规范相抵触时，群体规范会变成一种群体舆论，对个人行为有制约作用。群体舆论往往是以群体规范为前提的。至于舆论压力的性质，则是以规范的正确与否为转移的。符合社会发展方向、符合组织利益的群体规范会造成一种积极的舆论压力，给人以力量，促使成员齐心协力去实现群体的目标；而错误的规范则会造成消极的舆论压力，对人的行为、人际关系起消极作用。

（4）群体规范具有行为导向和矫正作用。

群体规范依据群体的利益，规定了成员应该做什么、不应该做什么，在何种情况下应该怎样做、不应该怎样做。当成员的行为偏离或破坏这种规范时，群体会用各种方法加以纠正，促使成员回到规范的标准上来。可见，良好的群体规范有助于对成员行为的导向和矫正。

上述作用在群体的正式规范与非正式规范中都有不同程度的表现。研究认为，在管理现实中，非正式规范比正式规范的作用表现得更为明显，其原因大致有二：一是从规范形成的机制上看，正式规范多半由管理者制定、由行政权力推行，因此群体成员遵守规范缺乏心理动力，而非正式规范则是约定俗成的心理认同过程的产物，成员具有内在的自觉遵守的心理动力；二是从制裁机制上看，群体成员违反正式规范由管理人员按行政程序给予制裁，但是如果违反了非正式规范，则由群体全体成员实行心理制裁，后一种制裁造成的群体压力显然要比前一种大得多。因此，管理者应该更加重视研究群体非正式规范的形成与作用。

（三）从众行为

1. 从众行为的含义

从众行为又称从众影响行为、相符行为、顺从行为，是指个体在群体的压力下，放弃自己的意见，采取和大多数人一致的意见的行为。"随大溜"就是一种从众行为。

从众行为源于群体的压力，一个成员当其态度和行为与其他人一致时，就会有"没有错"的安全感；而不一致时就会感到孤立、不舒服、格格不入。只要有群体，就会存在群体压力。从众行为是个体在群体压力下所寻求的一种试图解除自身与群体之间冲突、增强安全感的手段。实际存在的或头脑中想到的压力会促使个体产生符合群体要求的行为与态度，这不仅会在个体的行动上表现出来，而且个体会改变原来的观点、放弃原有的意见，从而产生从众行为。个体在解决某个问题时，可能按自己的意图、愿望采取行动，也可能根据群体规范、领导意见或群体中大多数人的意向制定行动策略。由于随大流、人云亦云总是安全的、不担风险的，所以在现实生活中不少人喜欢采取从众行为，以求得心理上的平衡，减少内心的冲突。

2. 从众行为的表现形式

从众行为是个体在群体中，因受到多数人的影响而采取的与群体一致的行为。一般来说，产生从众行为的原因可分为以下三种情况：

（1）把多数人的错误判断看成是正确的而表现出从众行为。当刺激性质不明显时，容易出现此种情况。

（2）因对自己的判断缺乏信心，对结果没有把握而采取从众行为以求心安。此种情况占大多数。

（3）虽然相信自己的判断没错，但又不愿标新立异，或担心大家冷眼相待，因此，表面上采取从众行为，内心则保留自己的判断，当群体压力被解除时再讲出自己真正的看法。此种情况可称为权宜从众。

从上面的分析可以看出，从众行为有表面的与内心的两种反应。表面行为可表现为从众与不从众，而内心的反应则有容纳与拒绝之分。对同一个人来说，这种内外两方面的反应并不一定都是协调一致的，其具体表现形式有以下四种：

（1）表面从众，内心也接受。

这是一种口服心服的状态，不但表面赞同群体的意见，内心也认为群体的意见是正确的。个体处于此状态时心里没有任何冲突，此为个体与群体之间最理想的关系。当组织目标与职工的期望趋于一致时，即为此种状态。

（2）表面从众，内心却拒绝。

这是一种权宜从众或假从众，个体在表面上虽与群体保持和睦，但内心却格格不入，即口服心不服的状态。此时，个体的内心处于不协调的状态。有时，个体为了维持内心的协调，当发现无法改变其表面从众行为时，即趋向于改变自身内心的态度。

（3）表面不从众，内心却接受。

这是一种在公开的场合并不同意群体的要求或行为，但内心却赞同的状况。例如，全组工人表示不想再加班加点了，而车间主任为了月末突击却布置要加班，组长由于职责的关系，不愿公开表示从众，但内心却认为工人的要求是合理的。这种情形多发生在由于身份或地位特殊，有某种顾虑，而不愿意表现真正的内心状态的个体身上。在这种情况下，个体虽不从众，但不会有反从众的表现。

（4）表面不从众，内心也拒绝。

这是一种外表不服从内心也不服的情况。出现这种情况的原因有二：一种可能是个体坚信自己正确，并认为自己有能力而且应该改变大家的意见；另一种可能是个体另有关联群体，不怕遭到孤立而决心与现群体对立到底。

管理者对于某种场合出现的从众现象要认真分析，要区分从众行为的表面反应和内心反应。只有这样，才能了解从众的实质内容。

3. 从众行为的作用

（1）从众行为的积极作用。

从众行为的实质是通过群体来影响和改变个体的观念与行为。一个先进的或落后的群体都会影响其成员的个人行为。例如，一个原来表现不好的员工，领导有意识地安排他到一个先进生产组中去工作，那么，这个人有可能逐步改变其原来不好的行为。当然，好的群体行为对于促进个人行为朝着好的方面发展是一个重要的条件，但更重要的是要做好教育转化工作。这是因为外因是条件，内因才是最根本的，外因必须通过内因才能起作用。

（2）从众行为的消极作用。

从众行为的消极作用表现在以下几个方面：

1）群体压力抑制成员的独立性。因为从众行为倾向于“舆论一致”，如果成员不能摆脱其控制，就会“人云亦云”，难以创新。

2）群体的从众行为，容易在决策时做出“表面一致”但不一定正确的结论。如果被这种现象所迷惑，就可能导致错误的行为。

（四）群体规模

群体规模能够影响群体的整体行为。有关研究表明，小群体成员有更多彼此交流的机会，因而比大群体内聚力高。群体变大，成员的态度和价值观差异增大，异质也增多，所以大群体成员行为的多样化程度高。

与群体规模有关的最重要的发现是社会惰化（Social Loafing）。社会惰化是指一种倾向：一个人在群体中工作不如单独一个人工作时努力。

一般人对群体的刻板印象：群体精神会激励其成员更加努力地工作，从而提高群体的整体生产力。20 世纪 20 年代末，德国心理学家马克斯·瑞格尔曼（Max Ringelman）在拔河实验中比较了个人绩效和群体绩效。他原来认为，群体绩效会等于个人绩效的总和，也就是说，3 个人一起拔河的拉力是 1 个人单独拔河时的 3 倍，8 个人一起拔河的拉力是 1 个人单独拔河时的 8 倍。但是，研究结果没有证实他的设想。3 人群体产生的拉力只是 1 个人拉力的 2.5 倍，8 人群体产生的拉力还不到 1 个人拉力的 4 倍。其他一些用相似任务的研究也基本上支持了瑞格尔曼的发现。随着群体规模的增大，群体绩效也会增加，但新成员的补充却降低了生产回报率。从总体生产率来讲，4 人群体的整体生产力大于 3 人群体的生产力，但随着群体规模的扩大，每个群体成员的生产率水平却降低了。

是什么原因导致这种社会惰化效应呢？一种解释是群体成员认为其他人没有尽到应尽的职责。如果个体把别人看做是懒惰或无能的，可能就会降低自己的努力程度，这样个体才会觉得公平。另一种解释是群体责任的扩散。由于群体活动的结果不能归结为具体某个人的作用，个人投入与群体产出之间的关系就很模糊了。在这种情况下，个体可能会试图成为一个“搭便车者”。换言之，当个体认为自己的贡献无法衡量时，活动的效率就会降低。

工作群体中这种社会惰化效应对于组织行为学来说意义十分重大。如果管理人员想借助群体的力量来强化士气和工作团队，就必须提供衡量个人努力程度的手段。否则，使用群体在可能带来员工满意感的同时，还可能导致生产率的潜在下降。

有关群体规模的研究还使我们得出另外两个结论：第一，成员为奇数的群体似乎比偶数群体更有利；第二，5 人或 7 人组成的群体在执行任务时，比更大一些或更小一些的群体更有效。成员数目为奇数时，会降低投票时出现僵局的可能性。由 5 人或 7 人组成的群体足以代表多数人的意见，同时又可以获得不同渠道的信息和资源；另外，还可以避免大群体中的一些弊端，如少数人占据统治地位、发展亚团体、限制某些成员参与决策及在决策时拖延时间等。

（五）群体构成

大多数群体活动需要群体成员具备多种技术和知识才能顺利进行。所以，异质性群体——由相互差异很大的个体组成的群体，更可能拥有多种能力和信息，工作效率也会更高。不少实证研究总体上证实了这个结论，尤其是那些需要认知能力、创造能力才能完成的工作任务。

如果群体中的成员在性别、个性、观点、能力、技能和视野方面是异质的，那么，群体就拥有更多的必要特点来有效完成任务。当然，由于需要引入和同化不同类型的人员，这样的群体可能冲突较多，也更少有舒适感。但事实证明，总体来说，在执行任务时异质群体比同质群体更有效。其主要原因是，多样性带来了冲突，激发了创造性，并导致了决策水平的提高。

但是，种族或民族差异带来的多样性会产生什么后果呢？有证据表明，这种多样性有时会干扰群体的互动过程，至少在短期内是这样的。当需要了解多种观点时，文化多样性似乎很有优势，但文化异质的群体在学习相互合作和解决问题的过程中会遇到更多的困难。这种困难一般会随着时间的推移而消失。虽然刚成立的文化异质群体比文化同质群体的工作水平低，但这种差异大约在 3 个月后即消失。原因在于，异质群体需要一定的时间来学习如何相处，如何对待意见分歧，以及如何适应不同的问题解决办法。

最近，有关群体构成问题的一个分支领域受到群体研究者的广泛注意。这就是群体成员在一些人口统计学特征方面的相同程度，如年龄、性别、种族、教育水平和在组织内的服务年限。

群体和组织是由具有同类特点的人构成的。例如，所有出生于 1960 年的人，意味着他们拥有一些共同经历。因此，人口统计学理论认为，诸如年龄、加入群体和组织的时间等特征，能够帮助我们预测成员的流动率。实际上，它的逻辑基础是这样的：如果群体由经历完全不同的人组成，则成员的离职率较高，因为成员之间比较难以沟通。在这种群体中，冲突的加剧会使群体对成员的吸引力越来越小，成员离职的可能性也越来越大。

为了验明这种假设，学者们做了多次研究，研究结果是令人振奋的。例如，在部门或独立的工作单位中，如果很大一部分人是同时加入这个群体的，那么，这个同类者群体之外的成员离职率更高；同样，如果同类者群体之间差距较大，成员的离职率也会升高。如果人们是在同时或差不多同时进入组织或群体的，则他们更可能会彼此联系，对群体或组织持有相似的观点，也更可能留在组织中；相反，如果群体成员进入群体的时间缺乏连贯性或某个时间段突然进入了很多人，则群体内部的离职率会较高。

这方面研究的意义在于，群体构成可能是流动率的一个重要预测变量。差异本身也许并不能预测群体成员的离职率，不过群体内部的较大差异者更有可能离职。在一个群体中，如果个体之间都存在一定的差异，他们就不会有强烈的局外人之感。因此，最重要的因素是群体成员在差异方面的离散程度，而不是他们之间的差异大小。

（六）群体凝聚力

1. 群体凝聚力的概念

在现实中，一般来讲，每个人都有一种要求归属于某一群体的感情，希望成为其中的一员，以满足安全、友谊、爱和尊重的需要。如果这些需要得到满足，会导致良好的社会动机，从而转化为积极的行动。一个人如果长期生活在一个团结、友爱、互惠的群体中，就会逐渐对群体产生一种依恋的情感。群体的每个成员都感到彼此互相吸引，并为作为群体的一员而自豪，这就说明群体有一种凝聚力，或叫内聚力。

凝聚力表现在成员的心理感受方面，即为认同感、归属感与力量感。

在凝聚力强的群体内，成员对一些重大的事件与原则问题都保持共同的认识与评价。这种认同感往往会相互影响，而且这种影响是潜移默化的，尤其是当个人对外界情况不明或个人情绪焦虑不安时，群体其他成员对其影响更大。

群体凝聚力最重要的表现形式之一就是每个成员在情感上加入群体，具有“我们”这种意识。当群体取得成功或遭到失败时，群体成员有共同的感受，一部分成员也会为其他成员的成功感到高兴与自豪，从情感上爱护自己所属的群体。通常，一个人同时会属于许多不同的群体，如共青团、班集体、兴趣小组、篮球队、广播台、某个学术团体等。一般来说，各个群体之间并无利害冲突。但每一个人都对自己所属的某一个最重要的群体怀有最为强烈的归属感。

在群体凝聚力强的条件下，当一个人表现出符合群体规范、符合群体期待的行为时，群体就会给予他赞许与鼓励，以支持其行为，从而使他的行为得到进一步强化，使个人信心更足、决心更大。社会生活实践表明，并不是任何群体都能对其成员的行为发生支持作用。一个群体若能对其成员的行为发生支持作用，必须具有高度凝聚力。一方面，成员本人对自己所属群体的态度是肯定的，即热爱自己的群体，群体对成员有一定的吸引力；另一方面，成员认为自己所属群体在社会中有一定的影响、地位与威信，成员希望群体来支持自己、表扬自己。缺乏这两个先决条件，即使群体要去支持成员的行为，也起不了多大的强化作用。

总体来说，群体凝聚力表现在知、情、意三方面，归属感是个体情感上的依靠；认同感是对个体的认知给予知识与信息；力量感则给个体以力量，使个体的活动能坚持不懈。

2. 群体凝聚力的表现形式

群体凝聚力是指群体成员之间相互吸引、接纳，同时愿意留在群体中的程度，也就是一个群体对于其成员的内在吸引力。群体凝聚力的表现形式可划分为以下几种：

(1) 自然凝聚力。

一般来讲，人都有归属的需要。如果一个人生活，就会萌生一种怅然若失的感觉，而回到群体中，就会充满信心和力量。这就是说，群体自然而然对个人产生了一种吸引力，人生活在一定的社会关系网中，就必然与社会发生各种各样的联系，人需要交际，需要友谊和爱。但一个人对于社会来说确实太渺小了，力量太微弱，他只有依赖于一定的群体，才能更好地生活。简言之，人有社会属性，不能脱离群体而单独生活，每一个人都需要别人，这就是群体的自然凝聚力。

(2) 工作凝聚力。

每个人都有获得良好工作的愿望，都希望在工作中发挥自己的特长；同时，在现阶段，劳动仍是人们谋生的一种手段，人们必须依赖工作而求得生存、发展。因此，群体所承担的任务和通过工作所要达到的目标，都会对群体成员产生强烈的吸引力。

(3) 领导者凝聚力。

成功而有威望的领导者本身就是一种吸引力。在一个群体中，领导者经常和群体成员发生着各种各样的联系。群体所承担的任务，需要领导者去组织、指挥，需要成员来执行、完成。因此，领导者的行为直接影响群体的凝聚力。一个民主型的领导者，使群体内部意见得到良好的沟通，群体人际关系和谐，成员心情舒畅，群体凝聚力就强。一个专制型的领导者，群体内部不易沟通，成员感到压抑，对工作也会感到乏味和无聊，群体凝聚力就差。一个放任型的领导者，群体成员无所约束，群体凝聚力也差。一个仁慈而专断的领导者，事无巨细，就会造成领导者在时凝聚力强，领导者一旦离开这个群体，群体则会陷入瘫痪，凝聚力大大减弱。因此，领导者是形成群体凝聚力的一个重要因素。

(4) 情感凝聚力。

一个群体的成员长期在一起工作和学习，朝夕相处，群体内部成员之间、成员与领导者之间、领导者与领导者之间彼此了解，就可能建立融洽、接纳的人际关系，群体就有一种吸引力。显然，这种吸引力是以情感为基础的，属情感凝聚力。协调、融洽的人际关系，不仅满足了人们的各种心理需要，而且减轻了人们的紧张感。如果人们在工作中心情舒畅，工作时就会同心协力以达到组织目标。相反，人与人之间关系紧张，相互猜疑，彼此戒备，必然导致内耗，矛盾重重，会影响工作目标的完成。

三、群体互动过程

群体互动过程会产生两种效应：一是协同效应；二是社会促进效应。

（一）协同效应

协同效应是指由两种以上的物质相互作用所产生的效果不同于单一物质作用的总和，简单地说，就是“1＋1＞2”。这种现象与社会惰化现象的表现正好相反，社会惰化现象所代表的是负协同效应，群体互动的结果小于个体努力累加之和。例如，复杂的工作任务往往由多功能团队来完成，因为这样可以利用成员的多种技能和知识，从事个体无法单独从事的一些活动。在这种情况下，群体活动的绩效水平将大于个体绩效水平的简单加总，我们就可以说协同效应出现了。

协同效应和惰化效应的产生可以用图3—3表示。

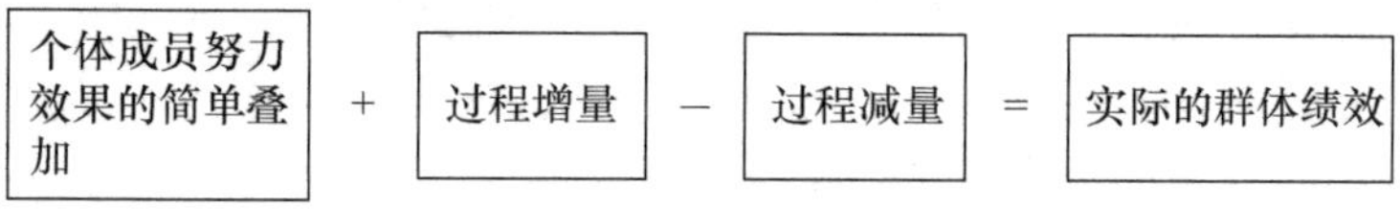

图3—3　协同效应和惰化效应的产生

当群体互动过程中的过程增量大于过程减量时，群体绩效就呈现出“1＋1＞2”的协同效应；当过程增量小于过程减量时，群体绩效就呈现出“1＋1＜2”的社会惰化效应。

（二）社会促进效应

社会促进效应是指当个体与其他人一起工作时，因他人的在场而激发了个体的工作动机，由此而引发的绩效水平提高的倾向。例如，当个体在进行某项活动时，亲人或者好友在场可能会给其带来一些积极的影响。若发现活动者的工作效率与其工作激情的变动方向一致，并且随着旁观者的增多而有所提高时，即社会促进效应发挥了作用。演讲、艺术表演及竞技运动等活动都具有明显的社会促进效应，这些活动的结果与活动者自身激情的大小有强烈的正相关关系。

四、群体决策

所谓群体决策，是指从两个或两个以上的备选方案中确定一个的过程。例如，在处理关于集体的问题时，我们常常会召集大家开一个讨论会一起商量解决，开会就是一种群体决策的方式。俗话说：“三个臭皮匠，顶个诸葛亮。”群体决策在组织中是有一定积极作用的。

（一）群体决策方法

群体决策最常见的形式就是组成互动群体，在这种群体中，成员之间面对面地接触，并依赖言语和非言语进行沟通。不过，互动群体为了使成员达到一致意见，常常会对成员进行审查并施加压力。鉴于此，可以采用一些改进的群体决策方法来加以避免。常用的群体决策方法有头脑风暴法、名义小组法、德尔菲法、电子会议法。

1. 头脑风暴法

头脑风暴法就是 6～12 人围坐在一起、主持者先把问题说明白，确保每位成员都清楚地了解问题的症结所在，然后在给定的时间内大家自由发言，尽可能多地想出问题的各种解决方案。在讨论的过程，任何人都不能对别人的观点加以评价，所有涉及的方案都被记录下来，最后拿出来由大家一起讨论分析。

头脑风暴法的优点如下：

(1) 可以帮助群体解决在工作中遇到的实际困难。

(2) 群体成员的参与性强。

(3) 有利于加深成员对问题理解的程度。

(4) 集中了集体的智慧，达到了相互启发的目的。

头脑风暴法的缺点为：

(1) 对主持者的要求高，主持者如果不善于引导讨论，可能会使讨论漫无边际。

(2) 主持者主要扮演引导者的角色，参与讨论的机会较少。

(3) 讨论的问题能否得到解决受参与讨论者水平的限制。

(4) 不是所有的问题都适合用来讨论。

2. 名义小组法

名义小组法在具体操作时，可按照以下步骤进行：

第一，主持者把问题介绍清楚，并确保每位成员都明白。

第二，群体成员分别写下自己对解决这个问题的看法或者观点。

第三，每位成员开始向其他人说明自己的一种观点，一个接一个地进行，每次表达一种观点。在这个过程中，所有观点都被记录下来。

第四，群体开始讨论每个人的观点，允许个人对自己的观点进行解释和补充。

第五，每位成员独自对这些观点进行排序。最终的决策结果是排序最靠前、选择最集中的那个观点。

名义小组法的主要优点是，既有不受相互影响、独立创造的过程，又有一起讨论互动的作用，结合了个人决策和群体决策的优点。

3. 德尔菲法

德尔菲法最早是由美国 RAND 公司的研究人员于 1953 年设计出来的，目的是调查某一特殊领域内专家的共识意见。最初应用于军事部门的预测，后来普遍应用于科学和技术领域的长期规划。它的具体操作步骤如下：

第一，在问题明确以后，主持人把精心设计的问卷发给群体成员，通过填写问卷可以提出解决问题的可能方案。

第二，每位群体成员匿名独立填写问卷。

第三，主持人把第一次问卷调查结果整理出来。

第四，主持人把第一次问卷调查结果发给每位群体成员。

第五，在群体成员看完整理的结果以后，要求其再次提出解决问题的方案。通常要求提出新的解决方案，或使原有方案得到改善。

第六，如果有必要，重复第四步和第五步，直至找到大家意见一致的解决方案为止。

德尔菲法的优点与名义小组法相同，也可以避免成员间的相互影响，特别是那些不利于提出创造性意见的影响。它的另外一个优点就是地点的灵活性，因为德尔菲法不需要参与的成员见面，所以在不同地方的成员都可以参与到同一个决策中去。

德尔菲法也有它的缺点，由于步骤较多、耗时长，所以不适用于那些需要马上得到结果的决策。它的另一个缺点是，由于没有成员之间面对面的互动，所以一般不会像群体讨论那样得到丰富的答案和方法。还有一个值得质疑的地方是，德尔菲法强迫达成共识，这其中主持人的综合分析作用就很重要，所以主持人对各种观点的分析是否仔细将会影响最终的解决方案。

4. 电子会议法

一种比较新颖的群体决策方法是名义小组法与复杂的计算机技术的混合，我们称为电子会议法。它的具体操作步骤是：

第一，参与决策的人员坐在联网的计算机终端前。

第二，问题通过计算机屏幕呈献给参与者，要求他们把自己的意见输入计算机。

第三，个人的意见和投票都显示在会议室的投影上或者传递到其他人的计算机屏幕上。

电子会议法的主要优点是匿名、可靠、迅速。参与者可以采取匿名形式把自己想表达的任何想法表达出来，而不用担心受到惩罚。参与者一旦把自己的想法输入，所有的人都可以在屏幕上看到。而且采用这种方法决策迅速，讨论一般不会偏离主题。但是这种方法也存在弊端，主要是得到的信息不如面对面沟通得到的信息丰富。

为了帮助我们在适当的问题上选择适当的决策方法，我们对三种群体决策方法进行了对比，如表 3—1 所示。

表 3—1　　群体决策方法比较

效果指标	群体决策方法		
	头脑风暴法	名义小组法	电子会议法
观点的数量	中	高	高
观点的质量	中	高	高
社会压力	低	中	低
资金成本	低	低	高
决策速度	中	中	高
任务导向	高	高	高
潜在的人际冲突	低	中	低
成就感	高	高	高
对决策结果的承诺	不适合	中	中
群体凝聚力	高	中	低

（二）群体决策的优点

1. 可以集思广益，博采众长，观点多样，信息和知识更全面

决策的一个重要步骤是对现有的信息进行解释和评估。信息的来源可以有很多渠

道，大众传媒、书籍刊物、调查访谈等。由于每个人接触的人和事不同，知识背景不同，对信息的理解也不一样，这就为正确决策提供了良好的基础，而这些是个人决策无法做到的。

2. 决策更加民主化，更容易被组织接受

很多决策在制定的过程中虽然经过了很缜密的考虑，但在执行的时候却因为不被人们接受而夭折。但是，如果那些会受决策影响的人或将来要执行决策的人能够参与到决策中来，他们则趋向于更容易接受决策，而且会鼓励别人也接受决策。这样一来，不但组织的执行力会因此增强，员工的满意度也会有所提升，群体决策的优势就显现出来了。

(三) 群体决策的弊端及防止措施

1. 群体决策的弊端

(1) 其成员受到群体压力，往往不敢提出不同意见，只是随声附和或保持沉默，这必定会遏制创造性，导致决策失误。

(2) 领导者可能由于“个性强”等与决策无关的原因而去压制讨论，降低成员的创造性，妨碍成员做出自己的贡献。群体决策时，当群体中的大多数人特别是领导者勇于承担风险时，个体将隐藏自己的意见而附和众议，一般成员容易滋生不负责任的倾向；若群体成员特别是领导者较保守，则其决策更趋向于保守。群体决策的这种趋向更冒险或更保守的倾向，被称为极端性转移。

(3) 消耗时间太多。群体决策的过程是群体成员一起对问题进行分析、讨论，缩小分歧并达到一致的过程，它往往要比个人决策花费更多的时间。

(4) 掩盖个人责任。

(5) 易于变“是非之争”为“意气之争”。

2. 防止群体决策弊端的方法

(1) 制定合理的决策程序。

决策是组织的一项重要活动，是整个管理活动的前提。要使决策准确无误，少出现或不出现漏洞，就需要制定一套科学的决策程序。常见的决策程序为：1) 提出问题，明确决策目标；2) 分析问题，研究一般原则；3) 针对问题，形成解决问题的各种方案；4) 归纳出几种可能被采用的方案，充分论证每一种方案的利弊；5) 根据多数人的意见，选择最佳方案作为集体决定；6) 实施方案，展开一系列的管理活动，同时追踪检查、适时调整。

(2) 鼓励群体成员参与决策。

为了使决策更趋实际、合理，管理者应鼓励群体成员参与决策，使群体成员尊重的需要得到满足，以调动他们的积极性；同时，群体成员参与决策还可能听到不同的意见，有利于决策的准确性与全面性。在群体决策中，每个成员参与的程度和所起的作用是不同的，管理者不必给予每个成员同等的参与机会，而应该把握每个成员要求参与决策的程度，恰如其分地组织他们参与决策。这样既能满足成员的心理需求，又能提高决策的速度。

(3) 选用科学的决策方法。

在群体决策过程中，除了决策者必须具备应有的优良素质外，还必须使用科学的、行之有效的决策方法。

第三节　非正式群体与管理

在现代社会，非正式群体与正式群体共同形成了各种各样的人际关系，它们共同决定了人们相互之间的社会心理气氛，影响着每个群体成员的态度和行为。在企事业单位中，非正式群体问题是一个非常值得重视和研究的问题。因为非正式群体是客观存在的，它形成之后，不仅能满足个体许多心理需要，对员工的心理倾向和行为举止也有深刻的影响，而且直接影响组织效能。因此，管理者应重视研究非正式群体的特征与作用。

一、非正式群体形成的原因

人有许许多多的需要希望得到满足。正式群体是为了完成组织下达的工作任务而形成的，因而它无法满足人们工作之外的各种需要。为此，人们通过形成各种非正式群体来满足自身的需要。非正式群体是一种自然形成的、未经官方规定的无形群体，其成员之间也有一定的相互关联的结构和准则，不过，它不是由外部力量规定的，而是由群体内在因素约定的。非正式群体形成的原因比较复杂，归纳起来有以下几个方面：

（1）价值观。非正式群体对人、对事、对物往往有共同的看法，有共同的追求，所以他们会产生“合得来”的感觉而聚集到一起。在价值观比较一致的基础上形成的非正式群体，一般来说比较稳定，不易因偶然因素而解体。

（2）共同的兴趣爱好。有共同兴趣爱好的人，很可能有共同语言，易结成非正式群体。在日常生活中，有很多非正式群体就是因为其成员在闲暇时都醉心于某种兴趣、习惯、志向而形成的，如自发组织的球迷协会、书法协会等。

（3）类似的经历和社会背景。社会背景和个人经历也是形成非正式群体的一个重要因素。具有类似社会背景或经历的人，如战友、同学、同事等，他们有着相同的经历和感受，容易产生心理兼容而形成非正式群体。

（4）性格、脾气一致。性格、脾气相同的人一般愿意在一起交往。但是，性格、脾气不同的人也会由于心理上的“互补作用”而聚集在一起。例如，脾气急躁的人往往喜欢和脾气温顺的人相处，独立性强的人往往愿意和依赖性强的人在一起。

（5）时间、空间相近。时间、空间相近的人由于发生相互作用的频率高，交流信息和感情的机会多，容易形成非正式群体。

（6）同年龄、同性别。同年龄、同性别的人由于共同的心理特点和行为模式，容易说到一起、玩到一起，形成非正式群体。

此外，工作条件、人事条件等相同的人也容易形成非正式群体。

总之，非正式群体的形成是由于在一定时期内，某些人有某种共同的利益、共同的观点、相同的社会背景，或者有类似的生活经历、生活在邻近地区，或者有相同的爱好、兴趣等，它是利益、情感、爱好、信仰、友谊、亲缘的产物。

二、非正式群体的特点与类型

（一）非正式群体的特点

1. 非正式群体是自发形成的

正式群体是由组织或职能部门组建的，而非正式群体是人们在相互交往中自发形成的。非正式群体是未经官方规定而自发形成的群体。例如，青年职工有强烈的社交需要，希望置身于集体中获取友谊与帮助，如果正式群体不能很好地满足他们的这种需要，他们就有可能在正式群体以外去寻找伙伴。于是，他们自然而然地结成一个群体，既不需要专门的组织许可，也不需要社会的正式承认。

2. 非正式群体主要靠兴趣、情感、共同需要等情感因素来维持

维持正式群体存在的主要因素是组织的规定、人事制度和编制、内部的不同分工及相应的权责等。而维持非正式群体存在的主要因素不是来自群体外部，而是来自群体内部，群体成员的兴趣、情感及心理上的相互需要等是维持非正式群体存在的主要因素。

3. 非正式群体的领导者具有极大的吸引力

正式群体的领导者是由组织任命或者由群众推举产生的，非正式群体也有自己的领袖式人物，但这种领袖式人物不是由组织任命或群众推举的，而是群体在形成过程中自然拥戴出来的。非正式群体的领导者完全凭借自身的“吸引力”使成员自发拥戴，因此往往比正式群体的领导者更具有号召力和权威性，对成员的影响也更大。

4. 非正式群体有强有力的群体规范

非正式群体的规范是不成文的、无形的，它从非正式群体成员的共同利益和需要、共同情趣和爱好出发，规范群体成员的行为、调节群体内部的关系，往往比正式群体的规范具有更强的约束力。这是由于利害及感情上的一致性，使成员有服从非正式群体规范的自觉性，对群体有较强的归属感，愿意服从群体的指挥。

5. 非正式群体具有很强的凝聚力

非正式群体是群体成员间情趣一致或爱好相仿，利益接近或观点相同，以及彼此相互需要等原因而形成的，一般来说有很强的凝聚力。非正式群体在组织和正式群体中的存在，呈现一种“抱团”现象，这是非正式群体凝聚力强的表现之一。非正式群体这种较强的凝聚力，突出表现在群体的自卫性和排他性上。

6. 非正式群体的内部信息传递畅通、迅速

非正式群体带有明显的感情色彩，这使得其内部信息交流具有渠道畅通和传递快捷的特点。非正式群体内部的信息交流也带有明显的感情色彩，以共同的感情为基础，以感情作为判断是非好恶的标准。

7. 非正式群体大多数具有自卫性和排他性，同时还具有相对的不稳定性

非正式群体是由相同的利益形成的，为了维护成员的利益，具有排他性和自卫性。由于群体成员间没有固定、一致的行为规范，与正式群体相比，非正式群体还具有相对的不稳定性。

（二）非正式群体的类型

1. 按照非正式群体形成的原因划分

按照非正式群体形成的原因，可分为以下五种类型：

（1）利益型：由于利益上的联系、利害上的一致而自然形成的非正式群体。例如，为了办事方便而结成团体，为了准备技术考核而组成团体，为了自学方便而组成团体等。

（2）情感型：为了寻求友谊、感情，得到社交上的满足，群体成员以亲密的感情为基础而组成的非正式群体。

（3）爱好型：由于共同的兴趣、爱好而自发形成的群体关系。例如，以打球、游泳、滑冰、下棋、养鱼、钓鱼、养花、散步、读书、钻研技术等业余兴趣爱好为基础，建立各种非正式群体。

（4）信仰型：以信仰、理想、观点相同为基础而形成的非正式群体。

（5）亲缘型：因为是同乡、同学、师徒、本家、邻居而形成的非正式群体。

2. 按照非正式群体的性质和作用划分

按照非正式群体的性质和作用，可以分为以下四种类型：

（1）积极型：这类非正式群体的目标与组织目标一致或基本一致，其活动不仅不会损害组织的利益，而且可以促进组织目标的实现，是一种积极的力量。

（2）中间型：这类非正式群体的目标，有时与组织目标一致，有时不一致；或在一些问题上一致，在另一些问题上不一致，对组织目标的实现既有积极作用，又有消极作用。

（3）消极型：从总体上来说，这类非正式群体的目标和组织目标是不一致的，它所起的作用总是消极的，对组织目标的实现有阻碍与干扰作用，但其活动未超出法律许可的范围。

（4）破坏型：这类非正式群体的目标和组织的目标及社会法规是对立的，对组织的利益起着损害和瓦解作用，如各种违法犯罪团伙。

3. 按照非正式群体的成员构成划分

按照非正式群体的成员构成，可以分为以下三种类型：

（1）纵向非正式群体：这种群体由不同地位的人员组成，上级人员对下级人员可能多袒护，而下级人员对上级人员可能唯命是从。这种群体在上级向下级传达指示、下级向上级反映情况的意见沟通中起着积极的作用。

（2）横向非正式群体：这种群体由同一组织内不同部门的职位相当的人员所组成，参与这种群体的成员可能是为了维护自身的利益，也可能是为了取长补短，搞好工作。

（3）混合交错的非正式群体：这种群体由不同部门、不同地位、不同工作场合的人员所组成，成员之间往往有共同的兴趣爱好。

三、非正式群体的作用

非正式群体的作用可以是积极的，也可能是消极的，主要看它的目标和规范所制约的群体活动方向。当非正式群体的活动与正式群体的目标一致时，它起积极的作用；当其活动与正式群体的目标矛盾时，它便起消极作用。

我国企业组织活动中的非正式群体与正式群体没有根本的利益冲突，在企业各项活动中，非正式群体能与正式群体的目标保持一致，促进正式群体的发展，使之更好地发挥预定的生产功能。

(一) 非正式群体的积极作用

1. 弥补正式群体在满足需要上的不足

交往、归属的需要人皆有之，但有些正式群体不能充分满足人们的这些需要，非正式群体就有可能弥补正式群体的这种不足。在这里，非正式群体就起到了一种维持性的作用。人们在非正式群体中可以自由地交往，寻求友谊，获得精神上的愉快。同时，由于非正式群体成员之间的关系密切，有助于进行深入的思想交流，这对职工尤其是青年职工的成熟与发展有很重要的作用。总之，非正式群体在使每个成员得到一定的社会满足和心理满足方面起到了积极作用，从而成为正式群体的有机补充。

2. 满足成员对信息沟通的需要

人们都希望及时获得所需要的信息，然而组织内的沟通渠道又相对有限，有时还会阻碍信息的及时传递。在这方面，非正式群体占有优势。非正式群体的成员接触频繁，沟通不受限制，能将信息散布到各处，使每个成员都有分享信息的可能，因而能起到正式群体难以起到的作用。

3. 可以成为正式群体凝聚力强度的晴雨表

非正式群体具有实际的影响力，这种影响力远比强制性影响力大得多。因此，它往往可以解决一个正式群体难以解决的困难，能指挥一个不听正式群体使唤的人。在正式群体中，如果管理者能力不强或者作风不正、办事不公，那么，群体成员不会团结在他的周围，而会分裂成各种类型的非正式群体，其中还会产生出核心人物，影响其他人的行为，与正式群体分庭抗礼。在这种情况下，正式群体的领导人物往往有令难行、有禁难止。由此可见，非正式群体还会成为正式群体凝聚力强度的晴雨表。

(二) 非正式群体的消极作用

1. 容易产生抵触情绪

具体来说，非正式群体内一些错误、消极的观点与思想会对其成员产生感染作用，形成消极的小群体意识，在行为上常常会对组织的正常生产工作产生干扰作用。一旦非正式群体拥有足够的力量，它可能会明显地阻碍正式群体的正常工作，严重影响生产劳动。

2. 影响工作效率

当正式群体与非正式群体的目标发生矛盾时，当组织的变革与非正式群体成员的需求不一致时，当正式群体的规范限制了非正式群体的活动时，非正式群体会阻碍组织目标的实现，影响工作效率。而且非正式群体活动频繁，常常使成员在工作时精力不足、注意力不集中，从而降低工作效率。

3. 容易传播谣言

非正式群体成员聚集在一起，不仅容易泄漏正式群体的秘密，而且容易传播小道消息，甚至散播流言蜚语，制造谣言。由于非正式群体信息沟通渠道畅通，因此，散布谣言或小道消息时，速度快，范围广，对正式群体的危害较大。

4. 会产生破坏作用

如果非正式群体的价值取向是消磨时光、寻求不正当的刺激，那么这种非正式群体的“行为标准”会限制整个劳动群体的生产率，使整个群体出现不团结、不和谐的心理气氛。

消极的非正式群体不仅会影响组织工作的顺利开展，而且会阻碍其成员的健康成长，甚至可能发展为犯罪小集团。这不仅严重影响组织目标的实现，还可能对社会起严重的破坏作用。

（三）加强对非正式群体的引导与管理

非正式群体是客观存在的，能否正确对待非正式群体对调动人们的积极性、提高生产效率与工作效率都有重大的影响。非正式群体与正式群体是相互依存、相互制约、互为补充的，应该正确对待非正式群体的存在，发挥其积极作用。

1. 正视并正确认识非正式群体

在正式群体中存在着非正式群体，这是一种普遍的客观现实。在我国一些企业中，不少人缺乏对非正式群体的了解，因而在认识、态度和做法上都有不同程度的偏差。归纳起来，主要有以下几种：一是不承认正式群体中存在非正式群体；二是把非正式群体同正式群体对立，只看到它的反作用，而看不到它的积极作用；三是对非正式群体采取放任自流的态度，不闻不问，不予理睬。对非正式群体的这种认识与行为偏差，不仅影响了非正式群体积极作用的发挥，而且对于企业目标的实现无疑也是一种损失。对于领导者来说，应掌握本组织有多少非正式群体，并了解其产生的原因、背景、思想倾向、成员构成、领导核心、行为目标及活动方式等，从而因势利导，发挥其积极作用，限制其消极作用。采取粗暴或禁止态度，效果往往适得其反；采取否认与放任自流的做法，也会影响非正式群体积极作用的发挥，对实现组织共同目标不利。

2. 区别对待不同类型的非正式群体

非正式群体的性质、作用不尽相同，因此应根据不同的情况区别对待。

对积极型的非正式群体要采取支持和保护的原则，不仅允许其存在，而且要充分发挥其作用，使其成为团结职工、搞好工作的主要阵地。对中间型和消极型的非正式群体，应当积极引导，切忌采取粗暴、生硬、简单化的做法，对其成员要主动接近、了解，与他们建立起感情，以便从中施加影响，化消极因素为积极因素。对具有破坏性的非正式群体要采取“分化瓦解”“集体粉碎”的政策，特别是那些屡教不改者，要视情节轻重，给予取缔或适当处理。

3. 注意做好非正式群体中核心人物的工作

任何非正式群体中都有一个或几个核心人物，虽然他们身上有这样或那样的缺点、弱点，但往往也有突出的长处。他们在非正式群体中有较高的威信，对群体成员的影响力大，做好他们的工作会影响一批人。因此，在管理工作中应特别注意做好这些核心人物的工作。管理者应以平等的态度关怀他们、信任他们，充分调动他们的积极性，并通过他们带动其他成员的积极行为，防止和克服消极行为。管理者企图用“杀鸡儆猴”的方法对待这些人，效果大多不是很好。

思考题

1. 比较命令型、任务型、利益型、友谊型群体的异同。
2. 描述群体发展的五阶段模型。
3. 简述角色期待的含义。

4. 什么是群体规范？群体规范的作用有哪些？
5. 什么是从众行为？从众行为的积极影响和消极影响有哪些？
6. 什么是群体结构？同质结构和异质结构各适用于什么情况？
7. 什么是群体凝聚力？群体凝聚力的表现形式有哪些？
8. 群体决策方法有哪些？群体决策的优缺点有哪些？
9. 简述非正式群体的积极作用和消极作用。

第四章　沟　　通

学习目标

通过本章的学习，了解和掌握沟通的含义、过程、类型、障碍及有效沟通的技能，理解互联网时代沟通的内涵、影响因素及如何做好跨文化有效沟通等内容。

第一节 沟通及其分类

一、沟通概述

沟通对于一个组织来讲，如同神经系统对于人体一样，有着不可或缺的作用。

（一）沟通的含义

沟通是指两个或多个主体之间交换信息、思想及情感的过程。沟通的完整内涵也可以表述为人与人之间、群体与群体之间、组织与组织之间传达思想、交流情报和信息的过程。沟通不仅包括对信息的传递，还有对信息的理解。

组织中的沟通可以促进各部门之间的协调行动，实现信息的上传下达，是组织成员表达情感和情绪的主要途径。

沟通包含着信息的传递和被理解，该过程是双向互动的，即包括信息的反馈环节。即使沟通的主要目的是告知对方如何做，信息接收者同样要给信息传递者反馈。这种反馈并不一定非要通过语言来表达，信息接收者也可以借助表情、目光或身体姿势等，从而构成双向互动互通。

（二）沟通的功能

沟通是组织管理和人际交往的一项重要手段，在管理活动中具有重要的地位。沟通主要有以下重要功能。

1. 传递信息

沟通的首要功能就是传递信息。

（1）外部信息。

外部环境中提供的政策性信息和情报资料可以为组织中群体工作的开展和群体共同目标的实现提供较为全面有效的依据。

（2）内部信息。

组织内部有关组织的目标、任务的指导和管理决策等相关方面的信息同样需要通过沟通传递给群体内的成员，以便能够有效协调成员的行动。

领导者能够从与各个层级的沟通中获得各种各样的信息，如群体成员需要状况、员工士气、群体凝聚力、管理效能等问题的信息。

外部信息和内部信息是互相配合的。信息的有效传递是做好群体管理工作的重要因素，也是一个组织立于不败之地的关键因素。

2. 推进了解

（1）理解群体目标。

沟通能够帮助群体成员更好地理解群体目标，了解将要完成的工作任务的具体要求及存在的困难等问题，这有利于统一群体成员的意志和步调。

（2）了解群体反映的问题。

沟通能够让领导者及时了解群体成员对组织各方面的意见、要求。

（3）增进彼此关系。

沟通还能够增进群体领导者和群体成员之间的相互了解和理解，能够在一定程度上增加工作的透明度，使组织群体上下一致、齐心合力，共同为实现组织的终极目标奋斗。

3. 控制行为

有效的沟通能够影响和改变他人的行为。当管理者决定执行某种决策或任务的时候，当群体成员被要求履行工作职责或需要得到上级支持的时候，沟通扮演着控制行为的角色。

4. 协调关系

沟通在协调群体成员人际关系方面起着举足轻重的作用。沟通有利于群体成员互通信息、协调工作，沟通还是群体成员建立感情联系和实现工作互助合作的重要途径。

5. 帮助决策

决策的基础是对信息的准确把握。沟通提供了决策需要的各种信息，对其加以甄别和筛选后，能做出有价值的判断；决策实施过程中各种信息的反馈、调节和控制同样要借助沟通，以实现相应的调整和改变。

（三）沟通过程

沟通的实质是信息传递和被理解的过程。沟通过程模型如图 4—1 所示。

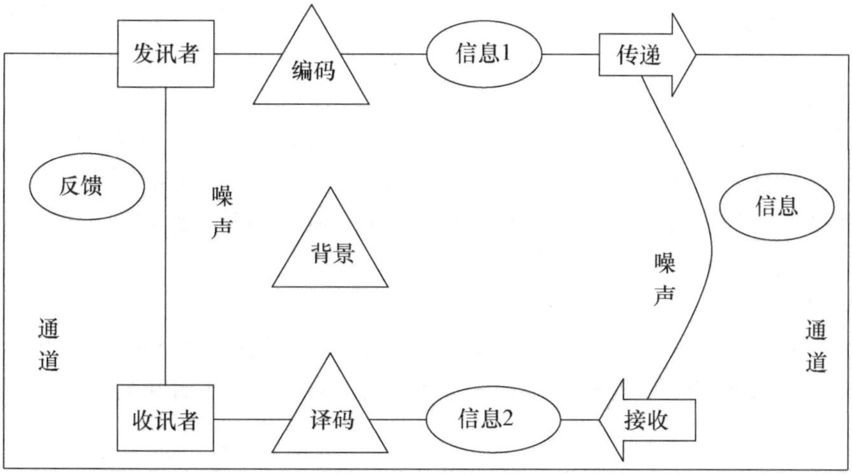

图 4—1 沟通过程模型

1. 沟通过程构成要素分析

一个完整的沟通过程包括以下七个部分：

（1）发讯者，即信息源头。

（2）信息，承载着各种信息的逻辑体。

（3）编码，将信息转变成文字、语言、手势等符号的形式表达码。

（4）媒介，即信息传递的载体和通道。

（5）译码，将接收到的信号形式转变为接收者可以理解的、有特定符号意义的信号形式。解码水平的高低将会直接影响信息被接受的精准程度。

（6）收讯者，信息传递的目标受众，可能是一个人，也可能是组织的群体。接收者的素质及接收者与发送者的文化差异也是影响沟通理解的重要因素。

（7）反馈，即发送者对接收者信息接收情况的一种了解。通过反馈，发送者可以知道自己传达的信息是否准确无误地被接收者所理解。

2. 沟通过程简析

（1）编码。

编码就是将信息转换成可以传输的信号/符号的过程，这些信号/符号可以是文字、数字、图画或声音等。发送者把自己头脑中的想法、他人的意见或上级的指令等信息通过编码生成相应的信号形式，这样的过程就称为信息编码过程。被编码的信息在这一过程中同时受到四个因素的影响：发送者和编码者（可能是同一人，也可能不是）的文化知识水平、技能、生活态度和社会系统。

（2）传递。

传递就是将代表信息的信号传送给接收者的过程。这一过程会受到多种因素的影响，一般称这些因素为传递过程中的“噪声”。

（3）通道。

通道就是由信息发送者选择或借用的用来传递信息的媒介物。在信息化时代，人们对沟通媒介的选择非常广泛，管理者要做的就是根据不同的信息需要和情景选择合适的沟通媒介。在众多的通道中，影响力最大的是最原始的面对面沟通，它不仅可以直接发出信息，还可以直接感受到彼此对信息的态度和情感倾向，有助于进行有效的沟通。

（4）译码。

译码就是接收者将获得的信号译为可以理解的信息的过程。接收者在译码过程中需要将经验、知识及文化背景相结合，才能使得获取的信号转化为正确的信息。沟通的目的就在于信息发出者希望接收者能对其发出的信息做出正确的判断并给出正确的行动表示，如果沟通不畅，就会产生一系列的障碍。

（5）反馈。

沟通过程的最后一个环节是反馈。反馈就是把目标源的信息接收情况返回给发送者，并对信息是否准确被接收和理解的情况进行核对，然后由发送者决定是否需要进一步的沟通。

（6）背景。

背景是指沟通面临的总体环境，这种环境可以是物质环境也可以是非物质环境。任何形式的沟通必然都会受到各种环境因素的影响，这些因素一般包括：

1）物理背景：比如一则小道消息在杂乱的市场环境中口头告知对方与用打电话的方式告知对方的效果显然是不同的，前者表现出的是随意性，后者则体现出神秘感。

2）心理背景：比如对同一个信息，沟通双方在心情不同的情况下往往会有不同的反应。

3）社会文化背景：不同的社会角色及文化差异，使得沟通双方对同一个信息的价值取向大不相同，所以在沟通中要能够站在对方的角度、立场上去尊重对方的风俗习惯。

（7）噪声。

噪声是指在沟通过程中对信息传递及理解造成干扰的一些因素。噪声存在于沟通过程的各个环节当中，会导致信息失真。

二、沟通的分类

沟通的形式多种多样，可以从不同的角度或根据不同的标准进行分类。

（一）按信息沟通渠道分类

1. 正式沟通

（1）正式沟通的含义。

正式沟通是指通过组织正式的管理渠道进行信息的交流，如管理决策的下达，下属逐级向上汇报情况，组织内部规定的会议、请示、报告制度等。组织结构会在很大程度上影响正式沟通的进行。

（2）正式沟通的优缺点。

正式沟通的优势在于其有较强的约束力并且容易保密，所以重要的信息一般采用这种沟通方式。缺点是因为其对组织系统层层传递的依赖，不但传递速度比较慢，而且也不够灵活。

（3）正式沟通的分类。

正式沟通按照信息的流向可以分为下行沟通、上行沟通、水平沟通和斜向沟通等。

1）下行沟通。

下行沟通是指信息由组织中的高层结构向低层结构层层传递，多用于下达指标、指令或是绩效反馈等。下行沟通是组织中最为重要和最为强大的沟通流程。

2）上行沟通。

上行沟通是指由下级向上级的信息传递。上行沟通的内容一般是下级的工作汇报、定期的工作总结、申诉、建议和意见等。组织中上行沟通的媒介包括口头汇报、交谈、书面总结、座谈会、意见书等。

3）水平沟通。

水平沟通是指同一工作群体内部的沟通以及同级别同层次成员之间的信息沟通。水平沟通强调的是同一层级成员的平行沟通，其目的是增强合作、减少摩擦。这种沟通方式往往带有协商性和双向性。

4）斜向沟通。

斜向沟通是指发生在同一组织中但不是同一部门和层级人员之间的信息沟通。斜向沟通强调的是处于不同层级且没有隶属关系的人员之间的交叉沟通，目的是加快信息的传递。这种沟通方式主要用于情况的通报、协商和支持，有明显的协商性和主动性。

水平沟通和斜向沟通可以统称为横向沟通。横向沟通往往具有业务协调的特点，并且在一定程度上能纠正组织结构在分工基础上形成的部门林立、互相独立的弊端。

沟通需要通过一定的沟通渠道进行信息的交流，各种沟通渠道是按照一定的规则组合在一起的形态，这便构成了沟通网络。不同的沟通网络一般都与一定的组织结构形式相互匹配。不同的沟通网络对于群体的活动会产生不同的影响。正式沟通按沟通网络可以分为链式沟通网络、轮式沟通网络、环式沟通网络、全通道式沟通网络、Y 式沟通网络、倒 Y

式沟通网络，如图 4—2 所示。

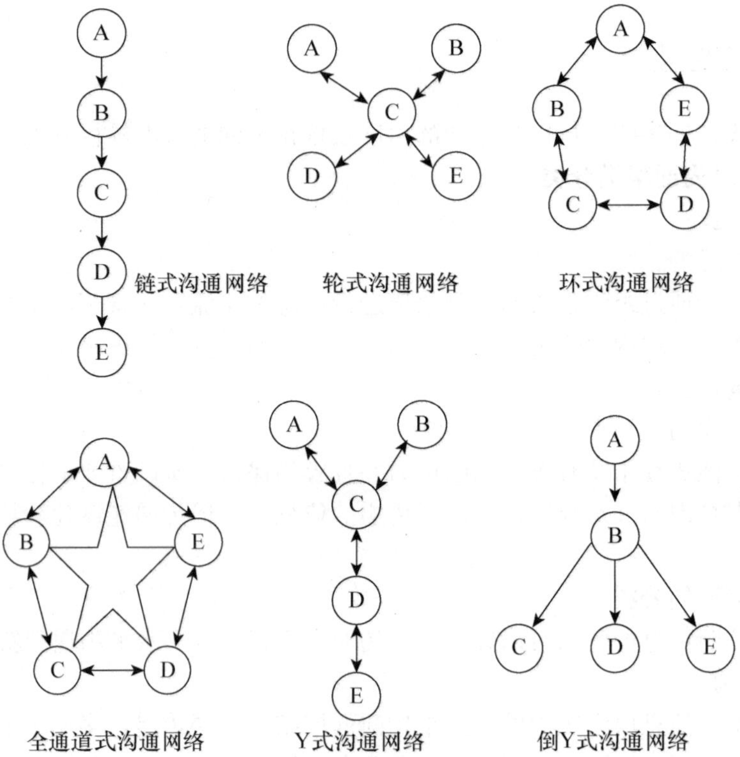

图 4—2　不同的沟通网络

1）链式沟通网络。

这是一种直线网络，居于两端的人只能与内侧的一个成员联络，居中的人可以与两端的人进行信息沟通。在一个组织系统中，它相当于一个纵向的沟通网络，信息可以沿着自上而下或自下而上的方向进行传递。

链式沟通网络没有一个固定的信息中心，它的成员之间总是相互传递信息。在这样的网络形式中，信息经过层层传递、筛选，容易造成失真状态，使得上下级之间不能有效理解对方的意图，各个信息接收者接收到的信息会产生很大的差异，平均的满意程度也会有较大的差异。

2）轮式沟通网络。

在轮式沟通网络中，只有一个成员是各种信息的汇集点与传递中心，信息沟通网络呈现车轮状。在轮式沟通网络中，居于中心地位的如果是组织的领导者，其他方向的下级会与之保持双向沟通，但下级之间是没有互相沟通现象出现的。只有处于中心地位的领导者可以全面了解情况并向下级发出指示，下级只是分别了解自己部门的情况并向上级领导做出汇报。

这种信息沟通网络有距离短、传递信息的速度快等特点，但可能会由于信息过于集中容易让下级感到不满，并导致整体士气下降。轮式沟通网络是组织加强控制、争取时间、抢夺速度的一个有效方法。当组织接受的是紧急任务并要求进行严格控制时，这种沟通网络就会成为组织的首选。

3）环式沟通网络。

环式沟通网络是一个封闭式控制结构，每个成员都可以同时与两侧的人员进行信息沟通。在这样的沟通网络中，组织的集中化程度比较低，组织成员具有较为一致的满意度，士气比较高涨。若要在组织中营造出一种高昂的士气氛围来鼓舞员工实现组织的最终目标，环式沟通网络是一种行之有效的方式。

4）全通道式沟通网络。

这是一种开放式的沟通网络系统，其中的每一个成员之间都有一定的联系。这种沟通网络一方面有助于群体成员之间进行思想交流、共同参与决策，有助于组织集思广益、有效改善组织决策失误的发生率；另一方面能很好地调动群体成员的积极性与参与性，灵活适应工作的变化。但是，这种沟通网络渠道过多，易造成混乱状态，在浪费时间的同时还影响工作效率。

5）Y 式沟通网络。

Y 式沟通网络是一个纵向沟通网络，表示四个层级的信息逐级传递过程。第二级的主管与两个上级进行联系，只有一个主管处于沟通的中心，他成为沟通的中间媒介。在组织中，这一沟通网络大体上相当于从企业的上层领导到中层机构，再到基层主管各个部门，最后到基层工作单位间的四级纵向沟通系统。Y 式沟通网络倒置就称为“倒 Y 式沟通网络”。

以上每一种类型的沟通网络都有各自的优缺点，其差异可以用表 4—1 表示。

表 4—1　沟通网络类型比较

沟通网络类型	解决问题速度	信息精确度	组织化	士气	工作变化弹性
链式	较快	较高	慢，稳定	低	弱
轮式	快	高	迅速，稳定	很低	较弱
环式	慢	低	不易	高	强
全通道式	最慢	最高	最慢，稳定	最高	最强
Y 式、倒 Y 式	较快	较低	不一定	不一定	较强

从表 4—1 中可以看出：链式沟通网络在组织规模很大并且需要进行分层授权管理时，是比较有效的；环式沟通网络在提高群体成员士气方面具有优势；链式和轮式沟通网络在解决简单问题时比较有效率；对于复杂繁琐问题的解决，环式和全通道式沟通网络解决速度较快、效率较高；当一个主管自身的工作量非常大且很繁重，急切需要人进行信息的协调筛选时，应用倒 Y 式沟通网络是一个较好的选择。

2. 非正式沟通

（1）非正式沟通的含义。

非正式沟通是指以一定的社会关系为基础，与组织内部明确的规章制度不相关的沟通。

（2）非正式沟通的特点。

相较于正式沟通，非正式沟通有以下特点：

1）非正式沟通的渠道具有灵活性、松散性、随意性。

2）非正式沟通的内容非正式化，更易表露出人的真实想法。

3）非正式沟通信息的真实性待定。

4）非正式沟通的速度快、灵活自如。

5）非正式沟通信息的情感性强。

6）非正式沟通具有一定的派生性。

7）非正式沟通有时具有个人目的性和非组织目标性。

（3）非正式沟通网络类型。

非正式沟通按其沟通网络可以分为单串型、饶舌型、集合型和随机型四种。

1）单串型。

信息在非正式沟通中是依次进行传递的，这一串的人员之间并不存在着正规的组织差异。

2）饶舌型。

信息是由一个人通过闲谈等方式向其他人进行传播的，并不存在信息传递的特定目的地。

3）集合型。

信息发出者会有选择性地寻找一些传播对象作为信息传播的目标，这些对象在获得信息的同时又将信息传递给与自己亲近的人群。集合型的传播效应是最高的。

4）随机型。

信息以随机的方式进行传播，每个人都是随机将这一信息传递给他人，并不存在传递目标、传递方式、传递渠道等的选择，事先没有计划性，带有很大的随机性。

（二）按信息传递方式分类

1. 单向沟通

（1）单向沟通的含义。

没有反馈的信息沟通，一方只进行信息的发送，另一方只是单纯接收信息。

（2）单向沟通的优缺点。

优点：信息传递速度比较快，能够保持信息传递的权威性。

缺点：信息传递的准确性比较差，很难把握沟通的实际效果，有时会使信息接收者产生抗拒心理。

当需要完成的这项工作时间很紧迫并且工作性质较为简单（大多属于例行工作）时，采用这种沟通方式是比较合适的。

2. 双向沟通

（1）双向沟通的含义。

双向沟通是指有反馈的信息沟通，是信息发送者和信息接收者之间的信息交流方式，如讨论、协商、会谈等。信息发出者发出信息后，还要及时听取信息接收者的反馈意见，直至双方对信息有共同的理解。

（2）双向沟通的优缺点。

优点：信息传递有反馈环节，准确性有所提升；信息接收者拥有反馈意见的机会，增强了参与感，容易保持良好的气氛和人际关系，帮助沟通双方建立感情联系。

缺点：信息发出一方随时可能受到信息接收者的质疑、批评或挑剔，这会给信息发出方造成一定的心理压力；沟通较为费时，信息传递速度也较慢。

一般情况下，在工作任务不紧迫但需要对信息进行准确传递时，或是在处理新的且复杂的问题又要做出重要决策时，应该采用双向沟通方式。在上下级间进行双向沟通时，领导者要特别注意由于与下级员工之间地位差别而导致的“心理层面的差距”给沟通过程带来的负面影响。

（三）按信息沟通媒介分类

按信息沟通媒介可以分为言语沟通和非言语沟通，如图 4—3 所示。

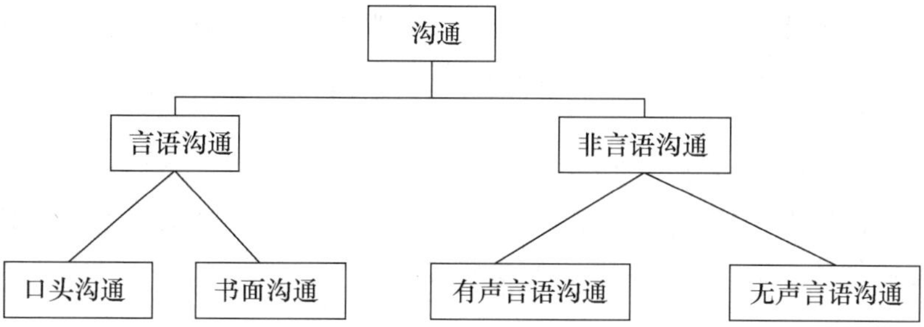

图 4—3　言语沟通和非言语沟通的形态

1. 言语沟通

言语沟通是使用正式的语言符号进行的沟通，分为口头沟通和书面沟通两种。

（1）口头沟通。

这是一种借助言语进行信息传递与交流的方式，如演讲、会谈、讨论、电话联系等。

（2）书面沟通。

这是一种借助文字符号进行传递与交流的方式，如通告、书信、刊物、调查报告等。

2. 非言语沟通

非言语沟通是指借助非正式语言符号（口头表达及文字以外的符号系统）进行的沟通。一般可以分为有声言语沟通和无声言语沟通。

（1）有声言语沟通。

有声言语沟通是指通过语音来传达信息。语音一般包括说话的速度、语气、音质、音量及音调等。语音本身不是语言，但是能表达出微妙的语言内容，能够为有声语言增添丰富的感情色彩。

（2）无声言语沟通。

无声言语一般又称为非自然言语或态势言语，可以分为表情言语、动作言语及体态言语。实践证明，无声言语所传达的信息的意义远比有声言语要深刻。一位心理学家给出了如下公式：

信息传递（100%）＝语言（7%）＋语音（38%）＋态势（55%）

这并不是一个精准的公式，但可以看出无声言语在信息传递过程中，尤其是在沟通中有着不可估量的作用，它是人与人之间进行感情传递的一种重要的辅助工具。

1）表情言语。

它通常指的是人脸部的情感状态，是由人脸色的变化、面部肌肉的抽动情况及五官的动作融合所形成的。脸色不仅是健康状况的表现，还是心理和情绪表露的外在承接点。面部肌肉的收缩和伸展也是情绪表露的外在表现。眼睛被称为“心灵的窗户”，眼睛在五官中是传递信息最有效的器官。在各种沟通场合，笑容是不可或缺的，嘴巴的动作是构成笑容的主要因素。面带微笑能让对方感到亲切、和蔼，能够弱化人与人之间的陌生感和隔阂。

2）动作言语。

动作言语一般指手、躯体和头部等的动作，可以表达一定的信息。如双手摊开、耸耸肩表示无可奈何、无能为力；不停地抖动腿部表示紧张、焦躁或不耐烦等。除此之外，人们在生活当中还形成了许多约定俗成的动作言语。

3）体态言语。

体态言语包括人的各种静态的姿势，如坐姿、站姿、睡姿、蹲姿、俯仰姿势及人整体的仪表等。不同的体态可以表达不同的信息。当一个人出现在公众场所时，其仪表本身就在向人们传递着这个人的身份、地位及审美情趣等信息。

第二节　沟通的障碍及改善

任何一个组织都脱离不了沟通。通过沟通，信息和观点会进行有效传递。组织沟通机制中要素的多元化造成沟通障碍，这一点是不可避免的。管理者应识别组织中的沟通障碍及其产生的原因，并采取有效措施进行克服以便保证组织机能的良性运转。

一、沟通障碍

（一）空间结构设计

工作场所空间结构设计的形式会影响员工之间的沟通模式。一个组织要想促进员工之间的良好沟通，并培养和谐的工作气氛，需要在空间布置上将员工安排得尽量紧密。一般来讲，近距离会给员工提供更多的接触机会，容易形成和谐持久的互动氛围。

对不同国家的人来讲，空间距离代表着不同的意义。应尽可能提前关注对方的文化背景，在沟通中使对方感到舒适。

当然，区分实际的物理距离和心理距离是相当必要的。有些建筑物的空间设计容易造成人与人之间的沟通障碍。还有一些设计，如电梯、接待室、室内喷泉等，可以吸引人流到特定的公共场所，进而促进沟通。

许多组织都采用了“开放式办公室”这样的设计，以增进组织内成员之间相互交流的质量和数量。但是这种开放式的设计，有时也会导致员工之间过多的接触，造成不必要的麻烦。员工在需要交流的同时，也需要私人空间。若组织没有注意到员工的这种需要，其空间设计往往会以牺牲生产率和员工的满意度为代价来换取员工之间的沟通。

（二）当事人的可信度

沟通的目的可以是说服，也可以是告知，信息的可信度将在很大程度上决定该信息是否会被接收者所接纳。信息的可信度是指从信息源发出的信息可以被另一方相信的程度。这取决于两方面的因素：一方面是信息源对该信息涉及的领域所具有的专业知识；另一方面是信息接收者对信息的信赖程度。表 4—2 列出了影响可信度的一些重要因素。

表 4—2 影响可信度的因素

因素	建立于	强调初始可信度	加强后续可信度
身份地位	等级权力	强调头衔和地位	将自己与高地位的人联系起来（如：共同署名或进行介绍）
良好意愿	个人关系 长期记录	运用值得信赖的长期记录，承认利益上的冲突，作出合理评估	通过指出听众利益来建立良好意愿
专门技术	知识、能力	强调经历和简历	将自己与听众认为是专家的人联系起来或引用他的话语
外表形象	吸引力	强调听众认为有吸引力的特质	通过认同听众的利益来树立形象；运用听众认为活泼的非语言沟通
共同价值	理想、标准	在沟通开始时就建立共同点和相似点，将信息与共同价值结合起来	

（三）当事人的价值观和参照视角

信息接收者的信念和价值观影响着其对信息的翻译和解释。当一个人很在乎自己的表现时，会很重视任何积极的反馈信息。信息接收者的参照视角同样会影响沟通的进行。当管理者把外部环境视为危机状态时，会表现出较少的提问，对他人的异议和意见缺乏洞察力和敏锐感。危机感造成沟通通道的压缩，当沟通必须迅速完成时，这种趋势会更加明显。

当沟通发生在不同职能部门之间时，由于各部门成员所采取的是截然不同的参照视角，会使沟通过程变得非常复杂。因为不同的参照视角会使他们把注意力分别集中到不同的信息点上，从而会花费更多的时间进行磨合。

（四）“共同语言”——行话

不同的职能部门不仅有不同的参照视角，还存在着不同的“共同语言”。几乎每个专业部门都有一套属于自身的行话，这套行话可以让使用者在最少的时间内传递、表达更多、更有效的信息，因为这是使用者共有的训练和经验浓缩的精华语言。行话还能排除缺乏共同训练和经验的人，它会成为不同部门之间的沟通障碍，同样会减少个体进入其他职业的机会。

（五）过滤

信息发出者有意操纵信息的行为称为过滤，以便使信息变得对接收者更为有效。当信息向上传递给高层管理者时，下级经常会压缩或整合这些信息。在信息整合过程中，个人的兴趣和自身对所传递信息的理解、认识也会被部分带入传递的过程中，这使得信息被过滤。一个组织结构的纵向层级越多，过滤机会就越多。

（六）选择性知觉

选择性知觉是指接收者根据自己的需要、动机、经验、背景及个人特点，有选择地去听或者去看。接收信息是知觉的一种表现形式，知觉的选择性使人们习惯于接收一些信息而排斥另一些信息，并把自己的兴趣和期望带进信息当中。

（七）语言和情绪

同一个词汇对不同的人来讲，其含义是不同的。一个组织中的成员由于来自不同的地区，有不同的社会背景，往往有不同的说话风格和语言表达方式。另外，部门的分化也使得专业人员发展了属于自己的行话和专业术语。如果组织成员不知道自己与他人之间的这些差异，误认为自己使用的词汇或术语与其他人是相同的，就容易导致沟通问题。

在接收信息时，接收者当时的情绪同样会对信息的理解产生影响。不同的情绪使得个体对同一信息的解释有所不同。在极端的情绪状态下，我们经常不能进行客观、理性的思维活动，而会采用情绪性的判断去分析、理解所接收的信息。

二、有效沟通

（一）有效沟通的含义

有效沟通是指沟通的准确性、实时性和效率。准确性是指信息在从发出者传到接收者的过程中保持原意（不失真、不歪曲、不遗漏）的程度。实时性是指信息从发出者到接收者的及时程度。沟通的效率是指单位时间内传递信息量的多少。信息传递的准确性、实时性和效率越高，沟通的有效性就越高。

（二）有效沟通的特征

1. 信息的准确性

有效沟通必须要确保信息在传递过程中的准确性，并且能够准确地传达信息发送者的主要意图，同时要确保信息接收者准确掌握信息所表达的含义。只有按照准确、不失真的信息采取行动，才能达到预期的效果。

2. 信息的完整性

信息发送者必须要发送完整的信息，避免根据自己的主观意愿进行取舍，不得以偏概全。同样，信息的接收者也不能断章取义，依据自己的兴趣对信息进行选择性接收。

3. 信息沟通的及时性

有效的信息必须是有时效性的。信息发送者要传递的信息必须及时被接收者接收，接收者也应该及时进行相应的反馈。另外，接收到的信息应被充分、及时、有效利用。

（三）有效沟通的技能

要提高组织沟通的有效性，就要提高组织人际沟通的技能，针对组织特征及具体环境，在完善组织中沟通渠道的同时，采用恰当的沟通方式对组织内部的沟通进行相应的管理。

1. 技能一：改善沟通环境

沟通环境主要包括组织整体状况、组织中人际关系的和谐程度、组织文化氛围和民主气氛、领导者行为风格及地理环境等。

管理者应当致力于营造一种民主和谐的氛围，同时改善自身的风格和水平。例如，敞开办公室的门，让下属可以随时来沟通情况；凭借自身的人格魅力而不是权力领导下属。

另外，可以根据具体的沟通事宜选择恰当的沟通场所，创造良好、适宜的沟通环境和氛围，以便进行无障碍沟通。

2. 技能二：有效反馈

一般员工对积极反馈的感知比对消极反馈的感知要更加准确和迅速，而且积极反馈一般情况下易被接受，消极反馈易受到抵制。所以，反馈要注意以下几点：

（1）强调具体的行为。

反馈不应该一般化，而应该是具体化的，要针对具体的行为。

（2）反馈要对事不对人。

消极反馈应该是描述性的，不应该是判断性和评价性的。不论管理者当时如何失望，都要使反馈仅针对工作而不针对个人。

（3）使反馈集中指向接收方和你的共同目标。

反馈就是要使双方建立起一座沟通的桥梁，要使接收方不但认知信息，而且认同信息，最后还要使反馈的接收方在思想上和行动上与反馈方一致。

（4）准确把握反馈良机。

接收者的行为和获得该行为的反馈之间相隔的时间越短，反馈越有意义。

（5）确保理解。

要确保反馈足够清楚和完整，以使接收者能够全面准确地理解所传达的信息。如果有必要的话，还应该让接收者重点复述反馈的内容，以了解自己的本意是否被对方理解。

（6）把消极反馈指向接收者可以控制的行为上。

消极反馈的指向应该是接收者可以改进和进行控制的方面，如果同时指明改进现有问题的思路和方法、方式等则更好。这样一方面减轻了消极反馈带来的伤害，另一方面给那些明知道自己存在问题却不知如何改进的接收者提供了指导和帮助。

3. 技能三：有效授权

（1）明确分工。

一是要明确授权的对象、授权的内容，提供明确、清晰的信息，明确告知对方自己希望得到的结果以及对时间和绩效等方面的要求；二是要聚焦目标，并给予下属充分的自由，使其对如何达到目标给出自己的判断和选择，这样可以增进管理者与下属员工之间的相互依赖，并达到激励员工的工作积极性及强化员工对工作结果责任感的效果。

（2）指明授权权限的具体范围。

每一项授权活动都是与相应的限制相伴而行的。管理者所下放的是在具体条件下处理某一具体问题的权力，管理者要指出这些条件是什么，使下属员工明确知道其权限范围。成功传递这一信息，有助于管理者和下属员工对授权范围及未经进一步许可的权限达成共识。

（3）鼓励下属参与。

在确定完成一项任务必须拥有多大权限这一问题上，最好的办法就是鼓励负责这项工作的下属人员参与决策。要注意的是，参与中会存在一些潜在的问题，下属人员在评估自己的能力时会带有一定程度的自利偏见，有些下属的人格特征倾向于有意扩展自己的权力，超出工作任务的需要程度。

（4）通知他人授权已发生。

管理者和被授权的下属员工要明确知道授权的内容，与授权活动相关的其他人员（包括组织内外的人员）都应当告知。需要通报的信息包括授权对象、工作的内容及授权的权限范围等。若相关人员未被通知，管理上的冲突现象就会发生。

（5）建立反馈、控制机制。

反馈机制使得下属能够及时汇报工作任务的进展状况及遇到的困难。控制机制有助于监督下属的工作进程，增加尽早发现重大问题的可能性，既可确保任务按期、按质、按量完成，还能确保下属不滥用权力并正确执行组织的各项决策。

4. 技能四：有效训导

训导的目的是强化组织规范和规章。需要训导的员工通常有以下行为：旷工、迟到、滥用病假、不听从指挥和领导、不使用安全设施、欺瞒上级、谎报信息等。处罚与训导可以减少或者消除不良行为，却并不一定会导致良好行为的出现。然而，处罚与训导带来的负面影响不能成为取消它们的必要理由。通常情况下，使用训导手段是非常必要的。使训导有效的技巧如下：

（1）用平静、客观和严肃的方式对待员工

平时，管理者可以通过自由、放松和非正式的方式促进人际交往活动的进行，这样能使员工感到无拘无束、自在坦然。然而，训导的实施与这些情景不一样，管理者应该用平静、客观、严肃的语气和神情来表述自己的意见，同时要避免愤怒和其他负面情绪的出现。管理者尽量不要采用开玩笑或聊天的方式，这样的举动只会让员工感到困惑和不安，因为它们传递的是相互矛盾的信息。

（2）明确、具体地指出问题所在。

面对员工时，要提供具体针对某一问题的相关记录，向其出示违规发生的时间、地点、参与者及其他相关的环境因素；要确保尽量使用准确的语言进行相关过失的界定，而不仅仅只是引用公司的规章制度和劳动合同。

（3）对事不对人。

训导本身应当针对的是员工的工作行为，不应该把矛头指向员工个人的人格特征。

（4）让员工陈述自己的观点。

管理者应当给员工一个自我维护的机会，让其陈述自己的看法。当员工的看法与管理者的观点差异很大时，管理者就要对发生的事件做进一步的调查研究。

（5）保持对讨论的适当控制。

对员工的训导要建立在管理者对权力把握的基础上。一个组织要想巩固自己的准则和规章制度，就必须进行适当的控制。让员工从自身角度陈述看法是为了能够了解事实，但不能让其干扰训导。

（6）对防范类似错误达成共识。

训导应该包括对纠正错误所进行的指导，让员工自己承诺确保今后不违规的计划和措施。对于严重的违规行为，应该让员工制订一个严密、可执行的计划，然后确定计划的实施步骤及时间安排，用来评估其每一点进步。

5. 技能五：完善沟通网络

沟通网络的畅通与否决定了组织沟通的效率。管理者应该在注重人际沟通的基础上，着重考虑组织的行业特点及环境因素，并结合正式沟通和非正式沟通沟通网络的优缺点，在对组织结构调整的基础上，设计一套畅通的沟通网络，以便在缩短信息传递链条的同时，能够使组织信息沟通更加及时、迅速和有效。

例如，定期的领导见面会和不定期的员工座谈会等都是员工和领导直接进行正式沟通的有效方法。近些年，企业通常采用郊游、联谊会、聚会等方式进行非正式沟通，有些企业还在自己的网站上开设了论坛等。

第三节 互联网时代的沟通

随着互联网时代的到来，处于信息碎片化时代的企业，无时无刻不受到信息技术的巨大冲击。信息的传递量和接收量远远超出我们的认知水平，互联网时代的有效沟通成为企业管理当中的一项紧迫任务。管理者可以通过基于信息技术的互联网网络来实现内部和外部的沟通，这便是网络沟通。

一、网络对沟通的影响

网络对沟通的影响更多地体现在互联网相关技术对沟通方向、沟通方式及沟通网络等方面的影响上。

（一）沟通方向：破除传统的沟通界限

1. 破除组织边界

互联网技术的使用能有效解决垂直沟通中存在的问题。互联网技术使得组织的边界变得越来越不重要，它同样使得管理者的身份变得不如往日那般重要。高层管理者可以虚拟普通员工的身份进而与各个部门、各个层级的员工进行直接沟通，减少了信息的过滤和失真，便于直接倾听员工的心声，大大提高了垂直沟通的效率。

2. 简化沟通层级

互联网时代的到来，使得信息在各个层级的及时传递成为可能。人们之间的交往方式变得越来越丰富，沟通障碍带来的阻力也在逐渐变小。员工可以通过电子邮件、微信等直接向高层管理者陈述自己对企业、部门、管理者等的看法，高层管理者也能更进一步地贴近员工，上下级之间形成良好的互动交流。

（二）沟通方式：灵活组合

1. 影响灵活沟通的因素

人们在进行沟通前一般要对沟通方式进行选择，因为不同的沟通方式传递信息的能力不同。

（1）处理能力。

一般来说，处理能力可以从三方面进行判断，即同一时间内处理众多信息的能力、反馈的速度和互相接触的程度。

（2）信息类型。

由于信息类型不同，在沟通中人们需要采用不同的媒介和沟通方式对信息进行处理。

每种沟通方式都有自己的优缺点，它们之间的界限也是相当清楚的，在沟通过程中要根据现实状况进行临时的灵活调整。

2. 网络技术为灵活选择沟通方式提供了便利

在互联网时代，网络技术的快速发展为人们自由灵活选择沟通方式提供了极大的选择空间，沟通者可以临时根据现场状况进行文字、图像、声音等信息的单个或组合传递，还可以在沟通中进行信息的整合精简，再选择新的传递方式进行组合，以使得沟通方式的选择更具有针对性和灵活性。

（三）沟通网络：提供了更好的技术平台

沟通网络作为信息流动的通道，常见的有链式、轮式、环式、全通道式等形式。链式严格按照企业的正式命令系统进行信息的流通。轮式重点强调了企业的领导者是管理沟通的核心因素，管理沟通的焦点就是领导者，脱离领导者的沟通是缺乏主心骨的，是一次不完备的沟通。环式则是小规模工作群体之间的联络与沟通。全通道式鼓励全体成员进行积极的沟通。

不同的沟通网络在不同的情境中的效率是不同的，没有一种沟通网络在所有的情境中都是最优选择。

在传统的技术环境中，链式和轮式使用得较多。采用这两种形式，企业员工的沟通满意度相对比较低。由于技术上的限制，全通道式沟通网络作用和优势的发挥也受到了极大的影响。互联网技术的迅速发展为全通道式的沟通打造了良好的技术平台，令这一沟通方式拥有的优势得以充分发挥。

二、网络时代的沟通特征

在网络时代，要学会与内部员工或外部客户建立密切的联系，通过运用内部网、外部网和企业网站等，使得传统的沟通方式逐渐向着具备扁平化、透明化、个性化和互动化的网络沟通方式转化。

（一）扁平化的沟通流程

1. 破除部门障碍

互联网时代的到来伴随着信息网络系统的出现，一方面使得同一层级和相同等级的员工之间信息的交流更加准确与快捷，借助电子邮件进行跨部门沟通，也能有效破除部门之间的障碍；另一方面使得企业“自上而下”和“自下而上”的信息联络更加便捷和容易。

2. 进行直接沟通

高层管理人员和基层员工可以通过电子邮件、微信、QQ 等进行直接沟通，自上而下的直接沟通已经成为一种常态。直接沟通减小了企业管理层级，有效压缩了管理机构并精简了管理人员，这样便使得企业体现了组织文化中提倡的平等性，有助于企业在内外界树立民主平等的良好形象。也就是说，沟通流程的扁平化极大地提高了企业的管理能力和办事效率。

（二）透明化的沟通模式

透明化的沟通模式主要体现在以下两个层面：

1. 同一企业内部的沟通模式

信息的透明化主要表现在组织内部工作人员与相关工作之间的开放。虽然这种透明化的操作乍一看具有机械性并带有程式化的色彩，但是实际上它却打破了部门之间根深蒂固的界限，为具有多种技术的人才提供了发挥才能的有效平台，还在一定程度上把层级体制与官僚化体制带来的不利影响降到最低限度。

2. 企业与外部客户、合作伙伴之间的沟通模式

互联网时代的网络化结构为企业的外部客户、合作伙伴与企业之间建立了一种“无缝对接”的沟通模式。对外部客户来讲，企业官网上发布的众多信息大都是透明和公开的；企业的合作伙伴可以通过外部网络与企业保持密切联系。企业网站、内部网和外部网三网的有效整合，为企业的内部员工、合作伙伴和外部客户构建了高效的网络信息导航模式。

（三）互动化的沟通活动

在互联网时代，企业的沟通活动真正实现了管理者一直追求的双向互动。作为沟通的对象，网络用户可以随时从网上获得企业的最新动态，他们在主动阅读的同时也可以通过网上论坛、即时通信工具、电子邮件、聊天室等，自由表述自己的观点，随时随地做出评论，甚至可以参与到企业的创新和革新活动中。

这时，沟通的对象由传统的信息接收者转变为主动的信息参与者。角色的变化也是网络沟通过程中的一大改变。

（四）沟通对象个性化

传统媒体如广播、电视等，其目标受众是一群人，可以按照经济、社会、市场、兴趣等诸多方面进行有效细分，但是这种方式在网络沟通环境中是不适用的。

在网络空间中，人们借助网络沟通工具，不需要面对面就可以进行交流，并且这种交流方式具有隐蔽性和流动性。所以，人们可以自由选择自己想要接收的任何信息，人们之间在情感和心灵上的互动与交往是完全开放的状态，在这一过程中人们的动机和兴趣点也要更加复杂。因此，沟通对象比以往任何时候都更具有个性化。如果这时的沟通从个性化的内容入手，提供携带特定信息的话题，将有助于唤起沟通的兴趣和获取更为广泛的理解。

（五）沟通趋于电子化

以互联网为代表的计算机网络技术的迅速发展和普及推广，已经对人们的生活方式、行为方式和社会方式产生了前所未有的影响。作为一种新的传播媒介，网络技术的特征带来沟通方式的变化日益受到学者和公众的关注。通常使用的电子沟通方式包括视频会议、电子邮件、电子公告（BBS、内部网络）、网络聊天（QQ、MSN）等。

第四节 跨文化沟通

一、文化与跨文化沟通

跨文化沟通指的是不同文化背景的人之间的沟通。文化是指由某一群体的人们发展、

共享并代代相传的行为方式，即某一组织特有的行为特征。随着科学技术与经济的飞速发展，不同文化群体之间的距离越来越近，具有迥异的世界观、价值观、语言和行为的人们需要更多的理解和交往，跨文化沟通是一个不可缺少的过程。

人们日常的穿衣打扮方式，和亲朋好友的关系，对工作的期望及每天的饮食习惯等都深受文化的影响。文化的多样性让世界精彩万分，但文化的差异有时也造成人们沟通交流上的障碍。

二、跨文化沟通中的障碍及改进

不同文化背景的人在进行沟通时可能会遇到一些障碍，主要体现在文化差异、民族文化优越感、语言差异、非语言差异四个方面。

（一）文化差异

1. 感知

沟通是分享感知的过程。由于信息发送者和接收者之间的感知领域不相同及信息符号的差异性，不同文化个体之间的沟通会存在障碍。比如同样的食物在不同的文化背景中却受到不同对待。有些宗教教徒被禁止吃某一类或某几类食品，也有部分宗教教徒禁止吃所有的肉食。

2. 思维方式

思维方式是指一个人的思维习惯或思维程序。人们在自己的文化氛围中形成了具有自身特色的认识问题的习惯方式。比如中国人在打招呼时会说“吃饭了没”，这是一种客套的表达方式，但是西方人以为这是要请他吃饭的意思。

在跨文化沟通中，大多数人倾向于认为对方也会用和自己同样的方式进行相应的思维。正是这种错误的认知，使得跨文化沟通难以顺利、有效进行。

3. 价值观

具有不同文化背景的沟通双方在价值观上同样不同。如在成就观念上，东方人注重守业，表现出的是集体精神；西方人则追求创业，关注的是个人利益的优先。

如果沟通双方就某一问题的看法和想法涉及必须要坚持或者必须要反对的价值观念时，冲突就会显现，其沟通破裂的可能性就会加大；反之，双方有效沟通的范围和可能性就会加大。

4. 社会规范

社会规范是指人们应该做什么、不应该做什么的规则，其具体表现形式如下：

（1）风俗习惯。

这是人们在长期的历史发展过程中延续形成的一种生活方式，一般表现在衣食住行、婚丧嫁娶等各个方面，如果不尊重就容易伤害对方的感情。

（2）道德规范。

不同文化中存在共同的道德，也存在不同的道德。如偷盗在许多文化中都被认为是不道德的。中国文化中不赡养老人属于不孝顺的行为，而美国文化中没有这种观念。道德规范通常是不成文的。

（3）法律规范。

不同国家的法律规范所依据的理论基础和体系是不相同的，因此，各个国家在具体的法律规范上会有不同之处。比如美国产品责任法的要求是相当严格的，欧洲国家次之，而东南亚国家则没有那么严格。法律规范多是成文规定，跨文化沟通者在法律规范上产生的冲突常常会涉及国家主权问题，所以，必须了解并遵守东道国的相关法律，避免遭受精神和物质损失。

（4）宗教规范。

宗教规范是受到宗教影响而形成的一种极具强制性的行为规范，一般包括信仰、节日、仪式教规等。若人们不能够理解宗教规范，便会引发巨大麻烦。在跨文化沟通中，对宗教规范冲突的调节比对风俗习惯冲突的调节更为困难，宗教规范所引发的破坏力也是不可估量的。

（二）民族文化优越感

民族文化优越感即认为自己的民族文化比他人的民族文化更加优越。如果某个个体总是有意或无意地认为自己的民族文化比他人的要好，那么当他与另一个有不同民族文化的团体成员交往时，沟通中不可避免地会充满干扰。

民族文化优越感所产生的偏见，建立在有限的或不正确的信息来源的基础上，它使得跨文化沟通的过程遭到破坏。人们必须在充分认识自己的民族文化的基础上，理解并尊重其他文化的存在。

（三）语言差异

1. 语言的文化背景

语言文字是人们进行交流、传递信息和思想的产物，是人们进行沟通的工具。语言有着丰富的文化内涵及特殊的文化背景。美国文化人类学家霍尔意识到，不同文化使用语言的方式存在很大的差别。在低文化背景下，人们通过自己所说的词语直接传达信息，并不需要考虑谈话的背景情景；在高文化背景下，通过语言传达的只是有限的信息，必须要从谈话背景情景中进行推论和解释。这种背景一般包括口头语言、书面语言、体态语言和其他非词汇交际方式。只有把相应的文化背景情景融入所说的言语之中，才能真正理解其含义。

2. 语义和语用

语言差别是不同文化中最为重要的区别之一，也是跨文化沟通中最大的障碍之一。

语义是指语言中词语的意思。每种文化都对其词语赋予了与众不同的含义。不同语言中由于文化不同形成了语义的异同，如果能够准确把握住这种异同，取得沟通成功的可能性会增大；反之，则会导致失败。

不同的语言有着不同的使用规则。虽然一句话完全符合语法规则，但是用于不恰当的场合，或者与说话人的身份不相符，或者不符合当地的风俗习惯，就不能达到有效沟通的目的，有时甚至会产生不好的后果。因此，在学习和运用外语时必须要了解与之密切相关的文化，确保外语的正确、恰当使用。

（四）非语言差异

基于跨文化沟通的角度，非言语沟通可以分为身体语、空间语、时间语等多种类型。

1. 身体语

在不同的文化背景下，人们的身体语所表达的含义是不同的。在多元文化的工作环境中，身体语的差异是产生误会的根源。

2. 空间语

不同的文化背景决定了沟通双方对空间不同的要求。以人际活动空间为例，不同文化背景的人对交际时相互之间的间隔距离有着不同的偏好。

3. 时间语

有关时间的概念以及对时间的不同态度也是跨文化沟通过程中的差异所在。发达国家的人比较重视时间，而在有些国家和地区，人们对待时间的态度是比较随意的。

要想在跨文化沟通中取得优势，就必须高度重视由多种因素所造成的沟通障碍，在明确沟通障碍的基础上进一步找到解决的方式和方法。

三、有效跨文化沟通

（一）跨文化沟通的原则

美国著名学者斯蒂芬·罗宾斯提出了跨文化沟通的4条原则：

（1）没有证实相似性之前，应先假定对方与你不同；

（2）强调描述不是解释或者评价；

（3）换位思考，在传递信息之前，先把自己置身于接收者的立场上；

（4）假定你的理解正确，还要进行更为深入的考察，不要想当然。

（二）跨文化沟通的策略

1. 认识文化差异

在跨文化沟通中，交流双方不仅需要明确各自的文化特点，还要通过各种途径了解对方的文化背景，再加以分析、比较，以便明确在不同的文化中什么是允许的、什么是禁止的。要做到这一点，沟通双方都必须要练好各自的内功，在了解自己文化的基础上，通过学习和训练来提高对文化差异点的敏感度和认知度。

2. 认同文化差异

跨文化沟通中失误和冲突产生的根源在于沟通双方没有取得文化认同。文化认同一方面可以促进不同文化背景的人之间的顺利沟通，促进组织内部人员的和谐相处，有助于提升组织的凝聚力和竞争力；另一方面可以确保多元文化的共存，从而提高员工的文化满足感。文化认同被认为是指导跨文化沟通的最基本的原则。

3. 融合文化差异

即通过自身的学习，发现文化差异中的精华部分，将两种或者多种不同文化有机融合在一起。这样一来，在和有不同文化背景的人交往的过程中，我们就会在尊重文化差异的基础上正确展示自己的行为，进而避免文化差异所造成的误会和不信任感，为构建和谐的跨文化工作关系和环境做好铺垫。

（三）跨文化沟通的技能

1. 树立共同的价值观，找到必要的切入点和共同点

先进文化和本土文化的有机结合必然会颇具感召力，使成员形成跨文化沟通的认同感。通过在组织内部建立共同的价值观念，明确是非标准、行为模式及交往准则等，可以

提高组织成员的凝聚力、向心力。当组织成员为共同的目标奋斗时，往往会忽视导致冲突的因素。

2. 加强跨文化培训

改善个人和当地员工之间关系的有效方法就是进行跨文化培训，这使得人们能够经受住文化的冲击力，并迅速适应新的文化，进而提高工作效率。在对员工进行语言培训的基础上，还应通过体验式学习使其感受新文化的差异，了解东道国的经济发展和文化习惯等。

3. 海外管理人员本土化

企业可以雇用当地人员来管理设在当地的子公司，这会在很大程度上消除语言上的障碍，解决了员工在文化和社会方面的适应问题。除此之外，还应鼓励子公司淡化其母公司的文化背景，灵活按照东道国本地公司的运作方式经营。海外管理人员本土化可以有效利用当地的资源优势，在巧妙减少文化冲突的基础上与东道国建立友好、稳定的关系，为企业今后的业务拓展提供发展平台。

思考题

1. 论述沟通的内涵和功能。
2. 沟通的一般过程是什么？
3. 组织中的沟通网络有哪些类型？
4. 沟通障碍的表现形式有哪些？
5. 有效的跨文化沟通策略有哪些？
6. 有效沟通的主要技能有哪些？
7. 网络对沟通的影响主要是什么？
8. 互联网时代沟通的主要特征是什么？
9. 东西方文化差异的主要表现是什么？
10. 如何理解文化差异对跨文化沟通的影响？

第五章　团　　队

学习目标

通过本章的学习，了解和掌握团队的概念及特征，掌握团队建设的发展阶段及团队建设的心理机制，了解虚拟团队及其管理。

20 世纪 90 年代，“团队工作”成为管理的热点，众多管理者推崇团队的工作方式，甚至以团队方式来进行组织重构。团队使人们工作更有效率，更能发挥人的积极性和创造性，对工作和组织有更高的要求，使组织高效率运作。

第一节 团队概述

一、团队的概念

团队是指两个或两个以上的个体相互作用和协作，以便完成组织预定的某项目标的最小单位。团队的概念包含三个要素：需要两个或两个以上的人员，团队的规模可大可小，但一般规模都低于 15 人；团队人员有规律地相互接触，彼此间不打交道的人不可以组成一个团队；团队人员共享绩效目标。在组织中团队有时又被称为“群体”，“团队”和“群体”这两个词汇经常相互替换。团队是由在志趣、爱好、技能、工作关系上有共同目标而自愿组合并经领导层认可批准的一个群体。团队成员相互协作以完成团队目标，这一目标与组织目标的达成是完全一致的。

一些专家学者对团队工作方式的好处做了如下概括：

(1) 对个人发展来讲，首先，工作团队能够提高员工的参与程度和责任感，使工作更有趣，因而有助于提高员工的积极性；其次，在团队中工作，增加了员工之间的相互作用，能够满足员工的社会需求，工作在合作氛围中的员工能够更好地应对压力，员工的工作满意感增强；最后，团队工作与个人技能的拓展、培训不可分割，因此团队工作提高了员工的技术、决策能力和人际协调能力。

(2) 对于组织来说，首先，团队工作节省了人力，降低了成本，提高了效率，增强了组织的灵活性；其次，团队工作拓展了员工的技能范围，许多员工和工作岗位不是不可替代的了，如果需要，组织可以随时重组团队，重新分配任务；再次，由于对团队目标和任务的共同承诺，增加了团队成员的协同活动，使组织在减员的情况下仍可保持和提高生产率；最后，团队不仅要求成员加强内部的相互交流，而且不同团队之间也是相互依赖的，因而也促进了组织范围内的沟通。

二、团队的特征

团队作为一个新生事物，必然有它的独特性，这也正是它存在的理由和依据。一般来说，团队具有以下几方面的特征。

(一) 价值观共识化

这是一个共同愿景的问题，即在执行授权的过程中，团队有一个共同努力的方向，它是团队成员发自内心的意愿。这种意愿不是抽象的东西，而是具体的、能够激发所有成员为之奉献的任务、事业或使命，能创造出巨大的凝聚力。共同的目标与价值观是团队之魂，是一个群体之所以成为一个团队的首要条件。团队成员要清楚地了解所要达到的目标，以及目标所包含的重大现实意义。共同的目标与价值观可以使团队成员有明确的努力方向，容易形成有效的合力。

（二）团队工作的主旨是委托和授权

从根本上说，团队工作就是要把责任授予团队，使团队在从事自己的工作时，不必时时、事事向组织中的上一级领导汇报，这和严格控制的、专制式的管理是大不相同的。团队必须有足够的权威和足够的权力，就工作做出决策并确保完成各项工作。因此，团队工作是建立在信任和责任基础上的工作形式。心理学家早已指出，一旦人们被赋予了责任，他们就会更负责任。管理人员如果牢牢地控制着组织或部门里的每一件事，不愿给团队和员工自主决定的权力，这样的团队是无法继续工作的。管理人员应做的是提供支持及与团队探讨方向和目标。在团队工作结构中，管理人员并不从事日常工作，而是由团队来完成的。

（三）团队成员平等、信任、注重交流

团队强调共有信息和在合作中达成共识。如果团队的管理人员认为，一个低层团队成员“不需要了解”某些信息，那么他是不可能建设一个出色的团队的。每个团队成员的贡献都是重要的，不论其在组织中的正式地位如何。平等而有效的交流能够消除等级障碍，培养团队成员的归属感和自豪感。每个团队成员如果都能清楚正在发生的事情，就可以共同分享成功所带来的自豪，共同分担失败所带来的忧虑，并且愿意彼此帮助，或是在必要的时候投入更多的力量。

（四）高素质的员工是关键

人力资源是团队的核心资源，人力资源的本质是凝聚在人身上的知识、技能。员工根据组织总目标的要求，在授权范围内自己管理好给定的工作岗位上的工作任务，并能主动地和相关工作人员进行协调，工作过程中员工体现出的是自动、自发和自律，是自我管理。员工在组织共同愿景或共同价值观的指引下，在授权范围内自我决定工作内容、工作方式，实施自我激励，并不断用共同愿景来修正自己的行为，以便更出色地完成既定目标。从人性需求来看，员工动物性需求程度低，自我价值实现需求程度高。员工确立的应是“自我实现人”的地位，发挥自己的潜力，实现自己的价值，在组织工作中获得成就，具有较强的参与意识。

在团队与其成员之间的关系方面，团队成员对团队有强烈的归属感与一体感。团队成员强烈地感受到自己是团队的一员，把自己的前途与团队的命运联系在一起，愿意为团队的利益与目标尽心尽力。团队成员忠诚于团队，不允许有损害团队利益的事情发生，具有团队荣誉感，为团队的成功而骄傲，为团队的困境而忧虑。在处理个人利益与团队利益的关系时，团队成员会义无反顾地坚持团队利益优先，个人服从团队，反对本位主义和山头主义，维持公利与大利。归属感与一体感主要来源于团队利益目标与其成员目标的高度一致。团队通过一系列的制度安排使它与其成员结成一个高度牢固的命运共同体，无论物质上还是精神上，团队与其成员都是息息相关的。团队还通过持久而强大的教化宣传及一系列活动，在潜移默化中培养成员对团队的共存共荣意识与深厚久远的情感。

在团队成员之间的关系上，团队成员相互协作、共为一体。团队成员彼此都把对方视为“一家人”，都是团队的一分子，他们相互依存、同舟共济、肝胆相照、荣辱与共。成员之间一是互敬互重，待人礼貌谦逊；二是相互宽容，容纳各自的差异性、独特性；三是彼此信任，待人以诚，一诺千金，相互间能深信不疑，托以重任；四是相互帮助，在工作上相互协作、共同提高，在生活上彼此关怀。团队成员在互动过程中逐渐形成了一系列的行为规范，一方面，他们和谐相处，充满凝聚力；另一方面，他们彼此促进，为了团队的成功他们常常指出对方的缺点及进行对事不对人的争执，其终极目标都是促成合作，追求团队的整体绩效。

团队成员对团队事务尽心尽力，全方位投入。团队规范一般来说是以任务为核心的，它鼓励那些高效的、全面的工作行为，制裁那些低效率的、低质量的工作行为；它鼓励以任务为导向的相互交往。因此，那些帮助其他成员解决困难、为解决问题而寻找与其他团队协商的方法的行为受到肯定。一方面，团队在发展过程中及处理团队事务时，努力争取团队成员的全方位投入，培养成员的责任感，让成员参与管理、共同决策、全力行动，不但让成员发挥其体力，还运用其脑力和心力，以充分调动其积极性、主动性、创造性；另一方面，团队成员衷心地把团队的事视为自己的事，干事积极主动，不仅尽职尽责，而且尽心尽力、认真勤勉。

第二节 团队建设与管理

团队建设是指企业在管理中有计划、有目的地组织团队，并对其团队成员进行训练、总结、提高的活动。对团队进行有效的管理能充分显示团队的活力。

一、团队建设的发展阶段

每个团队都会以不同的建立方法经历三个发展阶段：组建期、激荡期、规范期。

（一）组建期

在一个组织中组建团队一般有两种可能：一是建立以团队为基础的组织，即以团队为整个组织的运行基础；二是在组织中有限的范围内或在完成某些任务时采用团队的形式。组建期的特点是，团队的目的、结构、领导都不确定，团队成员各自摸索群体可以接受的行为规范。当团队成员开始把自己看做是团队的一员时，这个阶段就结束了。在这个阶段，开始形成团队的内部结构框架。团队的内部结构框架主要包括团队的任务、目标、角色、规模、领导、规范等。在其形成过程中，必须明白下列问题：是否该组建这样的团队？团队的任务是什么？团队中应包括什么样的成员？成员的角色分配如何？团队的规模要多大？团队生存需要什么样的行为准则？

（二）激荡期

团队经过组建阶段后，隐藏的问题逐渐暴露，团队内部冲突加剧，团队成员虽说接受了团队的存在，但对团队加给他们的约束仍然予以抵制。在这一阶段，热情往往让位于挫折和愤怒。抗拒、较劲、嫉妒是常有的现象。这个阶段之所以重要，是因为如果安全度过的话，出现在面前的就不再是支离破碎的部分，而是团队本身了。激荡包括成员与成员之间的激荡、成员与环境之间的激荡。

1. 成员与成员之间的激荡

团队进入激荡期后，成员之间由于立场、观念、方法、行为等方面的差异必然会产生各种冲突，工作行为、任务目标、工作指导等统统抛于脑后。此时，人际关系紧张，甚至出现敌视、向领导者挑战的情况。其结果是，一些人可能暂时回避，一些人准备退出。

2. 成员与环境之间的激荡

首先，这种激荡体现在成员与组织技术系统之间。如团队成员在新的环境中可能对团队采用的信息技术系统或新的制作技术不熟悉，经常出差错。这时最紧迫的任务是进行技能培训，使成员迅速掌握团队采用的技术。

其次，成员与组织制度系统之间的激荡。在团队建设中，组织会在内部建立起尽量与团队运作相适应的制度体系，如人事制度、考评制度、奖惩制度等。但是，由于这些制度是在组织范围内制定和实施的，相对于小范围的团队未必有效，也就是说针对性差。

（三）规范期

经过一段时间的激荡，团队逐渐走向规范。在这个阶段，团队内部成员之间开始形成亲密的关系，团队表现出一定的凝聚力。这时，团队成员会产生强烈的团队身份感和友谊关系，彼此之间保持积极的态度，表现出相互之间的理解、关心和友爱，并再次把注意力转移到工作任务和目标上来，大家关心的问题是彼此的合作和团队的发展。团队成员对新的技术、制度也逐步熟悉和适应，并在新旧制度之间寻求某种均衡。团队与环境的关系也逐渐理顺。

在这一阶段，团队面临的主要危险是团队成员因为害怕遇到更多的冲突而不愿提出自己的好建议。这时的工作重点就是通过提高团队成员的责任心和权威来帮助他们放弃沉默，给团队成员新的挑战显示出彼此之间的信任。当团队结构稳定下来，团队对于什么是正确的行为基本达成共识时，这个阶段就结束了。

总之，采用团队工作是组织变革的一部分。真正有效的团队会不断学习和成长，应把团队建设视为一个持续的过程。

二、团队建设的心理机制

（一）情绪认同

情绪认同是社会心理学中的一个重要概念。与这个概念最接近的是共同感受（或者“移情”），与此相关的有大量的实验研究和著作。但这些研究和著作，都把共同感受看做是没有什么积极作用的消极的同情。乌曼斯基则通过实验证明，群体情绪认同不仅是群体中人际关系发展水平的标志，而且有效的群体情绪认同可以改变成员的行为。情绪认同是客观存在的社会心理现象，它证明群体与群体任何成员具有共同感受的能力；接近于集体类型的群体有产生情绪认同的最有利的条件。在松散群体和违法者的群体中，这种认同表现很差，或者完全没有；在集体中，成员把自己与其他成员视为同一体，体验他人的心情如同体验自己的心情。这种有效的情绪认同便可以改变他们的行为。在集体中表现“我们感”的最重要的形式之一就是每个人在情绪情感上加入这个集体，个人有意无意地把自己和集体视为同一体。真正团队的特点是在成功或者失败时有共同的感受，为每一个人的成功而自豪和高兴，相信自己的团队是名副其实的工作集体。有效的情绪认同，取决于个人把自己与其他成员视为同一到什么程度，取决于个人对待群体中的任何成员的态度积极到什么程度。

（二）共生效应

这是一种社会心理效应，指个体与个体，或个体与群体间相互依存、相互激励的社会心理现象。建立团队，最重要的是在认知上形成这样一种强烈的、积极的归属感和“我们感”。团队成员互相认同，把自己的团队看成是“我们”，而不仅仅是一群人的集合体。这种“我们感”根植于人类的本性，“我们”是社会性的动物，“我们”是在相互依存的群体中成长的，“我们”与他人合作时、与朋友在一起时才会感到很安全。同时，团队建设也应创造这样一种环境，使人们在其中把团队成员当做“我们”，使每一个成员认同这个团队。

（三）心理相容

这是指群体成员之间心理上的相互理解、容纳和协调，即群体内成员间的心理流和心理面处于一个同频共振的心理场中，一个人或者若干人的行为会引起群体的肯定性反应。心理相容是成员产生相同感受的基础。人们观点和信念的一致性是心理相容产生的最主要原因，而群体内成员相互间物质利益分配的合理性是心理相容的根源。心理相容对于群体极为重要，它在很大程度上决定着群体的风气、领导的风格、目标的实现、工作效率的高低和群体成员的心理健康、情绪反应、能力发挥。

（四）共同的信念

共同的信念使人们能够调整自己的爱好和行为，并使其理性化。是否有共同的信念，更多的是以行动而不是用语言来表现的，有些信念是含蓄的、隐蔽的，不需要说出来。什么样的共同信念有利于团队的管理呢？以团队为基础的工作方式，首先意味着摆脱权威的束缚，实际上也意味着改变组织内权力的运用方式。所以互相尊重是一个重要的共同信念。它包括两方面的内容：一是团队成员之间的互相尊重，团队成员需要尊重彼此的技术和能力、尊重彼此的意见和观点、尊重彼此对团队任务所做出的贡献；二是管理人员对团队工作的尊重，管理人员应信任团队成员、重视每一个团队成员的贡献、准确而平等地传递信息，以得到有效合作所必需的相互尊重和理解。

（五）参与心理

无论是在工作积极性、责任感方面还是在生产效益方面，参与管理都有其独特的影响。团队工作方式的出现，本身就体现着组织对“员工参与”的重视，团队的工作基础之一就是成员的参与。

综上所述，团队建立和工作的心理机制，首先是使成员“属于”这个团队，其次是使成员“分享”和“表现”这个团队。

三、虚拟团队及其管理

（一）虚拟团队及其特征

20 世纪末，以计算机网络通信技术为主的信息技术革命及 Internet 的崛起将人类社会带入网络时代，并极大地改变整个世界的运行方式。随着经济全球化的发展，一些组织开始引进虚拟团队，以适应外部环境的动态变化。在虚拟团队中，其成员在空间上分散，主要通过电子信息沟通技术（电子邮件、视频会议等）协调工作，而且新的沟通技术的发展加速了这种趋势。目前，虚拟团队已经被用于许多领域，比如客户服务、科学研究等。赫尔特（Hertel）和盖斯特（Geister）等人认为虚拟团队包含以下几个方面：两个或两个以上的成员；为了一个共同的目标而相互合作；至少有一个成员位于不同的地点、时区或组织；通过电子媒体（电子邮件、传真、电话、视频会议等）沟通和协调。

对于虚拟团队的研究始于 20 世纪 90 年代初期，1995 年以后得到蓬勃发展。其研究范围已经从虚拟团队的概念和定义探讨、虚拟团队的探索性研究发展到对虚拟团队的影响因素、团队过程和团队结果的研究，并取得了丰硕的成果，研究方法也从理论探讨、定性研究转向定量和实证研究。

综合相关的研究，我们可以看出，虚拟团队有四个方面的特征：（1）团队成员具有共同目标；（2）团队成员地理位置的离散性；（3）采用电子沟通方式；（4）宽泛型的组织边界。

（二）虚拟团队的作用

第一，虚拟团队允许分散性组织最大限度地发挥其专长，而不需要实质性的个体物理流动。完成一项任务所需的专家也许分布于各个地区，虚拟团队可促进这些人力资源专心关注于某一问题，并不需要实质性的人员流动。

第二，虚拟团队允许组织将不同文化、不同商务习惯的多种意见统一起来以避免发生逆生产效率的现象。它的有利之处包括成本的降低、周转时间的下降、远程成员间的整合等。

第三，虚拟团队为在复杂的经营环境中，通过跨组织的宽泛联合、协调完成复杂的商业任务提供了一个重要的机会。

惠普、波音、福特、VeriFone 和皇家壳牌公司都是虚拟团队的重要使用者。例如，VeriFone 是一家位于加州的企业，生产用于阅读信用卡信息的刷卡机。它通过虚拟团队，使得公司遍布于全球的 3 000 名员工共同工作来设计项目，进行市场计划，做出销售展板。另外，公司发现虚拟团队在雇用员工方面很具有吸引力。该公司的一位副总裁说："我们并不要求人们搬家。如果一个人喜欢住在科罗拉多，又可以在虚拟团队中工作，我们并不强迫他做出改变。"

思考题

1. 简述团队的含义及特征。
2. 团队建设要经历哪些发展阶段？
3. 简述团队建设的心理机制。
4. 结合现实谈谈虚拟团队对管理的影响。

第六章　冲突与冲突管理

学习目标

通过本章的学习，掌握冲突的定义、特征，了解冲突的不同观念及冲突的类型，了解不同学者对冲突根源的分析，理解冲突的过程，掌握冲突管理的原则及策略。

第一节 冲突

一、冲突概述

（一）冲突的定义

冲突是一种广泛的社会现象，它存在于人类活动的各个层面、各个领域和所有的行为主体之中，并以各种形式而存在。一方面，严重的冲突可以危及组织的生存，也可以给组织造成混乱的局面，使得员工几乎无法正常地在一起工作；另一方面，冲突也有一些不为人知的积极作用，比如在一定范围内，它可以更好地激发员工的斗志。

尽管在学术界，不同领域的学者对冲突内涵的理解各不相同，但我们可以归纳出以下共同点：

第一，冲突的存在不仅是一个客观性的问题，也是一个主观性的问题。如果没有人们的主观意识与内心感知，则一般认为没有冲突。

第二，冲突产生的必要条件是存在某种形式的对立或不相容以及相互作用。

第三，冲突的主体可以是群体、组织、个人，客体可以是利益、权利、资源、目标、方法等。

第四，冲突是一个过程，它是在人与人、人与群体、人与组织、群体与群体、组织与组织之间的相互关系和相互作用中发展而形成的。

（二）冲突的不同观念

人们对冲突的观念可以概括为三种类型，即传统观念、人际关系观念和相互作用观念。

1. 传统观念

冲突的传统观念盛行于20世纪30年代，认为冲突是人们之间缺乏坦诚和信任而导致功能失调的结果。这种观念认为，冲突都是消极的、有害的，常常与暴乱、破坏和非理性联系在一起，势必会造成组织工作效率低下，从而影响组织目标的正常实现。在这种观念的指导下，许多组织的管理者把防止和消除冲突作为管理工作的主要任务之一。

2. 人际关系观念

冲突的人际关系观念盛行于20世纪40年代末至70年代中叶，认为冲突是客观存在和与生俱来的，不可能彻底消除，它有时对群体的工作绩效有益。在这种观念的指导下，管理者都认为应当接纳冲突，适当控制和利用冲突。

3. 相互作用观念

冲突的相互作用观念盛行于20世纪80年代以后，是当前冲突理论的主流学派。它认为，冲突对于组织既有建设性的一方面，又有破坏性的一方面。没有冲突，组织过于融洽、安宁，会失去生机与活力；相反，组织过于分裂与对抗，则会造成人心涣散，势必会对组织的整体效益产生破坏性和阻滞性。因而，管理者应当使组织保持适当的冲突水平，限制破坏性冲突，促进建设性冲突，充分利用冲突的积极影响，限制冲突的消极影响。

（三）冲突的特征

1. 客观性

冲突是客观存在的，是组织的本质特征之一，任何组织和个人都无法避免，因此，应该正确认识冲突，妥善解决冲突。

2. 主观直觉性

客观存在的各种冲突必须由人自身去感知，通过内心去体验。当客观存在的分歧、争论、竞争、抵抗等成为人大脑或心理中的内在矛盾斗争，导致人进入紧张状态时，冲突才会被人意识和感觉到，这就是冲突的主观直觉性。

3. 二重性

传统观点认为，冲突意味着分裂与对抗，势必降低工作效率，影响组织目标的实现，应当减少甚至避免冲突的发生，称之为“破坏性冲突”；现代观点认为，适当的冲突能保持组织旺盛的生命力，使组织处于不断地做自我批评和自我创新的状态中，称之为“建设性冲突”。以这种“破坏性冲突”和“建设性冲突”为主要特征的冲突表现，就是冲突的二重性。冲突对于组织的利与弊如表 6—1 所示。

表 6—1　　冲突对于组织的利与弊

	消极影响	积极影响
对成员心理的影响	带来损害，引起紧张、焦虑，使人消沉、痛苦，增加人际敌意	使坚强者从幻觉中清醒，从陶醉中震惊，从不能战胜对方中看到自己的弱点所在，发愤图强
对人际关系的影响	导致人与人之间的排斥、对立、威胁、攻击，使组织涣散，削弱凝聚力	“不打不成交”，使人加强对对方的注意，一旦发现对方的力量、智慧等，就会增强相互间的吸引力，团队间的冲突促进团体成员一致对外，抑制内部冲突，增强凝聚力
对工作动机的影响	使成员情绪消沉、心不在焉，不愿服从与之有冲突的领导的指挥，不愿与相冲突的同事配合，破坏团结、愉快的心理氛围，减弱工作动机	使成员发现与对方之间的不平衡，激起竞争、优胜、取得平衡的工作动机，奋发创新精神，发挥创造力
对工作协调的影响	导致人与人之间、团体与团体之间的互不配合、互相封锁、互相拆台，破坏组织的协调统一和工作效率	使人注意到以前没有注意到的不协调，发现对方的存在价值和需要，采取有利于各方的政策加以协调，使有利于组织的各项工作得以开展
对组织绩效的影响	互相扯皮、互相攻击，转移对工作的注意力，政出多门，降低决策和工作效率，互争人、财、物，造成积压、浪费	反映出认识的不正确、方案的不完整，要求全面地考虑问题，使决策更为周密
对组织生存、发展的影响	冲突达到一定程度后，双方互不关心对方的整体利益，有可能使组织在内乱中濒临解体	冲突本身是利益分配不平衡的表现，它迫使人们通过互相妥协让步和互相制约监督，调节利益关系，使各方面在可能的条件下均得到满足，维持内部的相对平衡，使组织在新的基础上得到发展

4. 程度性

现代冲突观认为，不仅要区别冲突的性质，而且要进一步区别冲突的程度。美国学者布朗（L. D. Brown）等在对冲突与组织绩效之间关系的研究中，发现了冲突水平与组织效率之间的关系：当冲突水平过高时，组织会陷入混乱、对抗，甚至出现分裂、瓦解状态，破坏绩效，危及组织正常运转乃至生存；当冲突水平过低时，组织缺乏生机和活力，会导致变革困难，组织发展停滞不前，难以适应环境；当冲突达到最佳程度时，它可以阻止迟滞，解除紧张，激发创造力，培养创新的萌芽，使组织保持旺盛的生命力。

（四）冲突的类型

1. 根据冲突对组织的影响不同

（1）建设性冲突，又称为正常的冲突，是指对组织有积极影响的冲突。

（2）破坏性冲突，又称为失调的冲突，是指对组织有消极影响的冲突。

建设性冲突与破坏性冲突的区分如表 6—2 所示。

表 6—2　　建设性冲突与破坏性冲突的区分

建设性冲突	破坏性冲突
Ⅰ关心目标 Ⅱ对事不对人 Ⅲ促进沟通	Ⅰ关心胜负 Ⅱ针对人（人身攻击） Ⅲ阻碍沟通

2. 根据冲突产生的原因不同

（1）目标冲突，是指由于冲突主体内部或冲突主体之间存在不一致或不相容的结果追求所引发的冲突。

（2）认知冲突，是指由于冲突主体内部或冲突主体之间存在不一致的看法、想法和思想而导致的冲突。

（3）情感冲突，是指由于冲突主体内部或冲突主体之间情感上的不一致而引发的冲突。

（4）程序冲突，是指由于冲突主体内部或冲突主体之间存在不一致或不相容的优先事件选择、过程顺序安排而产生的冲突。

3. 根据冲突影响范围的不同

（1）组织间冲突，是指发生在两个或多个组织之间的冲突。组织间冲突有时是有利的，比如有些企业以公平竞争的方式来提高产品和服务的质量；有时是有害的。

（2）群体间冲突，是指发生在群体或团队之间的冲突。群体间冲突有时会对每个群体都产生积极影响，比如提高群体的凝聚力，增加对任务的关注，提高对群体的忠诚度。当然，群体间冲突也可能产生负面影响，比如冲突中的群体会产生一种“势不两立”的心理，彼此都把对方当成敌人。

（3）个体与个体间冲突，也称人际冲突，是指发生在两个或多个人之间的冲突。个体差异如个性、态度、价值观、理解力等，会导致冲突。

（4）个体内部冲突，是指发生在一个个体内部的冲突。个体内部冲突又可分为角色间冲突、角色内部冲突和个人角色冲突。角色是外人对某个个体的一系列期望。

当某个人所承担的两种或多种角色之间发生冲突时，就属于角色间冲突，比如一位职业女性不能很好地协调员工角色和妈妈角色时发生的冲突。角色内冲突是指单一角色内部的冲突，比如在矩阵型组织中，一个员工往往有两个直接上司，当这两个上司对该员工的角色期望不一致时，该员工就可能发生角色内冲突。当角色指派者对扮演特定角色的某个个体的期望破坏了个体的价值观时，个体就会出现个人角色冲突。比如一个化工企业的员工是环保主义者，而经理却授意他在上夜班时超标排放污水，这就与该员工的价值观相违背，该员工将会出现个人角色冲突。

二、冲突产生的根源

(一) 杜布林对冲突根源的分析

杜布林在《组织行为基础：应用的前景》一书中概括了以下八种冲突产生的根源。

1. 人的放肆本性

许多人存在着潜在的放肆倾向，公开表现出来的战争、棒球赛、斗牛、打架等向我们提供了有力的证据。许多人常常把组织当做表现冲突的场所。

2. 争夺有限资源

在复杂的企业组织中工作的人们不得不为得到完成任务所需的资金、材料和劳动力而不断进行斗争。没有一个组织能给组织中的各个部门开出“空白支票”，让它们要多少填多少，管理当局不得不根据它们对组织贡献的大小来分配资源。当各个群体在争取得到这些有限资源的份额时，就会引起群体间冲突。

3. 价值和利益的冲突

组织中之所以发生大量冲突，是因为各个小群体的价值和利益不一致。工会与管理当局之间的冲突就是很好的例子，他们往往就增加工资的能力问题而发生争执，工会方面认为，既然公司的利润和销售额都已达到新的纪录，就有能力为工人增加工资，而管理当局则认为，增加了工资将减少每一股份的收入，这就使得公司很难有吸引潜在股东前来投资的机会。

4. 基于本位的冲突

群体间冲突的出现有时是因为不同的群体有不同的任务，这些任务本来就是彼此对立的。例如，制造部们和财务部门之间的冲突。制造部门往往为了更高的产品质量和更短的交货期而希望有更多的预算支出，而财务部门的职责是尽可能地控制成本和预算。

5. 追逐权力

冲突有时是由于人的贪婪和对权力的追逐而引起的。在不同的文化背景下，或多或少都有一些人有较强的权力欲望，希望能够获得支配他人的权力，“官本位”思想对中国人的影响更是根深蒂固。

6. 责任不清

组织中的各个部门由于对不断发展中的任务该由谁来负责存在不同看法，从而出现群体间冲突。实际上，几乎没有一个组织广泛地采用“工作说明”并定期修订“工作说明”。

7. 引进变革

变革是组织中重要的压力源，也是群体间冲突的重要原因之一。例如，兼并和合并往往带来群体之间的冲突，当一个组合被合并到另一个组织时，在接收的组织和被合并的组织之间常常存在着权力之争，因此，应设法确定权力的分配计划以减少冲突。

8. 组织的气氛

一个组织的特性、个性或气氛常常是造成群体间冲突的根源。例如，上层管理人员之间激烈、频繁的冲突会造成一种气氛，使组织中的底层也产生冲突。

（二）罗宾斯对冲突根源的分析

罗宾斯认为，冲突产生的条件（也称冲突源）可分为三类：沟通因素、结构因素和个人因素。

1. 沟通因素

语义理解的困难、信息交流不充分及沟通渠道中的“噪声”等因素都构成了沟通障碍，并成为冲突的潜在条件。具体而言，培训的不同、选择性知觉及缺乏其他信息造成了语义理解方面的困难。研究指出：沟通过多或过少都会增加冲突的可能性。显然，沟通的增加在达到某一程度之前是功能性的，超过这一程度就可能过度沟通，导致冲突可能性的增加。另外，沟通渠道也影响冲突的产生。人们之间传递信息时会进行过滤，来自于正式的或已有的渠道中的沟通偏差可能导致冲突的产生。

2. 结构因素

结构因素包括规模、分配给群体成员的任务专门化程度、管辖范围的清晰度、员工与目标之间的匹配性、领导风格、奖酬体系、群体间相互依赖的程度等。

3. 个人因素

最重要的个人因素是个人的价值系统和个性特征。在研究社会冲突中最重要和最容易被忽略的变量，是价值观的不同，也就是说，人们对许多重要的问题（如自由、幸福、勤奋工作、自尊、诚实、服从等）的看法不同。价值观的差异能很好地解释很多问题。比如，偏见、个人对群体的贡献与应得报酬之间不一致、对一本书的评价等，都属于价值判断的问题。

（三）纳尔逊和奎克对冲突根源的分析

纳尔逊（Nelson）和奎克（Quaker）将冲突的来源分为两大类：结构因素，源于组织的性质和工作的组织方式；个人因素，源于个体间的差异。

1. 结构因素

与组织结构有关的冲突根源有专业化、相互依赖性、共用资源、目标差异、职权关系、地位矛盾、管辖权的模糊。

(1) 专业化。当工作高度专业化时，每个人都成为某项任务的专家，由于几乎不了解别人的工作，高度专业化的分工可能导致冲突。销售人员和工程师之间的冲突是典型的专业化的冲突，工程师是技术专家，负责产品的设计和质量，销售人员是营销专家，负责联络客户，工程师经常抱怨他们无法按照销售人员向客户承诺的交货期完成工作，因为对于如何设计切实可行的交货期限，销售人员缺乏必要的专业知识。

(2) 相互依赖性。有一些工作具有相互依赖性，也可以叫做顺序性，即要求群体或个体在另外一个群体或个体完成任务的基础上继续自己的工作。这样，如果工作流程出现问题，当事人就很容易指责对方，产生冲突。例如，在一个制衣工厂，如果裁剪布料的工作落后了，缝衣工人的工作必然要被耽误，裁剪工和缝衣工之间的冲突就产生了。

（3）共用资源。任何时候，多个个体或群体都要共用一些资源，这有可能产生冲突；当共享的资源比较稀缺时，这种可能性就更大了。如果一个秘书同时为多个经理服务，每个经理都认为自己的任务是最重要的，这就会导致秘书在工作优先安排上产生冲突。这类冲突来源类似于杜布林所说的"争夺有限资源"。

（4）目标差异。当工作群体的目标不一致时，也会产生冲突。例如，某有线电视公司销售人员的目标是尽可能多地销售新型装置，而服务部门的目标是及时安装这些装置。随着销售额的增加，服务部门的工作量翻倍，许多订单被延迟，冲突不可避免地产生了。这类冲突来源类似于杜布林所说的"基于本位的冲突"。

（5）职权关系。对大多数员工来说，传统的老板—员工关系让人感到不舒服，因为其他个体有权命令他做什么或不做什么。当组织向着团队或授权的方向发展时，职权关系导致冲突的可能性就会下降。

（6）地位矛盾。在有些组织中，管理人员和非管理人员之间存在着明显的地位差异。管理人员可以享受某些特权，如弹性的工作时间，而非管理人员则没有，这可能导致怨恨和冲突。

（7）管辖权的模糊。在一个组织中，如果责任界限不清楚，当发生了一件无法界定责任的事件时，员工们就会倾向于"推卸责任"或避免接触这件事，这样，关于问题的责任就产生了冲突。这类冲突来源类似于杜布林所说的"责任不清"。

2. 个人因素

源于个体差异的冲突根源有技术和能力、个性、观念、价值观和道德观、情绪、沟通障碍、文化差异。

（1）技术和能力。员工之间的技能水平是有差异的，这可能导致冲突，特别是当相互之间有较强的依赖性时，熟练的、胜任的员工会发现，他们很难和缺乏技能的新员工一起工作。

（2）个性。组织内的员工往往具有各不相同的个性，在一起工作的过程中，可能会因为差异化的个性而产生冲突。

（3）观念。观念的差异也会产生冲突。就人员激励来说，如果管理者与员工之间没有共同的观念，报酬体系就会产生冲突。通常，管理者认为员工需要什么，他们就向员工提供什么，但是那不一定是员工所期望的。

（4）价值观和道德观。价值观和道德观的差异也会引发冲突。例如，老员工非常看重对公司的忠诚度，即使真的生病了，也不会休病假，而新员工则追求流动性，他们甚至会请病假以逃避工作。

（5）情绪。情绪可能是工作中冲突的来源，家庭中的问题也可能波及工作。

（6）沟通障碍。一种沟通障碍是空间距离、语言等方面的沟通障碍，可能导致信息的误解，也可能导致冲突。另一种沟通障碍是价值判断，听众在接受一条信息之前，他就会进行价值判断。假如某个团队成员是一个经常爱抱怨的人，当他走进管理者的办公室还没有发出信息之前，管理者可能已经贬低了这条信息的价值，于是冲突也就产生了。

（7）文化差异。文化的多样性可以为组织的创新注入活力，但有时也可能成为冲突的根源。例如，在美国员工和中国员工共同工作的组织内，美国员工可能将中国员工的含蓄委婉当做不坦率、不果断，而中国员工则将美国员工的坦率批评当做不近人情、不给面子。文化差异引起的冲突主要是因为对对方的文化缺乏理解。

三、冲突的过程

冲突分析是处理冲突的基础，关于冲突的分析模式，许多学者有不同的见解，这里着重介绍三种冲突分析模式。

（一）庞迪的冲突分析模式

行为科学家庞迪（Pondy）在对冲突形成的原因和表现出来的特点进行分析后，提出了一个由三种类型冲突模式所组成的冲突分析模型。

第一，冲突的讨价还价模式。组织成员或其他竞争主体在争夺紧缺资源时，冲突各方可能形成不同的利益群体或集团，并可能演变成相互倾轧的破坏性冲突，从而消极影响组织和组织效率。

第二，冲突的官僚模式。这种冲突模式主要是指在正式组织中，按照指挥链和职权关系，上级在运用职位权力命令和控制下级的活动与行为时所发生的垂直方向的冲突。当上级的命令和意志与下级职责的关联度较小、与下级的工作规范和是非观念关联度较大时，容易发生这种冲突。官僚模式的冲突对于组织的统一、和谐与士气，对于组织的正常运转和功能机制，都会产生直接或间接的影响，是任何组织在组织建设与组织关系中必须重视的冲突模式。

第三，冲突的系统模式。这种冲突模式主要是指在正式组织内部行使不同职能的主体（单位、部门、团队）之间所发生的冲突。这类冲突的特征或根源是组织内行使不同职能的主体在完成一些需要高度配合、协作的组织任务中，发生了分歧、不一致或对抗，导致组织内部系统性矛盾冲突，从而影响或危及组织目标和任务的有效完成。这种冲突模式需要在组织系统的框架内加以解决。

庞迪的冲突分析模式的类型、表征和示例见表6—3。

表6—3　　庞迪的冲突分析模式的类型、表征和示例

类型	表征	示例
讨价还价模式	竞争稀缺资源	企业内劳资双方的集体薪酬谈判（集体或有组织地讨价还价）
官僚模式	上级对下级行使职权，支配和控制下属（纵向冲突）	经理要求秘书为办公室人员煮咖啡
系统模式	各单位或部门间缺乏合作与协同（横向冲突）	营销部门做出了生产部门无法达到的产品质量承诺

（二）罗宾斯的冲突过程分析

罗宾斯在其《组织行为学》一书中将冲突过程分为五个阶段，提出了五个阶段模型，如图6—1所示。

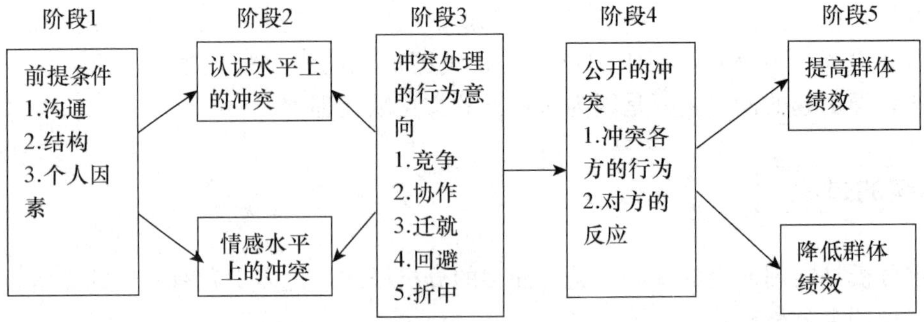

图 6—1 罗宾斯对冲突过程的分析

1. 阶段 1：潜在的对立或不一致

产生冲突的第一步是存在冲突产生的条件或原因，大致可以分为三类：沟通、结构和个人因素。

(1) 沟通。是指组织中信息交流不通畅以及沟通通道中的“噪音”等因素导致的沟通障碍。因此，沟通应该维持在一个充分但合理的水平，此时效果最佳。

(2) 结构。组织结构沿着水平和垂直方向的分化程度越大、群体规模越大、工作分工越专业化、管理制度和范围越模糊、组织内不同群体之间目标的负相关性越大、领导风格越专制等，越容易产生冲突。

(3) 个人因素。在一个组织中，人与人之间价值观、个性等方面差别越大，越容易产生冲突。

2. 阶段 2：认知和人格化

在这一阶段，阶段 1 中各因素造成的对立或不一致被双方认识到，并对个人的情绪和情感产生影响。此时，双方都有了情感上的投入，都体验到焦虑、紧张、挫折等，这意味着双方真正产生了冲突。如果只是认知到冲突产生的前提条件，并不意味着冲突必然发生。例如，你感受到了与同事之间的不和，但这如果并不会让你感到焦虑或不安，也不会影响你对同事的态度，则不能称为冲突。

3. 阶段 3：行为意向

冲突被感知之后，人们就会产生对付冲突的行为意向（行为意向并不等于行为）。根据两个维度，即合作程度（一方愿意满足对方愿望的程度）和肯定程度（一方愿意满足自己愿望的程度），从而确定出五种处理冲突行为的意向：竞争、协作、迁就、回避、折中。

(1) 竞争。当一个人在冲突的过程中为了最大限度地获得个人利益而不惜牺牲他人的利益时，他采用的就是竞争的做法。例如，在工作中试图以牺牲他人的目标来实现自己的目标。

(2) 协作。冲突双方均希望满足双方的利益，并寻求相互受益的结果。例如，试图找到双赢的办法，不是互相迁就不同的观点，而是双方目标均得以实现，寻求综合双方见解的最终结论。

(3) 迁就。迁就是指为了维持彼此之间的关系，一方愿意做出自我牺牲，把对方的利益放在自己的利益之上。例如，尽管自己有所保留，但还是一如既往地支持他人的意见。

(4) 回避。人们可能意识到了冲突的客观存在，但是希望逃避或者抑制它的蔓延。例如，试图忽略冲突，回避与自己意见不一致的其他观点。

（5）折中。当冲突双方都自愿放弃一些利益，而期望共同得到另一方面的利益时，就出现了折中现象。例如，承认对某一问题的看法有部分相同之处；对于出现的问题共同承担责任。

4. 阶段 4：行为

在这一阶段，双方对于冲突会表现出某些行为，可以分为六个档次：轻度的意见分歧或误解、公开的质问或怀疑、武断的言语攻击、威胁和最后的通牒、挑衅性的身体攻击、摧毁对方的公开努力。例如，学生在课堂上针对教师所讲的内容提出的疑问就是轻度的意见分歧或误解；罢工、骚乱及战争显然属于冲突的最高阶段。一般来说，接近最高水平的冲突常常是功能失调的，功能正常的冲突通常位于冲突连续体的较低水平上。

5. 阶段 5：结果

冲突双方的行为会导致最后的结果。这些结果可能是功能正常的，即冲突提高了群体的工作绩效；也可能是功能失调的，即冲突降低了群体的工作绩效。

（三）杜布林的系统分析模式

杜布林运用系统的观点来观察冲突问题，提出了冲突的系统分析模式，见图 6—2。

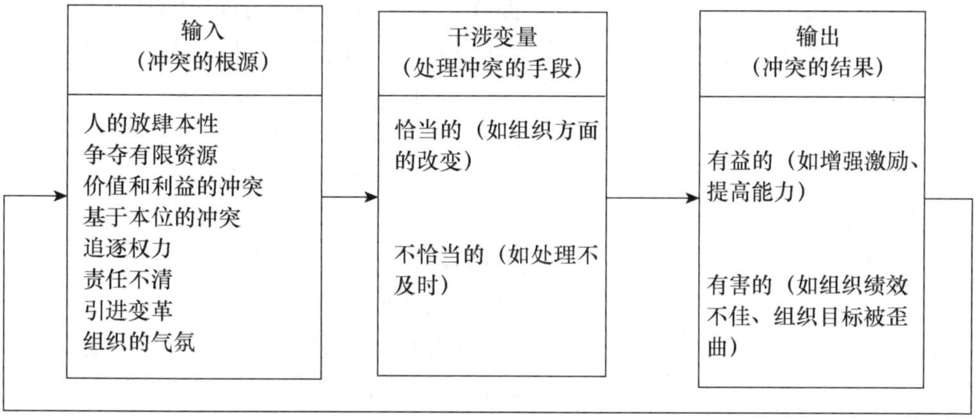

图 6—2　杜布林的系统分析模式

该模式分为三个要素，即输入、干涉变量和输出。输入是指冲突的根源，杜布林列举了八种冲突产生的根源。输出是指冲突的结果，有益的冲突能够增强激励、提高能力，而有害的冲突可能导致组织绩效不佳、组织目标被歪曲。干涉变量是指处理冲突的手段，恰当的处理手段将导致有益的结果，不恰当的处理手段将产生有害的结果。冲突的结果又可能产生进一步的冲突，在图中用箭头表示。

第二节　冲突管理

一、冲突管理的原则

发现冲突、识别冲突是分析问题的前提，分析冲突的根源和发生过程仅仅是管理冲突的基础。那么，应该如何管理冲突呢?

冲突管理有广义和狭义之分，广义的冲突管理应当包括冲突主体对于问题的发现、认识、分析、处理、解决的全过程以及与其相关的所有工作；狭义的冲突管理则着重把冲突的行为意向、冲突中的实际行为及反应行为作为研究对象，研究冲突在这两个阶段的规律、应对策略和方法技巧，以便有效地管理实际冲突。

冲突管理是有规律和原则可循的，掌握这些基本规律和原则，对于有效地处理冲突可以起到事半功倍的效果。具体而言，冲突管理应该遵循的主要原则如下。

(一) 倡导建设性冲突，避免破坏性冲突，将冲突的水平控制在一定的范围内

冲突的相互作用观点认为，冲突对于组织的发展既有建设性的一面，又有破坏性的一面，冲突过高或过低都会给组织和群体带来不利的影响。因此，在对冲突进行管理时，应当特别注意对引起冲突的各种因素和行为加以正确的引导与控制，尽量避免破坏性冲突的发生和发展，并努力把已经出现的冲突转化为建设性冲突；在实际工作中，适度地诱发建设性冲突并把其控制在一定的水平范围之内，以便达到“弃其弊而用其利”的冲突管理目标。

(二) 对冲突实现全面、系统的管理，而并不是局限于事后对冲突的控制和处理

传统的冲突管理经常把工作重心放在对冲突的事后处理上，比较被动。实际上，冲突的形成、发展、影响是一个全面、系统的过程。现代冲突管理理论认为，冲突不仅仅是公开冲突发生后的事情，而应该是公开潜在冲突、知觉冲突、意向冲突、行为冲突、结局冲突等所有冲突阶段的事情，对冲突的产生、发展、变化、结果的全过程进行全面的管理，以便最大限度地减少冲突管理的成本。

(三) 具体问题具体分析，随机应变地处理各种冲突

马克思主义哲学告诉我们，世界上不存在一成不变的事物，一切事物都处在千变万化之中。放之四海而皆准的冲突管理方法就是，针对具体情况，根据所处的环境条件，实事求是地认识问题、分析问题、解决问题，灵活采用适宜的策略和方法，随机应变地处理冲突。

二、冲突管理的策略

冲突过高或过低都不好，冲突应当维持在一个合适的水平。因此，充分运用冲突管理的策略来解决冲突势在必行。

(一) 托马斯二维模式

美国行为科学家托马斯（Thomas）提出了冲突管理的二维模式——合作性（一方试图满足对方利益的程度）和坚持己见性（一方试图满足自己利益的程度）。他以“合作”为横坐标，以“坚持己见”为纵坐标，定义了冲突行为的二维空间，并在此基础上组合形成了五种冲突管理策略：竞争、回避、妥协、迁就、合作，如图 6—3 所示。

1. 竞争策略

又称强制性策略，即为了自身的利益而无视他人的利益，双方都会坚持自己的观点，并试图通过施加压力而迫使另一方放弃。其施加措施可以是威胁、恐吓、处罚等。这种策

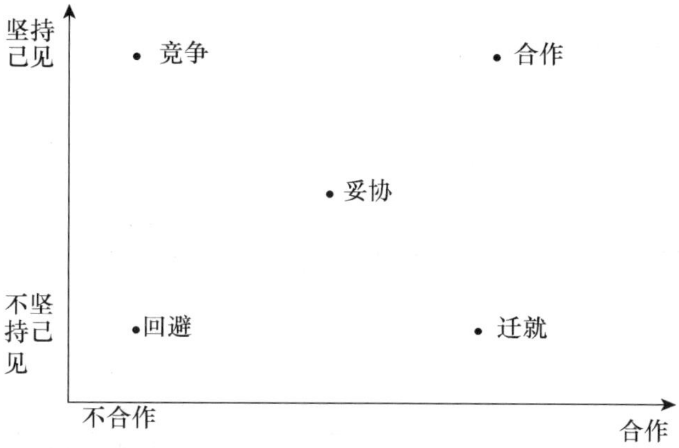

图 6—3　托马斯二维模式

略很少能使对方心悦诚服，但是在应付危机时往往有很好的效果。例如，组织管理者在人心涣散时建立了一套相当苛刻但很有必要的规章制度以缩减开支。

2. 回避策略

既不满足自身利益，也不满足对方利益，试图置身于冲突之外，无视不一致的存在或保持中立，以退避三舍的方式来处理冲突。当冲突双方的依赖性很低时，回避可以避免冲突，减少消极后果；当双方相互依赖时，回避则会影响双方的工作，降低绩效。

3. 妥协策略

妥协实质上是一种交易，指的是一种适度满足自己的关心点和他人的关心点，通过一系列的谈判、让步、讨价还价来部分满足双方要求和利益的冲突管理策略。为了避免僵局，双方可能会作出一定程度的让步，但不会一开始就这么做，以免给对方留下实力不强的印象，在讨价还价中失去主动性。妥协策略的使用前提是双方都必须保持灵活应变、相互信任的态度。妥协策略的消极影响是双方可能因妥协满足了短期利益，但牺牲了长远利益。

4. 迁就策略

又称克制策略，即当事人主要考虑的是满足对方的利益，而压制或牺牲自己的利益及意愿。实行迁就策略者，或者是从长远利益出发获取对方的合作，或者是不得已而屈从于对方的势力或意愿。

5. 合作策略

基本观点如下：(1) 寻求冲突双方共同的利益点；(2) 冲突双方是平等的，应该给予平等的对待；(3) 每一方都应积极理解对方的需要，找到双方都满意的方案；(4) 双方应该充分沟通，了解冲突发生的情景。合作策略旨在尽可能地满足双方的意愿，其能否成功取决于冲突的具体情况及双方同样获利的可能。例如：劳资双方进行谈判时，资方增加工人的工资或福利，工会也要与资方合作，修改工作计划与程序，以降低成本、提高产量和生产率。

彼得·康戴夫 (Peter Condliffe) 在《冲突事务管理：理论与实践》一书中，给出了以上五种冲突管理策略的应用场合，见表 6—4。

表 6—4　　五种冲突管理策略的应用场合

冲突管理策略	应用场合
竞争策略	(1) 紧急状态； (2) 需要实施一项不受欢迎但非常重要的措施（缩减开支、推出新规等）； (3) 单对那些利用非竞争性行为的人们。
回避策略	(1) 问题微不足道，或者有更加紧迫、重要的问题需要解决； (2) 问题解决后带来的潜在性破坏会超过它的预期收益； (3) 今后会有更加有效的办法来解决； (4) 问题不相关或不经常出现； (5) 认识到满足愿望无望。
妥协策略	(1) 达到自身目标很重要，但又不能采用竞争的方式而造成潜在的破坏性； (2) 彼此实力相当； (3) 暂时化解冲突，防止问题进一步复杂化； (4) 时间紧迫而采取的权宜之计； (5) 作为合作或竞争的备用方案。
迁就策略	(1) 发现自己确实错了； (2) 若问题对别人比自己更加重要，并可以维护整个组织的利益； (3) 为今后更长远的事业建立彼此之间的信任； (4) 别人胜过自己可以造成更小的损失； (5) 和谐与稳定对于整个组织特别重要； (6) 为了使下属“吃一堑，长一智”。
合作策略	(1) 双方无法达成妥协，寻求一种整合的解决方法； (2) 需要听取不同人的观点； (3) 自己目标明确； (4) 因感到有损于彼此的关系而精诚合作。

（二）布莱克—莫顿冲突方格理论

布莱克（Blake）与莫顿（Mouton）根据原来的“管理方格”模式，修改后设计出另一个冲突方格模式，即根据“关心员工”和“关心工作”两个维度来分析管理者在处理冲突时的态度与风格，如图 6—4 所示。

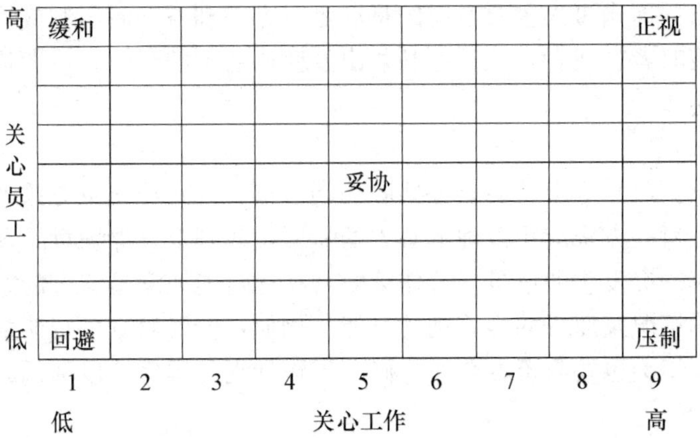

图 6—4　布莱克—莫顿冲突方格理论

根据布莱克—莫顿冲突方格理论，管理者在处理冲突方面有以下五种不同的策略可供选择：

(1，1) 方式——回避。采用此种策略，管理者需要保持中立态度，把逃避或回避冲突的可能性视为舒缓矛盾冲突的有效方法，但是冲突的基本根源问题仍然未解决。

(1，9) 方式——缓和。管理者采用这种策略，是认为可通过缓和紧张气氛或维持表面的和谐关系使矛盾双方和平共存。同样，冲突的根源问题仍然没有得到解决。

(9，1) 方式——压制。采用此种策略的管理者大多数会认为可以通过权力迫使对方服从。

(5，5) 方式——妥协。采用此种策略，冲突双方需做出妥协或谈判，结果是无人赢也无人输。在大多数情况下，这种策略虽然不能算是最理想的解决冲突的策略，但仍可以视为较为切实可行的策略。

(9，9) 方式——正视。采用此种策略的管理者大多数会认为通过积极的方式可以解决冲突问题。例如，经过客观的讨论与分析，各方的意见与观念都被深入分析与考虑，从而提出双方都同意或接受的解决问题的方法。一般而言，这是一种较为积极的冲突管理策略，能彻底解决冲突。

需要说明的是，托马斯二维模式从冲突双方对待冲突的态度和行为的角度来划分冲突处理模式，而布莱克—莫顿冲突方格理论站在管理者的角度，探讨管理者面对组织中的冲突可以采取的处理方式，管理者并不是冲突过程中的当事人。

三、群体间冲突的预防

(一) 加强信息的公开与分享

相关研究表明，许多冲突的产生均源于信息的不对称，为此，必须在组织内建立充分、合理的信息沟通网络，实现信息的公开和分享。

(二) 正式和非正式的交流

很多冲突是由于人们的经历、知识、认识水平及价值观等方面的不同而产生的。为此，要注意加强员工和群体之间各种形式的正式和非正式交流，以加强相互之间的了解、认识和学习，增进感情，这样可以在一定程度上减少冲突的发生。

(三) 正确选拔群体成员

成员的个性对冲突的产生影响很大，关心他人、愿意与他人合作的人与他人产生冲突的可能性较小。为了预防冲突，在选拔成员时应该认真考虑，不要将不利于群体团结的人招进来。

(四) 把蛋糕做大

冲突的产生往往是由于资源的有限性，比如各部门常常因为争夺材料、资金、人才而发生冲突。将蛋糕做大，群体之间这种潜在的冲突就会相对弱化。

(五) 防止本位主义，强调整体观念，建立合理的评价体系

不同的群体往往从自身利益出发来考虑问题，这是造成冲突的根源之一。比如销售部门往往倾向于满足顾客的需求会经常要求生产部门更换其产品，而生产部门从组织生产效率和成本的角度出发，希望产品种类尽量少、生产尽量标准化。这样一来，生产部门和销售部门总是有冲突的，这种冲突的产生就是由于不同群体的评价标准的相互矛盾性造成的。为此，一方面要对员工进行全局和整体观念的教育，另一方面要重新建立更加合理的评价体系。

（六）分清责任和权利

冲突有时是由于组织对群体和个人的责任与权利界限划分不清而造成的。为此，组织中的管理者必须建立完善的权责制度，避免互相扯皮的现象出现。

（七）建立崇尚合作的组织文化和群体风气

管理人员之间的频繁冲突会影响和传染给下级。为此，要加强沟通、交流，建立崇尚合作的组织文化和群体风气，培养员工的忍让精神，以减少冲突。

思考题

1. 冲突具有哪些积极作用和消极作用？
2. 冲突的特征有哪些？
3. 功能正常的冲突与功能失调的冲突之间有什么差异？冲突的功能是由哪些因素决定的？
4. 冲突产生的根源有哪些？
5. 简述罗宾斯的冲突过程理论。
6. 请说明激发适度的建设性冲突对于组织的重要性。
7. 在管理实践中，如何预防群体间冲突？

第三篇
组织行为

第七章　组织结构与组织变革

学习目标

通过本章的学习，掌握组织的含义、分类及功能，了解组织理论的发展历程，掌握组织结构的构成要素、组织结构的设计原则及组织的结构类型，了解组织变革的原因、变量、方式、过程、阻力及克服组织变革阻力的策略，学会在组织变革过程中应用处理员工工作压力的一些方法。

第一节　组织概述

一、组织的含义

组织一词我们经常使用，学者们也提出过众多的关于组织的理论，由于各种理论的角度不同，对组织概念的解释也各不相同。从组织结构的角度看，组织是为了达到某些特定的目标经由分工与合作及不同层次的权力和责任制度而构成的人的集合；从组织形态的角度看，组织是两人或两人以上有意识地加以协调的活动或效力系统；从组织行为的角度看，组织是开放的社会系统，具有许多相互影响、共同工作的子系统，当一个子系统发生变化时，必然影响其他子系统和整个系统的工作。

从不同的角度对组织的概念进行解释，差异是比较大的。较常见的一种方式是从词性的角度来理解组织。作为动词，组织就是指某项管理活动过程，即管理中的组织职能，是指在特定环境中为了有效实现共同目标和任务，确定组织成员、任务及各项活动之间的关系，对资源进行合理配置的过程。其主要内容包括以下三个方面：

第一，组织机构的设计。当组织目标确定以后，管理者首先要对为实现组织目标的各种活动内容进行区分和归类，把性质相近或联系紧密的工作进行归并，成立相应的职能部门进行专业化管理，并根据适度的管理幅度来确定组织的管理层次，包括组织内横向管理部门的设置和纵向管理层次的划分。无论是纵向还是横向的职权关系，都是使组织能够促进各部门的活动并给组织带来协调一致的因素。

第二，适度分权和正确授权。在确定了组织机构的形式后，要进行适度分权和正确授权。分权是组织内管理的权力由高层管理者分派给各层次和各部门的过程。分权适度，授权成功，会有利于组织内各层次、各部门为实现组织目标而协同工作，同时也使得各级管理人员能够产生满足感。

第三，人力资源管理。人是组织的主体，人群中存在着复杂的人际关系。组织活动包括人员的选择和配备、训练和考核、奖励和惩罚，以及对人的行为的激励措施等。

作为名词，组织是指按照一定的宗旨和目标建立起来的集体，如工厂、机关、学校、医院、各级政府部门、各个层次的经济实体、各个党派和政治团体等都是组织。在现代社会生活中，人们已普遍认识到组织是按照一定的目的、任务和形式组成的社会集团，组织不仅是社会的细胞、社会的基本单元，而且可以说是社会的基础。人与社会的联系通过沟通来完成，承担沟通任务的中介就是组织。组织的产生源于人类的生产活动和社会活动。以原始人打猎为例，由于他们没有先进器具，又没有猛兽那样的尖牙利爪，所以一个人打猎很难成功。经过长期实践，他们发现集体打猎效果很好，并且发现听从一个人的指挥比乱哄哄地打猎更好，于是就公推一位能干的人当首领，其他的人听他指挥，这就是最原始的组织。由此我们可以得出这样一个结论：在长期的实践中，由于个人有所期望但又无力实现这一期望，使人们有了发展合作、增进相互依存关系并使这种关系科学化、合理化，借以不断提高群体效能的要求和倾向，组织就是人们对于这种要求、倾向的认识和行动的结果。当前，人类社会的组织空前发展，其影响已深入社会政治生活、经济生活、文化生活和家庭生活等各主要的社会生活领域之中。可以说，组织对人类生活的影响已经无所不在。一个人从生到死，无不处于这种或那种社会组织之中。名词意义上的组织，其主要内容包括以下三个方面：

第一，组织必须有目标。任何组织都是为实现某些特定目标而存在的，不论目标是明确的还是隐含的，目标是组织存在的前提和基础。

第二，组织必须有分工与协作。分工与协作是由组织目标限定的。一个组织为了达到目标，需要有许多部门，每个部门专门从事一种或几种特定的工作，各部门之间要相互配合，这就是一种分工与协作。只有把分工与协作结合起来，才能提高组织效率。

第三，组织要有不同层次的权力与责任。组织在分工之后就要赋予各部门及每个人相应的权力，以便于实现目标。但在赋予权力的同时，必须明确各部门和各人的责任，有权无责会导致权力滥用，影响组织目标的实现。

在现代管理科学中，“组织”既有名词的含义，也有动词的含义。组织是特定的群体为了共同的目标，按照特定原则，通过组织设计使得相关资源有机组合，并以特定结构运行的结合体。随着组织的发展，人们对于组织的认识不断深化，组织的概念也不断充实。传统的组织概念与现代的组织概念有很大的差别。这里，我们通过对传统的组织概念和现代的组织概念的比较，可以更深入地理解组织的含义。

（一）传统的组织概念

对组织的概念，传统的看法是：为了达到某一特定目标，各成员分工合作，并通过各种责任制度，去协调一群人的行动。该定义包含如下内容：

（1）组织有一个共同的目标。人们为了达到特定目标而协同活动，没有共同的目标，组织也就失去了其存在的意义。

（2）组织有不同层次的分工，有明确的责任制度。

（3）组织的功能是协调人们为达到共同目标而进行的活动，包括各层次内部和各层次之间的协调。

这个概念虽然指出了组织最一般的特征，但由于它着重于从组织内部来阐述组织的特征，实质上把组织看成与外界隔绝的封闭系统。因此，传统的组织概念不能全面地阐述处于复杂多变环境中的组织。

（二）现代的组织概念

现代的组织概念：组织是指开放的社会技术系统。该定义包含如下内容：

（1）组织是一个开放的系统，它不断地与外部环境进行材料、能源和信息交流。组织为了适应环境，本身在不断地改革和发展。

（2）组织是一个社会技术系统，既包括结构和技术方面，也包括心理、社会和管理方面。

（3）组织是一个完整的系统，由许多子系统组成，并与外部环境相互作用。组织调整各子系统及其与环境的关系。

总之，现代组织理论对组织有了更加深刻的理解。系统理论把组织分为两种，即封闭系统和开放系统。封闭系统即摒弃社会环境因素对组织的影响。开放系统把组织当做一个生物或社会有机体，它与社会环境相互作用，从而保持组织的功能与社会环境间的动态平衡。客观世界的各种系统（无论是有生命的还是无生命的），实际上都是与周围环境相互依存、相互作用的开放系统，绝对的孤立系统客观上是不存在的。

二、组织的分类

我们知道，不同类型的组织，其功能和特性是不同的。要深入了解组织之间的关系，有效地对组织进行科学分类是十分必要的。当我们更认真地考察组织时，就可以发现，众多的社会组织是可以分为不同类型的。标准不同，分类也就不一样，可以用来划分组织类型的标准很多。我们既需要了解多种标准划分的类型，又应重点认识由主要标准划分的主要类型。

（一）按组织规模分类

可分为小型的组织、中型的组织和大型的组织。比如，同是企业组织，就有小型企业、中型企业和大型企业；同是医院组织，就有个人诊所、小型医院和大型医院；同是行政组织，就有小单位、中等单位和大单位。按这个标准进行分类具有普遍性，不论何类组织都可以做这样的划分。以组织规模划分组织类型，是对组织的表面认识。

（二）按组织的社会职能分类

可分为文化性组织、经济性组织和政治性组织。文化性组织是一种人们之间相互沟通思想、联络感情、传递知识和文化的社会组织，各类学校、研究机关、艺术团体、图书馆、艺术馆、博物馆、展览馆、纪念馆、报刊出版单位等都属于文化性组织。文化性组织一般不追求经济效益，属于非营利性组织。经济性组织是一种专门追求物质财富的社会组织，它存在于生产、交换、分配、消费等不同领域，工厂、工商企业、银行、财团、保险公司等属于经济性组织。政治性组织是一种为某个阶级的政治利益服务的社会组织，国家的立法机关、司法机关、行政机关、监狱、军队等都属于政治性组织。

（三）按组织内部是否有正式分工关系分类

可分为正式组织和非正式组织。如果一个组织内部存在着正式的组织任务分工、组织人员分工和正式的组织制度，那么它就属于正式组织。政府机关、军队、学校、工商企业等都属于正式组织。正式组织是社会中主要的组织形式，是人们研究和关注的重点。这种组织一般具有以下几个方面的特征：（1）经过规划，而非自发形成的；（2）有明确的组织目标；（3）组织成员之间有一定的上下级关系，各自承担一定的角色任务；（4）建立权威，组织赋予领导以正式的权力，下级须服从上级，以便贯彻命令；（5）制定各种规章制度约束个人行动，强调组织行动的统一。

如果一个组织的内部既没有确定的机构分工和任务分工、没有固定的成员，也没有正式的组织制度等，这种组织就属于非正式组织。非正式组织是人们在共同的工作或活动过程中，以共同的思想感情、共同的利益、共同的需求为基础而自发形成的团体。非正式组织可以是一个独立的团体（比如学术沙龙、文化沙龙、业余俱乐部等），也可以是一种存在于正式组织之中的无名而有实的团体（这是一种事实上存在的组织，现在正日益受到重视）。在一个正式组织的管理活动中，应特别注意非正式组织的影响作用。对这种组织现象的处理，将会影响到组织任务的完成和组织运行的效率。

（四）按运用权力和权威的程度分类

（1）功利性组织。在运用合法权威的同时，实行经济和物质奖励。工商企业、农场等经济实体属于这一类组织。

（2）规范性组织。领导者的权威建立在学识、技术等业务专长之上。学校、医院、职业团体等都属于这类组织。

（3）强制性组织。领导者运用强制性的措施和手段约束组织成员。如监护性的精神病院、监狱和劳教所等。

（4）混合性组织。功利和志愿相结合的组织，如工会。

（五）按社会功能分类

美国著名社会学家帕森斯（T. Parsons）认为，组织应按社会作用和社会效益进行分类，即以组织的社会功能为标准，可将组织分为：

（1）以经济生产为导向的组织。这类组织以经济生产为核心，运用一切资源扩大自身的经济生产能力，除了生产物质产品外，还提供劳务等。其范围非常广，包括公司、工厂、银行、饭店等。

（2）以政治为导向的组织。这类组织的社会功能是实现某种政治目的，因此其重点是权力的产生和分配，如政府部门的一些组织就属此列。

（3）整合组织。这类组织的社会功能在于协调各种冲突，引导人群向某种固定的目标发展，以保持一定的社会秩序，如法院、政党等组织。

（4）模型维持组织。这类组织的功能在于维持固定的社会形式，以确保社会的平衡发展，如学校、社团、教会等。

三、组织的功用

合理而有效的组织对于做好管理、实现组织目标、满足员工的需要具有十分重要的意义。

（一）组织有汇聚和放大力量的作用

组织把分散的个体汇集为一个能动的集体，把许多单个劳动者有效地组织起来进行协作，所产生的力量大于单个力量之和。良好的组织会产生放大力量的作用，而这建立在力量汇聚作用的基础上。只有借助于组织力量的放大作用，才能使组织的“产出”大于“投入”。

（二）高效的组织能提高效率

高效的组织内部分工合理、职责明确，这样可以避免各部门之间的相互扯皮和推诿。高效的组织以人员优化，各环节、各层次安排合理为特点，因此能提高效率。

（三）组织能满足人们的某种需求

从个人角度来看，个人加入某一组织并对其投入时间、精力和技能，其目标之一就是想从组织中得到某种利益和回报，以满足个人需求；而组织之所以投入上述成本，是因为希望个人对组织有所贡献，以实现组织的预定目标。从个人角度来看，他希望所得大于投入；从组织角度来看，它希望取自个人的贡献大于为其所投入的成本。这就必须借助组织的汇聚和放大作用。所以，个人和组织之间的关系可以说是在相辅相成、平等交换的基础上所形成的双方都感到满意的关系。

四、组织理论的发展

组织理论的发展大体经历了三个阶段：古典组织理论、近代组织理论和现代组织理论。

（一）古典组织理论分析

古典组织理论包括20世纪初期由泰勒等人创立的科学管理理论、法约尔的行政管理理论和由马克斯·韦伯发展起来的官僚模型理论。古典组织理论的主要贡献在于第一次运用科学的方法将组织问题系统化、理论化与科学化。

泰勒的科学管理理论蕴含了组织理论的早期萌芽，其组织理论思想主要有：设置计划部门，实行职能制，实行例外原则。法约尔的行政管理理论中的主要组织理论有：从组织管理过程的角度提出了管理的五项基本职能；从组织职能角度提出了管理的14条基本原则；提出了建立层级组织的管理幅度概念；研究了企业职能机构的设置，构建了直线职能制的组织结构形式；提出了解决组织内部管理效率问题的"法约尔桥"思路。"组织理论之父"马克斯·韦伯是德国著名的社会学家和组织学家，他对组织理论的主要贡献是提出了以"官僚模型"为主体的"理想的行政组织体系"。马克斯·韦伯认为，组织结构应该是"科层结构"，官僚组织是理想的组织模式。马克斯·韦伯指出，法定的权威是构建组织的基石；人类任何一种组织都应该以某种特定的权威作为基础，缺失了权威的组织不可能统一行动和实现共同的目标；合法的权威基础有三种纯粹形式：合理基础、传统基础与神授基础，但只有法定的权威才是官僚组织的构建基础。

古典组织理论主要针对组织内部的分工与活动安排来进行研究，这一理论体系为组织内部分工的合理化与活动安排及组织内部制度建设提供了良好的理论指导。古典组织理论的共同出发点是提高企业组织的管理效率。古典组织理论是围绕四大支柱建立起来的，这四大支柱分别是劳动分工、等级与智能方法、结构及控制幅度理论。迄今为止，虽然有不少人反对这种理论，但大多数组织仍采用这一理论作为其组织设计的指导思想。因为它使工作秩序井井有条，也能使组织摆脱任人唯亲、专横武断、歧视、暗中贿赂等弊病。

（二）近代组织理论分析

近代组织理论（新古典组织理论）以科层结构为基础，同时吸取了心理学、社会学关于"群体"的观点。近代组织理论的特点是：在集权与分权的关系上，主张分权，使组织成员能更多地参与决策以提高积极性；从组织形式看，倾向于扁平型的组织结构，主张部门化。近代组织理论也被称为行为科学组织理论，因为其组织理论主要来自于心理学、社会心理学与社会学，而且其倡导者与创立者也都是来自于这些领域的研究者。

近代组织理论广泛地接受了古典组织理论的观点，但强调社会集团对组织效率的重要性，并对古典组织理论的一些主要缺陷进行了重大的修改。近代组织理论的一个重要特征就是更注重人在组织中的作用，开始了对组织成员行为进行深入的研究，其中最值得关注的研究活动是以梅奥为首进行的霍桑试验。该试验得出的结论是：员工是“社会人”而非“经济人”，企业中存在着“非正式组织”，新型的领导能力在于提高员工的满足度。近代组织理论中具有代表性的理论成果包括：马斯洛的需求层次理论；赫茨伯格的双因素理论；麦克利兰的激励需求理论；麦格雷戈的 X 理论、Y 理论；波特和劳勒合作提出的波特—劳勒模式。

（三）现代组织理论分析

除了古典组织理论与近代组织理论以外，在组织研究领域占有重要地位的理论还有系统理论、新制度组织理论等。

20 世纪 60 年代，随着系统理论的发展，组织理论也开始走向了系统分析的道路。系统理论严格来说并不是一个单一的理论，而是三个理论学派的总称，包括 20 世纪 30 年代发展起来的社会系统学派、20 世纪 60 年代产生的社会技术系统学派和权变系统理论。它们有一个共同点，就是都将企业组织看做是一个系统，因而将它们统称为系统理论。

社会系统学派从社会学的观点来研究组织，把企业组织中人们的相互关系看做是一种协作的社会系统，其创始人是切斯特·巴纳德（Chester Barnard）。该学派认为，组织是两个或两个以上的人有意识协调活动的系统，是一种协作系统；组织处于特定的环境之中，组织不仅有正式组织还有非正式组织。

社会技术系统学派是在社会系统学派的基础上进一步发展而形成的，该学派的主要代表人物是特里斯特。社会技术系统学派认为，组织既是一个社会系统，又是一个技术系统。社会技术系统学派非常强调技术系统的重要性，认为技术系统是组织同环境进行联系的中介。

在系统理论中阵容强大、影响最为深远的是权变系统理论，该学派的代表人物有伍德沃德（Woodward）、斯托克（Stocker）、卡斯特（Custer）和罗森茨韦克（Rosenzweig）等。该学派认为，一个组织与其他组织的关系以及与环境的关系依赖于具体的情景。它拒绝接受古典组织理论关于“全能”原则与结构的观点，认为组织是约定俗成的，并且具有一定的适应性。它强调组织变化无常的性质，并且要了解和掌握组织在不同条件下如何运转。例如，不同工业需要不同的组织结构，同时也受到外部环境的制约，塑料工业具有高度竞争性，产品寿命短，其组织特征就应适应相应的产品和工序的发展；容器工业的情况则不同，在几十年中没有什么值得注意的新产品，产品的销售量刚刚跟上人口的增长数，经营稳定；而食品工业则处于两者之间，有大量的革新，但较塑料工业少。因此，研究者认为，塑料公司的组织结构应是高度分权的，食品公司次之，最后是容器公司。

新制度组织理论与新制度经济学有着十分密切的联系。新制度组织理论产生于 20 世纪 70 年代，但却是 20 世纪 90 年代“组织理论的宠儿”。新制度组织理论的主要代表人物有莫约（Moyo）、斯科特（Scott）等。新制度组织理论学派认为，组织不仅在一定的技术环境中运作，而且在一定的制度环境中生存。新制度组织理论学派所强调的制度环境是这样一种环境，其特征是通过规则和规定的精心安排，其间的单个组织要想获得环境认可，它必须服从这些规则和规定。

从历史发展的进程来看，组织理论一般可以分为古典、近代和现代三种。古典组织理论的中心思想和特征是：以工作任务为中心，把组织看成是封闭的系统；把组织管理的重点放在组织内部，着重研究如何有效利用已有资源提高生产效率、获得更大利润，重视工作与物，忽视人；强调管理中的规章制度与上层管理者的决策及个人的作用。近代组织理论的中心思想和特征是以人为中心，强调人际关系与信息沟通。现代组织理论的中心思想是：把组织看成是开放的理性模式，开始认识到组织外部环境对组织内部结构和管理起着决定性的作用；组织结构和管理方式要服从整体战略目标；强调人是组织的中心，强调组织是个社会性组织，强调组织的生存价值、社会作用与性格特征等。

世上并无一种适应一切组织的理论。不管哪一种组织体系理论、哪一种组织形态，都需要充分发挥个人的智慧，创造整体的成就。

第二节　组织结构概述

组织结构问题在整个组织中举足轻重，建立一个结构合理、运转灵活的组织，是保证组织任务有效完成的最基本的前提条件。从工作实践上看，组织结构是否合理对于组织效率的影响极大。各国政府行政部门和企业中存在的官僚主义现象，如职责不清、权限不明、机构臃肿、冗员充斥、办事拖拉、相互推诿等问题都与不合理的组织结构紧密相关。认真研究组织结构问题，对于改变政府行政部门和企业不合理的机构设置和权限划分，对于提高管理工作效率都有十分重要的实践意义。

组织结构是指组织中各部分相对稳定的组织模式。组织具有整体性，任何组织都是由许多要素、部分、成员，按照一定的联结形式排列组合而成的。一个组织，除了有形的物质要素外，在各构成部分之间，实际上还存在着一些相对稳定的关系，即纵向的等级关系及其沟通关系，横向的分工协作关系及其沟通关系。这种关系形成了无形的构造——组织结构，它涉及组织管理幅度的确定、组织层次的划分、组织机构的设置、各单位之间的联系沟通方式等问题。因此，组织结构也可以理解为一种组织形式，这种形式是由组织内部的部门划分、权责关系、沟通方向和方式构成的有机整体。

就本质而言，组织结构反映了组织成员之间的分工协作关系。设计组织结构是为了更有效和更合理地把组织成员组织起来，形成组织的合力，让他们有可能为实现组织的目标而协同努力。每个社会组织内部都有一套自身的组织结构，它们既是组织存在的形式，也是组织内部分工与合作关系的集中体现，所有组织成员都将在此结构中充当一定的角色、承接一定的工作，否则就没有资格存在于组织之中。

一、组织结构分析

一个健全合理的组织结构可以使组织成员的能力和才干得到充分发挥。组织结构的内容包括工作职务的专业化分工，部门的划分，集权、分权问题，确定各管理机构的管理幅度等。

（一）构成组织结构的三要素

1. 复杂化

复杂化代表组织内部分工粗细的程度，包含三种分化程度：水平分化、垂直分化和空间分化。水平分化是指同层级部门的细分程度。组织需要拥有专业技能的人才种类越多，则其内部同层级部门就越多，水平分化程度也就越高，这样的组织很容易产生协调上的问题。垂直分化是指组织内层级的深度。从高级管理阶层到低级员工之间存在的层级越多，组织就越复杂，这种组织在沟通时很容易产生误解。此外，在垂直分化程度高的组织内，管理者之间的决策会较难协调。空间分化是指组织设置或人员在地理上的分散程度。空间分化程度越高，沟通、协调及控制越难，组织会越复杂。

2. 正式化

正式化指组织中工作被标准化的程度。组织中正式化程度越高，员工自主的余地越小；反之，员工对自己的工作就有较大的自由处理空间。不同的组织，正式化程度会各不相同；不同部门或不同职务，其正式化程度也会有所不同。

3. 集权化

集权化指组织中决策权集中的程度。若高层管理者在决策时很少参考低层员工的意见，这种组织就比较集权；若低层员工的意见能成为决策参考，或低层员工也有权作某些决策，则这种组织是一个较分权的组织。

（二）组织结构的设计原则

1. 组织结构设计的古典原则

（1）分工原则。

分工原则是指将整个工作细分成好几个工作步骤或任务，每一位工作人员只负责处理某一项特定的工作步骤，而不需要关心整个工作的进行。

（2）统一指挥原则。

传统上认为，企业组织的员工只应接受一位直属上司的指挥，此称为统一指挥原则。

（3）控制幅度原则。

控制幅度是指管理者有效领导部属的人数。组织阶层愈高，控制幅度应该愈小。

（4）部门化。

采用分工原则后必须有协调的运作，这样才能使工作顺利进行。部门化原则就是将具有类似专长的员工聚集在一个部门，并由一位管理者进行指挥。

2. 组织结构设计的现代原则

（1）开放性原则。

一个良好的组织系统，必然是一个有序的组织系统，必然要求对外界开放。只有对外界开放，组织系统才能新陈代谢，才能有适应环境的能力和旺盛的生命力。现代组织系统开放的程度如何，直接决定着管理效能的大小。

组织在运作过程中必须与外部环境进行人员、材料、资金等方面的交流，才能保持组织结构的不断发展。具体地说，在人员管理中，应不断进行成员更新，以便把那些不称职的成员清除出去，同时把组织中德才兼备的管理人才及时吸收到管理者队伍中来。从外部招募的员工对现有的组织文化有一种崭新的、大胆的视角，而较少有感情的依恋，会带来不同的价值观和新观点、新方法。典型的内部员工已经彻底被组织文化同化了，受惯性思维的影响，他们既看不出组织的有待改进之处，也没有进行变革、自我提高的意识和动力，整个组织缺乏竞争的意识和氛围，呈现出一潭死水的局面。通过从外部招募优秀的技术人才和管理专家，就可以在无形中给组织原有员工施加压力，激发斗志，从而产生“鲶鱼效应”。在资金与材料的管理中，组织与环境不断进行资金交流，一方面可以从环境中获取资金，以保证管理活动的正常开支；另一方面，通过支出一部分资金可以改善管理环境或购进各种设备。组织不断从环境中引进各种先进技术和设备，可以使原有的技术和设备得到更新，从而使组织能够随着生产力和社会的不断发展而发展。实践表明，建立相对稳定的开放性系统是保证组织不断适应新环境的必要条件。

（2）动态性原则。

任何一个具有内在活力的社会系统，必定是一个有差异的、非均匀的、非平衡的系统。因为在平衡状态下，系统内部混乱度最大，无序性最高，组织最简单，信息量最小。而且，系统一旦进入这种“死”结构的平衡状态，便维持这种状态不变，很难前进和发展。表面上的平衡，实际上会对现代管理起到极大的阻碍作用和窒息作用，使组织系统变得死气沉沉、没有差异、缺乏竞争，陷入一种低效率、低效益的状态。这实际上就是官僚主义的来源，是现代管理之大忌。所以，动态的平衡是现代组织系统机制完善的根本标志，是现代管理者力求达到的目标。

组织中的人员、结构、权力等都必须遵循远离平衡状态原则。也就是说，构成管理系统的人员必须具有各不相同的能力和水平，管理系统的一把手应具备把握全局的能力和权力，而其他成员只需具备把握某一方面的能力和权力即可。如果一个管理系统的所有成员在能力、权力和专业知识方面相差无几，势必会出现互相扯皮、议而不决的局面，从而影响管理系统功能的发挥。在组织权力的构成上，一个人不能掌握所有的权力，管理系统的权力分配应分散、均衡、相互制约。为适应现代经济和社会发展的要求，集中的、等级式的权力结构应逐步演变为分散的、网络式的权力结构。构成组织的各个子系统的“大而全”和“小而全”的现象，都应该避免。远离平衡状态是组织系统高效运作的又一必要条件，若想建立高度有效的组织管理系统，必须遵循动态性原则。

（3）制约性原则。

组织要从无序向有序发展，并使系统重新稳定到新的平衡状态，还必须通过组织内部构成要素非线性相互作用来完成，即通过系统内部非线性机制的调节获得自我完善。也就是说，构成管理系统的成员之间依一定规则或程序而相互制约、相互监督，使该系统的每一个成员（包括一把手）不至于做出超越管理权限的行为而破坏组织性。目前，有些组织的管理者之所以会发生贪污腐败行为，一个重要原因是系统成员之间缺少这种相互制约和监督的机制，结果使掌握大权的主要管理者可以不受任何约束地为所欲为，使整个管理系统的正常结构与功能遭到破坏。

组织要素包括管理主体和管理客体，组织结构可以分为管理系统和业务系统。管理系统指挥、协调业务系统，业务系统完成组织的目标，管理系统和业务系统组成一个耦合系统，构成非线性的关系，相互作用，共同实现组织的目标。管理系统又可继续细分为决策部门、执行部门、监督部门和反馈部门。这些部门在组织中相互联系，构成一个系统，从而使组织管理过程成为一个有始有终、不断周转和不断更新的完整过程。

决策系统是现代组织结构的核心，它的主要任务是对各种预选方案进行比较、鉴别、分析，权衡利弊得失，选定最优决策方案。决策系统对决策方案做出最后的选择以后，就需要高效率的、精干的执行系统去实施。执行系统由多个部门和单位组成，一般是整个管理体系中机构和人员最多的部分。这个系统工作的好坏，决定着正确的决策能否变成现实。执行系统必须准确地理解决策，合理地组织力量，科学地进行分工，明确地划分职责，毫无偏差地实现决策的目标。所以，执行系统应当特别强调机构精干、职责明确、考核及时、赏罚分明、协调一致及工作高效，以保证按时按质地完成任务。任何决策或具体计划在执行过程中，执行的情况如何，遇到了什么问题，是否偏离了原定的管理目标，必须有灵敏、准确、迅速的反馈信息，以便决策和执行部门及时做出修正，保证最终达到目标。信息反馈是否灵敏，是一个组织生命力强弱的重要标志。为了及时检验决策正确与否，信息系统必须及时进行信息反馈，把执行决策的效果迅速报告决策系统、监督系统，以保证正确的决策得到积极贯彻，错误的决策能够及时纠正。只有通过决策、执行、反馈、再决策、再反馈的一系列过程，才能不断避免偏差、完善决策，最终实现预定目标。

（三）组织结构类型

企业组织结构形式大致有六种，它们分别是直线结构、职能结构、直线—职能结构、事业部结构、分权结构和矩阵结构。这些组织结构形式大致形成于资本主义工业化大生产时代，其中以直线结构最为典型，影响也最为广泛。资本主义生产关系的兴起，直接导致社会资本的集中与企业生产规模的扩大化，小手工业阶段形成的管理方法与企业组织方式已经不能满足社会化大生产的需要，为了加强大型工业企业的管理，直线制组织结构理论被管理学者提出，并被企业广泛采用。直线制组织结构的确极大地促进了早期资本主义经济的发展，但随着经济的不断发展，它也日渐暴露出其固有的缺陷。在资本主义经济发展的后期，为了弥补直线制组织结构的不足，管理界又先后提出了其他组织结构。无论是直线制组织结构还是在这以后的其他组织结构，均是按照工业经济社会工业生产的要求组织与完善企业的微观结构。随着企业的产生和发展及领导体制的演变，企业组织结构也经历了一个发展变化的过程。

1. 直线制

直线制是一种最早也是最简单的组织形式。它的特点是企业各级行政单位从上到下实行垂直领导，下属部门只接受一个上级的指令，各级主管负责人对所属单位的一切问题负责。直线制的优点是：结构比较简单，职责分明，命令统一。缺点是：要求行政负责人通晓多种知识和技能，亲自处理各种业务。对于业务比较复杂、规模比较大的企业来说，把所有管理职能都集中到最高主管一人身上显然是不太可行的。因此，直线制只适用于规模较小、生产技术比较简单的企业，对生产技术和经营管理比较复杂的企业并不适宜。

2. 职能制

职能制就是各级行政单位除主管负责人外，还相应地设立一些职能机构，比如在厂长下面设立职能机构和人员，协助厂长从事职能管理工作。这种结构要求行政主管把相应的管理职责和权力交给相关的职能机构，各职能机构有权在自己的业务范围内向下级行政单位发号施令。因此，下级行政负责人除了接受上级行政主管的指挥外，还必须接受上级各职能机构的领导。职能制的优点是：能适应现代化工业企业生产技术比较复杂、管理工作比较精细的特点；能充分发挥职能机构的专业管理作用，减轻直线领导人员的工作负担。缺点是：妨碍了必要的集中领导和统一指挥，形成多头领导；不利于建立和健全各级行政负责人和职能科室的责任制，在中间管理层往往会出现有功大家抢、有过大家推的现象；在上级行政领导和职能机构的指导与命令发生矛盾时，下级就无所适从，影响工作的正常进行，容易造成纪律松弛、生产管理秩序混乱。由于职能制的缺陷明显，现代企业一般都不采用。

3. 直线—职能制

直线—职能制也叫生产区域制或直线参谋制，它是在直线制和职能制的基础上，取长补短，吸取这两种形式的优点而建立起来的。目前，绝大多数企业采用直线—职能制。直线—职能制把企业管理机构和人员分为两类，一类是直线领导机构和人员，按命令统一原则对各级组织行使指挥权；另一类是职能机构和人员，按专业化原则从事组织的各项职能管理工作。直线领导机构和人员在自己的职责范围内有一定的决定权和对所属下级的指挥权，并对自己部门的工作负全部责任。而职能机构和人员则是直线指挥人员的参谋，不能对直接部门发号施令，只能进行业务指导。直线—职能制的优点是：既保证了企业管理体系的集中统一，又可以在各级行政负责人的领导下，充分发挥各专业管理机构的作用。其缺点是：职能部门之间的协作和配合性较差，职能部门的许多工作要直接向上层领导报告请示才能处理，这一方面加重了上层领导的工作负担，另一方面也造成办事效率低下。为了克服这些缺点，可以设立各种综合委员会或建立各种会议制度，以协调各方面的工作，起到沟通作用，帮助高层领导出谋划策。

4. 事业部制

事业部制最早是由美国通用汽车公司总裁斯隆（Sloan）于 1924 年提出的，故又有“斯隆模型”之称，也叫“联邦分权化”，是一种高度（层）集权下的分权管理体制。它适用于规模庞大、品种繁多、技术复杂的大型企业，是国外较大的联合公司所采用的一种组织结构，近几年我国一些大型企业集团或公司也引进了这种组织结构。

事业部制采用分级管理、分级核算、自负盈亏，即一个公司按地区或按产品类别分成若干个事业部，从产品设计、原料采购、成本核算、产品制造一直到产品销售，均由事业部及所属工厂负责，实行单独核算、独立经营，总部只保留人事决策、预算控制和监督权，并通过利润等指标对事业部进行控制。也有的事业部只负责指挥和组织生产，不负责采购和销售，实行生产和供销分立，但这种事业部正在被产品事业部所取代。还有的事业部按区域来划分。这里就产品事业部和区域事业部做简要介绍。

（1）产品事业部（又称产品部门化）。

产品部门化以企业所生产的产品为基础，将与生产某一产品有关的活动完全置于同一产品部门内，再在产品部门内细分职能部门，进行生产该产品的工作。这种结构形态在设计中往往将一些共享的职能集中，由上级委派以辅导各产品部门，做到资源共享。

产品部门化的优点：1）有利于采用专业化设备，并能使个人的技术和专业知识得到最大限度的发挥；2）每一个产品部都是一个利润中心，部门经理承担利润责任，有利于总经理评价各部门的业绩；3）在同一产品部门内比较容易协调有关的职能活动，比完全采用职能部门管理更有弹性；4）容易适应企业的扩展与业务多元化需求。

产品部门化的缺点：1）需要更多的具有全面管理才能的人才，而这类人才往往不易得到；2）每一个产品分部都有一定的独立权力，高层管理人员有时会难以控制；3）对总部的各职能部门，如人事、财务等，产品分部往往不会善加利用，导致总部的一些服务不能获得充分利用。

（2）区域事业部（又称区域部门化）。

对于在地理上分散的企业来说，按地区划分部门是一种比较普遍的方法。其原则是把某个地区或区域内的业务工作集中起来，委派一位经理来主管其事。按地区划分部门，特别适用于规模大的公司，尤其是跨国公司。这种组织结构形态往往设有中央服务部门，如采购、人事、财务、广告等，向各区域提供专业性的服务。

区域部门化的优点：1）责任到区域，每一个区域都是一个利润中心，每一区域部门的主管都要负责该地区的业务盈亏；2）放权到区域，每一个区域有其特殊的市场需求与问题，总部放手让区域人员处理，会比较妥善、实际；3）有利于地区内部协调；4）对区域内顾客比较了解，有利于服务与沟通；5）每一个区域主管都要担负一切管理职能的活动，这对培养通才型的管理人员大有好处。

区域部门化的缺点：1）随着地区的增加，需要更多具有全面管理能力的人员，而这类人员往往不易得到；2）每一个区域都是一个相对独立的单位，加上时间、空间上的限制，往往是"天高皇帝远"，总部难以控制；3）由于总部与各区域天各一方，难以维持集中的经济服务工作。

总体来说，事业部必须具有三个基本要素，即相对独立的市场、相对独立的利益和相对独立的自主权。

事业部制的优点：（1）公司领导可以摆脱日常事务，集中精力考虑全局问题；（2）事业部实行独立核算，更能调动经营管理者的积极性，更有利于组织专业化生产和实现企业的内部协作；（3）各事业部之间有比较、有竞争，这种比较和竞争有利于企业的发展；（4）事业部内部的供、产、销之间容易协调；（5）事业部经理从事业部整体来考虑问题，这有利于培养和训练管理人才。

事业部制的缺点：（1）公司与事业部的职能机构重叠，造成管理人员浪费；（2）事业部实行独立核算，各事业部只考虑自身的利益，影响事业部之间的协作，一些业务联系与沟通往往被经济关系所替代。

5. 模拟分权制

这是一种介于直线—职能制和事业部制之间的结构形式。一些大型企业如钢铁、化工企业等，由于产品品种或生产工艺过程所限，难以分解成几个独立的事业部；又由于企业的规模庞大，高层管理者感到采用其他组织形态都不容易管理，这时就出现了模拟分权的组织结构形式。所谓模拟，就是要模拟事业部制的独立经营、单独核算，但不是真正的事业部，实际上是一个个"生产单位"。这些生产单位有自己的职能机构，享有尽可能大的自主权，负有"模拟性"的盈亏责任，目的是要调动他们的生产经营积极性，达到改善企业生产经营管理的目的。需要指出的是，各生产单位由于生产上的连续性，很难将它们截然分开。以连续生产的石油化工企业为例，甲单位生产出来的“产品”直接就成为乙单位的原料，这当中无需停顿和中转，因此它们之间的经济核算只能依据企业内部的价格而不是市场价格。也就是说，这些生产单位没有自己独立的外部市场，这也是与事业部的差别所在。模拟分权制的优点是除了调动各生产单位的积极性外，解决了企业规模过大不易管理的问题。高层管理人员将部分权力分给生产单位，减少了自己的行政事务，从而把精力集中到战略问题上来。其缺点是不易为模拟的生产单位明确任务，造成考核上的困难；各生产单位领导人不易了解企业的全貌，在信息沟通和决策权力方面也存在着明显的缺陷。

6. 矩阵制

在组织结构上，把既有按职能划分的垂直领导系统，又有按产品（项目）划分的横向领导关系的结构，称为矩阵组织结构。矩阵制是为了改进直线—职能制横向联系差、缺乏弹性的缺点而建立的一种组织形式。它的主要表现形式是围绕某项专门任务成立跨职能部门的专门机构。例如，组成一个专门的产品（项目）小组去从事新产品开发工作，在研究、设计、试验、制造等各个不同阶段，由有关部门派人参加，力图做到条块结合，以协调有关部门的活动，确保任务完成。这种组织结构形式是固定的，人员却是变动的，需要谁，谁就来，任务完成后就可以离开。项目小组和负责人也是临时组织和委任的，任务完成后就解散，有关人员回原部门工作。因此，这种组织结构非常适用于横向协作和攻关项目。

矩阵制的优点：(1) 机动、灵活，可随项目的开始与结束进行组织或解散；(2) 由于是根据项目组织的，任务清楚，目的明确，各方面有专长的人都是有备而来，因此在新的工作小组里，小组成员易于沟通、融合，能把自己的工作同整体工作联系在一起，为攻克难关、解决问题献计献策；(3) 加强了不同部门之间的配合和信息交流，克服了直线—职能制组织结构中各部门相互脱节的现象。

矩阵制的缺点：(1) 项目负责人的责任大于权力，因为参加项目的人员来自不同部门，隶属关系仍在原部门，只是为“会战”而来，所以项目负责人对他们的管理较为困难，缺乏足够的激励手段与惩治手段，这种人员上的双重管理是矩阵制的先天缺陷；(2) 由于项目组成人员来自各个部门，当任务完成以后，仍要回原部门，因而容易产生临时观念，对工作有一定影响。

矩阵结构适用于一些重大攻关项目，可用于涉及面广的、临时性的、复杂的重大工程项目或管理改革任务。

在工业经济社会，上述组织结构理论的提出都有其特殊的理由与依据；同样，这些组织结构形式分别被企业管理者所采用，更是说明了每一种组织结构都有其存在与发展的合理性。各种传统企业的组织结构理论虽然都共同体现了工业经济的特有属性，但在实践操作中，每一种组织结构形式都是按照自身的独特性来构建企业内部的管理框架。在不同企业的组织结构形式中，管理权的分配、管理的层次与幅度、组织内部不同部门之间的关系等均是有所不同的。各种组织结构的特性决定于它们在不同类型企业中的有效性也是不同的。也就是说，不同的组织结构形式适用于不同的企业。

各种传统组织结构理论共有的一个缺陷是：它们都或多或少带有集权主义倾向，在组织中分权程度低。正是由于这种低分权度，使得组织成员缺乏责任感、自律意识、决策权限，从而造成组织的低学习积极性，缺乏创新精神与激励创新的动力。所以，在组建知识经济社会的学习型组织过程中，传统工业经济社会的组织结构理论有时是不适用的。人们历来认为直线式的等级制度最有效，命令可以畅行无阻地层层下达，这是工业时代典型的企业管理形式。不过，这种管理系统依赖的条件是：现场要有大量精确的反馈，决策的性质大致相同。如果决策者面临的问题是重复性的，种类又不多，决策者就能够收集到与它们有关的大量信息，而且能从以往的成败中积累有用的经验。

今天，森严的垂直等级制度正逐渐失效，因为它所依靠的两大根本条件已难以为继。摆在决策者面前的问题，种类日渐繁多，除了复杂的技术、经济决策外，政治、文化、社会责任也压得他们不胜其苦，而现场的反馈却越来越少。就绝对数量而言，领导部门从来没有掌握过这么多来自下层的信息，其数量之大，绝非一个经理能够吸收和处理的。可是，与当前问题的规模和多样性相比，与越来越快的节奏相比，反馈却少得可怜。企业所处的经济、技术和社会环境，要求它更迅速地做出多种多样的反应。由于要求、机会和压力日益变化无常，从时间上讲，有关的信息更难逐级向上；或者说，最上层的领导更难以在任何一类问题上积累起大量的经验。上下级之间的距离不单纯是层次过大或过多，还在于需要处理的数据种类越来越多。这样一来，就企业内部而言，决策的层次应该越来越低才能见效，公众参与势在必行。也就是说，企业管理权是从集中走向分散，企业的组织结构是从金字塔型走向扁平型。

金字塔型组织结构就是企业管理组织在结构上层层向上，逐渐缩小，权力逐级扩大，有严格的等级制度，形成一种纵向体系。扁平型组织结构则减少了管理层次，同一管理层次的组织之间相互平等，横向联系密切。组织扁平化的目的是提高生产力，让每个员工有更多的机会直接面对问题、解决问题，而不是把问题在不同部门或层级中推来推去。扁平化组织不再强调以工作阶层来分权，而是以工作内容为导向来分担责任。一旦员工可发挥的空间变大，就可以激发出更高的创造力，也更易达成自我实现。扁平化组织给予员工更大的空间，并不表示领导者的工作和责任减少，而是对领导者提出了新的任务：

（1）快速准确地处理信息。面对泛滥的信息，领导者必须正确判断和筛选，甚至化信息为生产力。

（2）在保持组织弹性的同时，让所有的人更有效率地工作。

（3）领导者必须关心员工的职业发展规划，只有帮助员工实现自我，才能提高员工的忠诚度与稳定性。

（4）在企业组织结构扁平化过程中，裁员是不可避免的。留下来的员工就成为关键，应设法消除裁员给员工心理上带来的恐慌，否则，士气和生产率将显著降低。

无论如何，对传统工业经济社会所形成的企业组织结构形式进行比较分析是必要的，也是有益的。准确地把握与认识传统组织结构理论，对于建设知识经济条件下的企业组织结构而言是必不可少的。

20 世纪 90 年代，公司再造和学习型组织曾风靡一时。迈克尔·哈默（Michael Hammer）和詹姆斯·钱皮（James Champy）于 1994 年出版了《公司再造》，该书一出版就引起了理论界和实践界的高度重视，其思想迅速流传开来。20 世纪 90 年代的另一本畅销书是彼得·圣吉（Peter Senge）的《第五项修炼：学习型组织的艺术与实务》，书中写道："为什么在许多团体中，每个成员的智商都在 120 以上，而整体的智商却只有 60？为什么 1970 年名列《财富》杂志'500 强大企业'排行榜的公司，到了 80 年代却有三分之一已销声匿迹？这是因为组织的智障妨碍了组织的学习成长，使组织被一种看不见的巨大力量侵蚀，甚至吞没。因此，90 年代最成功的企业是'学习型组织'，因为未来唯一持久的优势，就是有比你的竞争对手学习得更快的能力。"圣吉把学习型组织的五项技能称为"五项修炼"。对于学习型组织的建立，每一项都不可或缺。第一项修炼：自我超越；第二项修炼：改善心智模式；第三项修炼：建立共同愿景；第四项修炼：团队学习；第五项修炼：系统思考。它们的发展虽然是分开的，但却紧密相关，而核心是第五项修炼。学习型组织的倡导者们提出，在竞争日益激烈的环境中，一个组织要采取的重要策略就是学习，对新的变化不断接受、消化、创新，从而掌握这种变化，最终使组织在复杂多变的环境中生存和发展。

二、机械性与有机性组织

管理者有多种方式来搭配复杂化、正式化及集权化这三个组织结构要素，而任何组织结构都可归类为机械式结构或有机式结构。

（一）机械式结构

机械式结构以严密的金字塔型组织形式为代表，它具有高度复杂化、正式化与集权化的特点。

机械式结构较严密，依赖职权及界定明确的层级来协调组织活动。韦伯、法约尔等提出了建立良好的企业组织结构应遵循的一些原则，如严格的等级制度，命令和指挥的统一，合理的专业化分工，适当的控制幅度等。依据这些原则建立起的组织结构就是机械式结构。机械式结构追求的是稳定运行中的效率，适用于环境相对稳定和确定的企业，以及可以用近于封闭的方式来运作、任务持久且明确、决策可以程序化、技术相对统一而稳定、按常规活动且以效率为目标的组织。机械式结构以韦伯的官僚组织体制为代表，但该理论存在着许多不足：

（1）韦伯对官僚组织的分析偏于静态研究，过分强调机械式正式组织的功能和层级等级体制。等级系列的阶层体制是理想的行政管理体制的一个基本特征，是用以维护组织的秩序和保证其效率的一项重要原则。按照这一原则，下级必须接受上级的指挥、控制和监督，而且下级的升迁也完全由上级决定。这样就难免会造成下级人员对上级人员逢迎拍马、报喜不报忧，从而阻碍了上下级之间的沟通。过于强调遵守组织规则和各项制度，组织将陷于僵化，在面临紧急和意外问题时，组织就会缺乏应变的灵活性与弹性。严格按照规章制度处理各项业务本来是实现组织目的的手段，然而，不问具体情况的过分强调和机械执行，反而会使本是实现组织目的的手段成为工作的目的。人们被种种繁文缛节束缚了手脚，组织活动失去了应有的效率。人们为了保证自身的利益，处事谨小慎微，只看是否符合规章制度，而不顾组织的根本目的。组织的各相关部门和成员之间，遇事推诿扯皮、相互掣肘。非人格化的等级制度使组织变成一个不注重成员感情、缺乏人情味的团体。所有这些都必然要影响组织的团结和工作效率的提高，结果就是官僚主义现象逐渐滋生和蔓延。

(2) 偏重于对组织内部形态和管理结构进行分析，缺乏对组织和组织环境相互关系的探讨，这是传统组织理论中存在的共同问题。根据现代系统理论，任何一个组织系统都在一定的环境下生存与发展，环境是不断变化的，组织的生存与发展也是在不断地和环境变化发生相互作用下进行的，这是一个动态的过程。

现代企业的外界环境与以往传统企业的外界环境相比较，发生了一系列变化，形成了一系列新的特点，也加剧了现代企业外部环境的动态性、复杂性。企业为了求得自身的生存和发展，依据外界环境的变化和自身的条件不断进行战略调整，环境发生更大变化，就对战略经营决策进行相应调整或者重新决策。此外，现代企业经营的地理范围、产品范围也扩大了，形成了跨地区、跨国界经营。这样一来，过去那种金字塔型的管理组织结构就难以适应现代动态环境和经营的变化，必须寻找新的组织结构形式，以满足新的环境和经营需要。

(二) 有机式结构

有机式结构的特点是复杂化及正式化程度低，资讯网路通畅（除了向下外，还可向上或横向沟通），允许较多员工参与决策。有机式结构较具弹性与适应力，通过频繁的沟通来协调组织活动。有机式结构组织有以下几个特点：

(1) 组织在一种动荡的环境中经营，必须经受住不断的变化和调整，从管理结构到管理方法都是柔性的。

(2) 组织规模日益扩大和复杂化，组织需要采取主动适应策略进行动态调节，以寻求新的平衡状态。

(3) 专业技术人员的数量增多，职工队伍素质不断提高，他们对组织的影响不断扩大。

(4) 管理工作将重点放在说服上，而不是强迫职工参与组织的职能工作。

有机式结构适用于相对不稳定和不确定的环境。采用有机式结构的企业必须充分对外开放；任务多样化且不断变化，使用探索式决策过程；技术复杂而多变；有许多非常规活动，需要较强的创新和革新能力。有机式结构组织由一些单元或组件构成，任务或目标完成后可以拆卸，甚至可以抛弃。构成组织的各单元之间没有上下级关系，只进行横向联系。组织的决策也同组织的产品和服务一样，不是统一的和标准化的，而是因时制宜的。

一切事物都在变化，未来的企业组织如何变化，朝着什么方向变化，是人们关心和探索的问题。国内外许多有开拓精神的企业，都在对新的企业结构进行试验。有机式结构是一种发展趋势。

总之，不同的组织结构使员工处于不同的位置上，也标志着员工间的各种相对关系直接影响着员工的满意感和工作行为。然而要确切地得出一个结论：什么样的组织使员工有最好的工作绩效和工作满意感，则是非常困难的。首先是个体差异的存在，有的人喜欢有高度自主性的工作，有的人喜欢高度标准化的工作，因此在同一组织中从事同一种工作的两种人的绩效和满意状态可能是大不相同的。其次是组织结构的设计还要服从战略、规模等的要求，员工在组织中的行为也同样受制于这些因素。所以，我们不仅要通过个体、群体等因素，还要通过组织结构的特征来分析和预测员工的工作行为和态度。需要指出的是，组织结构的客观特征只有被员工个人知觉和体验后，才会对其行为产生影响。而员工的认识和知觉是多样化和差异化的，因此最根本的是了解员工如何认识自己所在组织的结构。

第三节　组织变革

任何一个组织，无论过去多么成功，都必须随着环境的变化而不断调整自我并与环境相适应。组织变革的根本目的是提高组织的效能。在动荡不定的环境条件下，要想使组织顺利成长和发展，就必须自觉地研究组织变革的内容、阻力及一般规律，研究有效管理变革的具体措施和方法，以积极引导和实施组织变革。

组织变革是组织主动地、自觉地因条件变化而做出的反应，是组织为了实现自身的目标，根据外部环境和内部因素的变化，对组织现状主动进行修正、改变和创新的过程。从本质上说，组织变革是组织为了适应环境的变化以更好地生存和发展，而对组织所拥有的人力、物力、财力、权力等资源及收益所进行的重新组织和分配。

一、组织变革的原因

组织变革的原因可以归纳为两个方面：组织外部环境的变化和组织内部条件的变化。

（一）组织外部环境的变化

组织所处的环境是复杂多变的，复杂多变的环境对组织结构和组织运行的影响很大。要使组织适应复杂多变的环境，需正确认识组织与环境之间的关系。组织是社会大环境系统中的一个子系统，因此，它无力控制外部环境，只能主动适应。适者生存、发展，不适者衰败、灭亡，这是市场竞争法则。外部环境变了，整个组织就要进行相应的变化，只有以变应变才有出路，才能获得新的发展机会。在外部环境的变化中，以下几个方面的变化会导致组织变革：

（1）国家宏观调控手段的改变。政治、经济政策的调整，经济体制的改变，市场需求的变化，国家有关法律、法规的颁布与修订等，都会引起组织深层次的调整和变革。

（2）科学技术的进步。在知识经济社会，科技发展日新月异，新产品、新工艺、新技术、新方法层出不穷，会对组织固有的运行机制形成挑战。

（3）竞争观念的改变。随着市场竞争的日趋激烈、竞争方式的多样化，组织要想适应未来竞争的要求，只有在竞争观念上顺势调整、争得主动，才能在竞争中立于不败之地。

（4）资源的变化。组织发展所依靠的环境资源对组织具有重要的支持作用，如原材料、资金、能源等，组织必须克服对环境的过度依赖，同时要根据资源的变化顺势变革组织。

（二）组织内部条件的变化

1. 管理人员的更替与管理水平的提高

管理人员的更替可能预示着一场重大的变革正在发生，新的领导人可能展现一种新的角色模式并产生一套新的行为模式。组织整体管理水平的高低是竞争力的重要体现。组织在成长的每一阶段都会出现新的发展矛盾，为了达到新的战略目标，组织必须在人员的素质、技术水平、价值观念、人际关系等各个方面都做出进一步的调整。

2．管理技术条件的变化

当一个组织的业务技术变得更加复杂时，它的专业化与协作水平要求就高，整个管理工作就变得更加复杂。在组织运行的某些方面需要放开和搞活，而另一些方面可能需要综合和加强。这是现代组织在科技进步的推动之下，在管理方面所表现出来的新趋势和新特点。

3．组织成员的期望与变革

组织成员的期望与实际情况的差异也会导致组织的变革。管理学家华尔顿（Walton）认为，成员的期望与组织的实际情况之间至少存在六点差异：

（1）成员希望得到富有挑战性并能促进个人成长的工作，但组织仍然倾向于工作简化及专业化，因而限制了成员的成长与发展。

（2）成员逐渐倾向于能够相互影响的管理模式，他们希望得到公平、平等的对待，但组织仍然以等级层次、地位差别和指挥链为其特性。

（3）成员对组织的承诺，逐渐表现为工作本身所能产生的内在利益、尊严和对组织产生的责任，而组织仍在强调物质报酬、成员的安全，忽略了成员的其他需要。

（4）成员希望从组织的职位中获得的是当前即刻的满足，但组织所设计的职位阶层及职位升迁系统仍然是假设成员如同从前一样，期望获得事后的满足。

（5）成员更加关注组织生活的感情面，比如个人的自尊、人际间的坦诚与温情的表现，然而组织仍强调理性。

（6）成员正逐渐失去竞争的动力，但管理人员却仍然以成员过去所习惯的高度竞争的方法来设计职位、组织工作及制定报酬制度等。

这些环境因素与组织之间产生了极为复杂的交互作用，应用系统的观点考察这些交互作用。首先，要正确划分组织与环境的界限。在组织与外部环境之间划分一个确切的界限是比较困难的，但又要有一个相对的划分，因此，必须适当地将组织与外部环境划分开，该划入组织的划入组织，该划归社会的划归社会。其次，要考虑外部环境的影响。组织通常有多种目标和功能。例如，一个企业组织的主要目标是生产优良的产品和提高利润，但它同时也有为社会提供就业机会、保障工人生活、保证环境不被污染及为社会提供其他公共福利等功能。这些目标与功能有时相互冲突，因此，必须系统考虑外部环境对组织的影响。最后，组织中的成员一方面是组织的一分子，另一方面也是社会的一分子。由于他们具有多种身份，因此，也将多种要求与社会规范带入组织内，使组织与环境的关系更为复杂。

环境影响组织，组织适应环境的变化，以求得生存和发展。雪恩（Schein）在《组织心理学》一书中提出了“适应循环”的方式。

适应循环的过程可分为六个步骤：一是及时了解和掌握内部环境与外部环境所发生的变化；二是向组织内的有关单位沟通各项变化的情报资料；三是依据获得的情报资料改变组织内部的生产过程；四是尽量减少因改变组织内部的生产过程而带来的不良作用；五是生产出符合变化情况的新产品及提供新服务等；六是通过反馈作用，进一步观察外部环境和内部环境统一的程度。对适应循环过程中的每一个步骤可能遇到的困难应采取相应的措施加以解决，这样才能使循环过程顺利进行。

一个良好的组织必须具备以下条件才能适应环境的变化：一是具有良好的意见沟通系统，信息的传递要可靠、准确和及时，尽可能采用双向沟通方式；二是组织内部要有足够的灵活性与创造性；三是实行参与制，使组织目标受到每个成员的信赖与支持，得到每个成员的承诺；四是在组织内使每个成员都觉得自己是受支持的，而无压力及威胁之感，这种气氛的基础是良好的人际关系；五是在实现组织目标的同时，使每个成员都有个人需要获得满足的机会。

二、组织变革的变量

为了研究和设计组织变革的方法，首先要对组织系统本身加以研究。美国管理学者李维特（Leavitt）认为，组织是一个多变的系统，在此系统中，至少包含着四个重要的变量，即结构、技术、人员和任务。

（一）结构变革

在前面我们探讨了组织结构问题，结构变革包括权力关系、协调机制、集权程度、职务与工作再设计等结构参数的变化。管理者的任务就是如何对上述问题做出决策。但这些结构决策不是一旦做出就一成不变的。变化了的条件要求结构做出相应的改变。这样，管理者作为变革的推动者就需要对结构进行修改。一个组织的结构是由复杂性、正规化和集权化程度决定的。管理者可以对一个或多个结构要素加以变革。例如，可将几个部门的职责组合在一起，或者精简某些纵向层次、拓宽管理宽度，以使组织扁平化。为了提高组织的正规化程度，可以制定更多的规则和制度。通过提高分权化程度，则可以加速决策制定的过程。另一方案是对实际的结构设计做出重大调整，包括组织结构类型的变化，重新设计职务或工作程序，或者修订职务说明书、丰富职务内容，或实行弹性工作制等。

（二）技术变革

组织系统中的技术因素包括设备、建筑物、工作方法、新技术、新材料、新的质量标准和新的管理技术控制手段等。总之，管理者可以用其将投入转换为产出。大多数有关管理的早期研究都着重于技术变革方面的努力，比如科学管理基于动作和时间研究来推进变革，以提高生产效率。如今，技术变革通常涉及新的设备、工具和方法的引进，以及实现自动化与计算机化等。近几年来，最明显的技术变革是管理者努力扩大计算机的应用范围。许多组织都安装有复杂的管理信息系统。总之，技术因素的变革，可以间接地促进组织任务的改变，或直接促进组织技术条件与制造方法的改进，从而影响组织人员与组织结构。

（三）人员变革

人员变革是指组织成员的态度、动机、行为、技术文化素养、职业道德水准、人际关系、受激励的程度、组织文化与成员的价值观念等的改变。人的因素的变化，是促进组织变革的最复杂、最深刻、最难把握的因素之一。变革的主要任务是组织成员在权力和利益等资源方面的重新分配。要想顺利实现这种分配，必须注重员工的参与，注重改善人际关系。

（四）任务变革

组织的任务就是组织的运行目标和方向。当组织的运行目标和方向进行调整时，组织的结构变革须随之进行。在复杂的组织系统中，有许多子目标和子任务存在，它们是为实现总目标而服务的。这些子目标和任务实际上就是各个部门的具体工作任务和目标，是决定各级部门结构设置的重要因素。

李维特认为，上述四个变量具有很强的依赖性和相关性，即组织变革具有互动性和系统性，组织中任何因素的变化都会引起其他因素的变化。例如，技术的进步会要求人的素质的提高，人的素质的提高又会反过来推动技术的进步、管理的改善、结构的优化和运行方式的改变，进而对组织的目标和任务做出调整。组织变革是一项复杂的系统工程，正是由于变量之间的相互影响，所以组织变革应该有步骤、有计划、有系统地进行。

三、组织变革与员工心理

现代管理学者认为，如果不对人性的问题加以考虑，则组织变革会招致成员的抵制。因此，在实施组织变革时，必须注意到成员的人性面。

（一）组织变革方式

组织变革方式多种多样，可以从不同的角度进行划分。按照变革的力量来源分为主动思变式和被动应变式；按照变革的进程分为突变式和渐进式；按照变革的程度分为量变式和质变式等。在《组织管理百科全书》中，哈佛大学的学者研究了各种变革方式后认为，虽然各种变革方式不同，但事实上可以归纳为以下三种。

1．组织导向型变革

从改变组织结构入手实现组织变革，即调整组织内部的权力关系、角色关系与沟通关系等；从改变技术入手实现组织变革，即采用新技术、新方法。组织导向型变革以组织为中心实施变革，通过改变组织结构、技术等迫使组织成员学习新的知识和行为方式，改变旧的态度和习惯，从而改变组织的内部环境。其变革的方向是：群体行为改变→个体行为改变→个体态度和知识改变。

2．人员导向型变革

从人的改变入手实现组织变革，即通过改变人的动机、态度、技能来改变人的行为。人员导向型变革是以人为中心实施组织变革的，它假设人们经过教育和培训后，各方面会得到提高，他们的行为习惯也会改变，有利于组织目标的实现。其变革方向是：知识的改变→个人态度和行为的改变→群体行为的改变→工作绩效的改进。最近，许多研究者和管理者关注的一个焦点是如何努力帮助组织中的个人和群体更加有效地在一起工作。常用的变革方法主要有以下两种：

（1）调查反馈。

调查反馈是通过调查问卷在组织的各个单位收集资料，对组织成员的态度进行评价，确定其态度和认识中的差距，并使用反馈小组得到的调查信息帮助消除差距的一种方法。调查反馈技术一般包括问卷编制、实施调查、资料整理、资料反馈和分析、制订行动计划。调查反馈的优点是可以使组织从收集来的系统的、客观的资料中发现存在的问题及提出解决问题的方案，但是被调查者如果在问卷调查中有所隐瞒或者应付了事，就会使调查内容失去意义。

（2）敏感性训练。

它是通过非结构化的群体互动来改变人的行为的一种方法。它的基本假设是：个体可以通过不断获得的经验来学习和提高自己，通过小组参与，使个体更好地认识自己，也认识自己对他人的影响。开始敏感性训练时，没有领导，没有权威和地位，参加者要处于一种真空状态。通过对话，人们开始深入认识自己和他人，学会怎样与他人相处。但是，由于敏感性训练一般在实验室里进行，其课程内容主要包括自由表露感情和对他人的敏感反应，而在组织背景下，要求的是逻辑分析、决断性、技术等。训练与实践的差别，导致训练的一些技能对工作绩效的影响还没有定论，但是训练对于组织成员沟通技能的迅速提高，以及对提高认知的准确性和个人参与的意愿有明显的促进作用。

3. 系统导向型变革

成功的组织变革既非完全以人为中心，也非完全以组织为中心，因为所有的组织都是一个相互依存的系统。变革属于系统性的变化，无论从组织结构、组织环境、技术手段或员工行为改变哪个方面入手，组织变革都是一个全方位的整体性变革。系统导向型变革就是综合运用上述各种方式，从各个方面对组织实行变革。人员导向型变革、组织导向型变革及技术导向型变革都是推动改革的良好措施，但各自都有片面性。例如，如果只通过改变组织结构推动组织的变革，而不改变成员的态度和行为，那么新的政策、新的组织形式就难以维持，工作效率也难以提高。如果只引进新技术、新工艺，而不对组织结构和成员态度加以改变，就可能出现组织结构与新技术、新工艺不适应的情况，或者成员对新技术、新工艺持抵制态度。因此，只有考虑组织系统内的各种因素，才能使组织变革取得成效。

古典管理学者在论述组织变革方式时，强调的是工作本身的环境，即组织结构与奖惩制度。他们认为，组织效率低下的主要原因或者是组织结构发生了问题或者是工作环境与奖惩制度存在缺陷，并非是人的问题。因此，变革的方式是重新对组织结构或工作流程、奖惩办法等工作环境加以评估。此种方式的变革短期内有效。

系统导向型变革提示变革的推动者：组织变革不能片面为了迁就员工的需求而忽视组织的目标和环境，这样不会取得好的效果；若一味强调目标的实现而忽视员工需求的变化，成功的可能性会更小。所以，变革属于系统性工程，需要在系统规划和有效平衡的基础上进行，这样才有可能实现组织变革。

（二）组织变革过程

为了使组织变革顺利进行，并达到预期的效果，必须对组织变革过程有一个科学的认识。关于组织的变革过程，主要有两种观点。

1.“风平浪静”观

该观点认为组织变革有三个步骤：解冻、变革、再冻结。

首先是解冻现状，即让组织成员认识到变革的必要性和迫切性，在激发变革动机时还要消除怕失败、不愿变革的心理障碍。组织成员要从改变个人的生活方式、自我观念和行为环境入手，深刻理解组织变革的必要性和可行性，自觉参与和适应组织的变革。由于要对既定的行为环境予以解冻，即要打破组织活动原有的心理格局，所以管理者需要引导大家研究组织的内外环境，对组织的结构、功能及组织在新形势下的不适应性进行反省和批评，揭露和了解组织中存在的问题，使大家形成对旧的行为方式的厌恶感，激发变革组织的积极性。同时，要批评各种落后的守旧思想，提倡改革、创新，增强改革的动力。其次是推动方案，即指明方向，实施变革，使组织成员形成新的态度和行为。最后是再冻结，即利用必要的强化方法使新的态度和行为方式保持下来。

成功的变革要求对现状予以解冻，然后变革到一种新状态，并对新的变革状态予以再冻结，使之长久保持。现状可以看做是一种平衡状态，要打破这一平衡状态，解冻是必要的。这可通过如下三种方式中的一种来取得：

（1）增强驱动力，使行为脱离现有状态。

（2）减弱制约力，即妨碍脱离现有平衡状态的力量。

（3）混合使用以上两种方法。

解冻一旦完成，就可以推行变革。但仅仅引入变革并不能确保它持久，新的状态需要再冻结，这样才能使之保持一段相当长的时间。否则，变革就很可能是短命的，员工又会回复到原有状态中。因此，再结冻的目的就是通过平衡驱动力和制约力，使新的状态稳定下来。“风平浪静”观对于20世纪50年代至70年代初期面临相对平稳环境的大多数组织来说是适合的，但就当前管理者所面临的经营环境而言，这种观点已日益显示出其不足的一面。

2.“急流险滩”观

该观点认为，管理者面临的环境是高度不确定的、动态的，管理者的工作是不断受到干扰的工作，“风平浪静”观假设下的稳定性和可预见性是不存在的；管理者面临着不断的变化，需要面对各种无序状态；组织中有许多方面都处在快速变化过程中，要求组织时时以变应变。

在当今时代，面临高度不确定、动态的环境的组织在日益增加，不处于这种环境中的组织在日益减少。例如，服装、计算机软件行业中的管理者长期面临“急流险滩”的经营环境，而长久处于稳定、可预见的环境的出版、电信、石油勘探等行业的外部环境也在发生变化。现在已很少有组织将变革看做是偶然的干扰事件，组织的许多方面都处于快速变化之中，正如管理大师彼得斯（Peters）所指出的，“不破，不修”的传统说法已不再适用。取而代之的是彼得斯的观点：“不破”，只是因为你没有做细心的观察。修理它吧，不管用什么方法。

（三）组织变革的阻力

若想成功地实施变革，不仅方法必须科学化和系统化，而且在变革过程中，减少变革的阻力对成功也十分关键。这一工作有时非常困难，因为通常需要转变观念。如果涉及变革的人都期待变革，并相信变革是必要的，那么变革会顺利和令人满意地进行。但事实上，变革的阻力是相当大的，反对者会以多种形式来抵制组织变革。例如，工作被动应付，没有主动性和积极性，消极怠工；发生争吵与敌视行为，人际关系紧张，内耗加重；损失浪费一天天增多，经济效益滑坡；对组织中的事情抱无所谓态度等。大多数人讨厌那种对自己没有成效的变革，当变革触及或剥夺他们的利益时，就一定会受到这些人的抵制。若要让人们放弃他们原有的态度与习性而适应新的环境，有时的确很困难，即使事实证明他们的行为与目前的环境不适应。有时人们反对变革，并非有正当的理由，而是因为内心莫名其妙地恐惧变革、害怕变革。传统的观点认为，技术因素是人们反对变革的基本因素，因为技术的改变和进步会导致人们失业。然而，根据劳伦斯的研究，人们反对变革的理由更多地表现在人性和社会因素方面。

具体来说，以下因素可能成为变革的阻力。

1. 对未来不确定性的焦虑

模糊和不确定性是使人们产生焦虑的重要原因，员工常常对自己的能力产生怀疑，认为变革是对自己的一种威胁。企业的变革常常伴随着技术变革、人员变革，每一次变革都对企业内的员工提出了更高的要求。先进生产线的引进、办公自动化的建立、新技术的应用都要求员工不断提高自己的知识和能力，以适应企业变革的需要。而一些员工担心自己的技术已经过时，一旦企业发生变革，自己就会被淘汰或是地位遭到挑战，因此，他们宁愿维持现状。变革恰恰是用这些不确定性代替已知的东西，新技术和新设备使员工担心自己不能胜任工作而抵制技术变革，精简机构使员工难以确定自己未来的岗位究竟在何处而抵制组织结构变革。

2. 习惯

组织中的个体往往依赖于习惯化的行为方式。通常，人们认为多一事不如少一事，不改不变最省事。变革意味着习惯的改变，意味着重新适应一系列的新条件，建立一系列的新行为方式。因此，变革的阻力有很大一部分来自人类本性中的惰性。当组织面临变革时，组织的惯性（已有的那些规章制度、组织文化等）所起的稳定作用就成为变革的反作用力。组织中的员工都存在于特定的群体之中，即使个体想改变他们的行为，群体规范或部门利益也会成为约束力，然后以群体的惯性来抵制变革。

3. 担心变革会影响自己的收入和地位

变革的最可怕后果之一就是失去工作。有时，工作方法和组织系统的改变确实会导致员工工资的降低、工作岗位的减少。当员工认为自己缺乏适应能力和灵活性，变革使他们收入降低或者生活缺乏保障时，变革对他们的威胁是不言而喻的。还有一些人口头上拥护变革，生怕别人说自己守旧，但变革一旦有可能损害他的既得利益时，出于对自身利益的防护，就会极力反对变革。例如，变革有可能导致个体权力缩小，在组织中的地位降低或劳动强度增大，工作的自由度降低，这些因素都会让人们反对变革。

（四）克服组织变革阻力的策略

构筑对变革的信任和信心是克服变革阻力的出发点。组织变革往往是大势所趋，是不以人的意志为转移的，但还是要注意变革过程中的艺术性。例如，以公开、坦率的方式面对员工，则可构筑信任。员工对组织有信心时，才更容易接受意见。但理想的信任状态不是一朝一夕就能达到的，消极的态度也不会一夜之间就烟消云散，它来自于组织长期的公平处事。所以，组织应积极创造条件，减少阻力，保证变革的顺利进行。

1. 营造强烈的归属感

在组织中努力培养组织成员对组织的认同感，使组织成员把组织看成是自我生存和发展的不可缺少的条件，从而使他们把组织的变革看成是自己的事情，认同变革。

（1）要加强沟通。

企业中很多资料被当做机密，员工无法了解与分享。不论是出于何种原因，这种保密的做法会导致一种不信任和恐惧的气氛。如果关于变革的消息被传言传播得很离谱，员工就会为预料中的最坏情况而忧心忡忡。如果将组织目前所处的环境、所面临的困难与机遇等向员工公开，使员工了解，阻力自然会消失。在变革过程中，必须使沟通渠道畅通无阻，使变革的信息及时传递给组织成员，使领导者与下级分享信息。这样不仅会使组织成员产生共同的知觉，而且可以增加组织成员的自尊感与责任感，减少组织成员对变革的抵制。

（2）要鼓励积极参与。

领导者要积极鼓励和组织下级人员参与制订变革的计划和实施变革，使成员对变革产生认同感，把改革看成是自己的事。一般来说，参与有助于减少变革的阻力，在某些情况下甚至可以消除阻力，因为个体很难抵制他们自己参与做出的变革决定。

（3）相互尊重。

领导者要信任下级，依靠下级，相信下级人员中的多数人最终是会拥护变革的。领导者要及时与组织成员进行意见沟通，把变革的原因、理由、措施及步骤公开告诉组织成员，这样能更有效地改变成员对变革的态度。

2. 谈判

变革推动者处理变革潜在阻力的另一个方法是，以某些有价值的东西换取阻力的减小。如果抗拒是来自少数有威信的员工，可以提供特殊的报酬以换取他们对变革的支持。但这种策略的成本可能会较高，而且也存在一定的风险：一旦变革者对反对者做出了让步，就有可能面临其他权威个体的勒索。

3. 操纵和收买

如果管理者威胁说，员工要是不接受全面的工资削减方案，工厂就要关门，而实际上并没有这种打算的话，那么，管理者使用的就是操纵手段。类似的操纵手段有：歪曲事实以使变革显得更有吸引力，封锁不受欢迎的信息等。相对而言，操纵和收买的成本都较低，并且易于获得反对派的支持。但如果对方意识到自己被欺骗和被利用时，这种策略会产生适得其反的效果。

4. 强制

克服变革阻力的最后一种策略是直接同抵制者针锋相对，向其施加压力。

（五）组织变革中最突出的心理问题是压力

对许多员工来说，变革造成一种压力，使其面临不确定、动态的环境及强制退休和大规模裁员的威胁，许多员工感到过度紧张、劳累，承受巨大的压力。

1. 什么是压力

压力是在动态的环境中，个人面对与其愿望实现密切相关的机遇、规定或要求的不确定性时造成的一种心理负担。压力有正面作用，也有负面作用。压力的正面作用是给自身带来一种潜在的收益，比如运动员在关键比赛中超常发挥。在此我们探讨的是压力的负面作用。组织变革过程中员工的压力可能来源于工作本身，也可能来源于工作中的人际关系等。压力过大会引起很多消极反应，比如容易疲劳、沮丧，记忆力、创造性下降，工作热情和积极性下降，还可能产生各种身体反应。虽然这些反应是员工个人的负担和痛苦，但无疑极大地影响了工作效率。

2. 压力的症状

压力的症状表现在以下几个方面：

（1）生理上的反应。压力会带来一系列的身体症状，比如肌肉紧张、消化不良、头晕或者偏头痛、口干、心悸、免疫力下降等。

（2）行为上的反应。比如习惯于紧张、不能放松，对烟、酒、茶、咖啡的依赖性增加，出现强迫性行为，做事拖沓不主动，难以作决定等。当员工发现自己出现这些情况时，就要注意减轻自己的压力了。

（3）情绪和认知方面的反应。比如注意力不集中，记忆力下降，阅读困难，学习理解能力下降，创造力下降，经常担忧，烦躁不安，焦虑，对任何事情都没有兴趣等。

这些个人的压力反应，无疑会对企业产生很大的影响。研究发现，员工的压力会导致企业的缺勤率增加，离职率增加，事故率增加，工作中的人际冲突增加，招聘、培训等的人力资源管理成本增加，工作积极性或士气下降，工作效率下降。

3. 减少压力的管理对策

首先，要转变观念，要站在组织层面上来理解员工的心理和个人问题，要充分认识到这些问题对企业的影响，把员工的心理和个人问题当成是企业本身的问题，看成是企业管理的必要组成部分。

其次，应该看到心理学和心理学专家在解决员工压力和心理问题方面所起的重要作用。企业应对员工压力和心理问题，有两个方面的工作可以做：一个是心理培训，比如压力和时间管理、工作与生活平衡、自信心与积极情绪、咨询式的管理者、交互作用分析等。另一个就是员工帮助计划（Employee Assistant Program，EAP）。EAP 是一个员工压力和心理问题的一揽子解决方案，围绕着职业心理健康，由专业的心理服务公司设计，提供包括员工心理问题的调查研究、组织管理改进建议、宣传教育、心理培训、心理咨询等各个方面的服务。国外的 EAP 服务已有近百年的历史，发展得很成熟，已被证明是行之有效的，并且企业能得到很高的回报。国内也在逐渐开展这样的服务。

最后，通过持续对话，增加主管与员工之间的沟通，使员工明白企业的战略和双方的期望；准确衡量员工绩效，识别表现好的员工，使之获得更好的奖赏和更佳的晋升机会。

思考题

1. 什么是组织？谈一谈你对组织概念的理解。
2. 组织的功能有哪些？
3. 组织结构的设计原则有哪些？
4. 什么是矩阵制组织结构？有什么优缺点？
5. 什么是有机性组织？请举例说明。
6. 组织变革的变量有哪些？
7. 阻碍组织变革的因素有哪些？可以采取什么措施克服变革阻力？
8. 谈谈你对组织变革过程的理解。
9. 如果你是组织的领导者，你如何看待组织成员的工作压力问题？

第八章　组织文化

学习目标

通过本章的学习，掌握组织文化的概念、特征和功能，了解组织文化理论，掌握组织文化创建、维系和创新的相关内容，了解组织文化的发展趋势。

第一节 组织文化概述

组织文化对组织兴衰、组织发展所起的作用越来越显著、越来越大。在《企业文化与经营业绩》中，哈佛商学院的著名教授约翰·科特（John Kotter）提出了一个重要论断：企业文化对企业的长期经营业绩具有重大影响，很有可能在今后逐渐成为企业兴衰的决定因素。企业兴衰固然是多方面因素综合影响的结果，但企业文化确实是其中的一个关键因素。

一、组织文化的概念

由于每个组织都有自己特殊的环境条件和历史传统，从而形成自己独特的哲学信仰、意识形态、价值取向和行为方式，所以每一个组织都有与众不同的组织文化。不同学者对组织文化的定义是不同的：

赫尔雷格尔（Hellriegel）认为，组织文化是组织成员共有的哲学、意识形态、价值观、信仰、假定、期望、态度和道德规范。

迪尔（Deere）和肯尼迪（Kennedy）认为，每个组织都有一种文化，文化对组织中的每件事情都具有影响。组织文化由企业环境、价值观、英雄人物、典礼和仪式、文化网络五要素组成，并以价值观为核心。

威廉·大内（William Ouchi）认为，文化意味着一个企业的价值观，如进取、保守或灵活，这些价值观成为企业员工活动、建议和行为的规范。管理人员以身作则，把这些规范灌输给员工，再一代一代地传下去。

霍夫斯坦德（Hofstede）认为，组织文化是一种“组织心理”及组织的潜意识，它在组织成员的行为中产生，又作为“共同的心理程序”引导组织成员的行为。

刘光明认为，组织文化包含的价值观念、行为准则等意识形态均为该组织的成员共同认可。组织文化有广义和狭义之分，广义的组织文化是指企业物质文化、行为文化、制度文化、精神文化的总和，狭义的组织文化是指以企业价值观念为核心的企业意识形态。

综上所述，组织文化是组织在长期的生存和发展中所形成的，为本组织所特有的，且为组织多数成员共同的最高目标、价值标准、基本信念和行为规范等的总和，及其在组织活动中的反映。

二、组织文化的特征

组织文化不仅具有独特的个性品质，而且具有整体性、独特性、继承性、创新性、连续性。

（一）整体性

组织文化是组织全体员工在组织长期的发展过程中共同形成的价值观，渗透到组织的每一种行为中，具有整体功能。

（二）独特性

组织文化具有鲜明的个性和特色，具有相对独立性。每个组织都有其独特的文化积淀，这是由组织的生产经营管理特色、组织传统、组织目标、组织员工素质及内外环境不同所决定的。

（三）继承性

组织在一定的时空条件下产生、生存和发展，组织文化是历史的产物。组织文化的继承性体现在三个方面：一是继承优秀的民族文化精华；二是继承组织的文化传统；三是继承外来的组织文化实践和研究成果。

（四）创新性

优秀的组织文化往往在继承中前行，并随着组织环境和国内外市场的变化而变化，引导大家追求卓越、追求成效、追求创新。

（五）连续性

组织文化与组织的长期发展历史相联系，是一个不断适应环境、挑战未来的历史继承与创新的过程。

三、组织文化的功能

组织文化越来越受到业界人士的青睐，最根本的原因就是它具有一些非常重要的功能。为了尽可能地发挥组织文化的作用，学者们不断地对组织文化进行研究。根据主流思想，可以将组织文化的功能归纳为两个方面：积极功能和消极功能。

（一）组织文化的积极功能

1. 导向功能

组织文化的导向功能主要是指对组织成员的价值取向及行为取向所起的引导作用。组织文化一旦形成，就产生一种定势，这种定势会自然而然地把员工引导到组织目标上来。组织提倡什么、反对什么、摒弃什么，员工的注意力也就转向什么。

2. 凝聚功能

组织文化向组织成员展示某种信念与态度，它不仅影响着组织成员的处世哲学和世界观，而且影响着组织成员的思维方式。因此，在某一特定的组织内，人们总是为自己所信奉的哲学所驱使，组织文化起到了“黏合剂”的作用。良好的组织文化同时意味着良好的组织氛围，它能够激发组织成员的士气，并使组织成员产生对本职工作的自豪感、使命感、归属感，从而使组织产生强大的向心力和凝聚力。

3. 约束功能

组织文化的约束功能是通过组织成员自身感觉而产生的认同心理过程实现的，它不同于外部的强制机制，组织文化使组织成员通过内省过程，产生自律意识，自觉遵守那些成文的规定。自律意识要比强制机制的效果好得多，因为强制会使组织成员在心理上产生对抗，这种对抗或多或少会使强制措施打折扣。

4. 激励功能

组织文化以理解人、尊重人、合理满足人的各种需要为手段，以调动广大员工的积极性、创造性为目的，所以组织文化从前提到目的都是为了激励人、鼓舞人。通过组织文化建设创造良好的、安定的工作环境与和谐的人际关系，从而激发员工的积极性和创造性。组织文化的激励不仅是一种手段，而且是一种艺术。组织文化不仅仅着眼于眼前的作用，更着眼于人创造文化、文化塑造人的因果循环。

5. 辐射功能

组织文化不仅对组织内部产生强烈的影响，而且通过产品和员工的传播，会把组织的经营理念、组织精神和组织形象展示于社会，对社会产生强烈的影响，这就是组织文化的辐射功能。

6. 调适能力

调适即调整和适应。组织各部门之间、员工之间，由于各种原因难免会产生一些矛盾，解决这些矛盾需要各自进行自我调节；组织与环境、顾客、社会之间都会存在不协调、不适应之处，这也需要进行调整和适应。组织文化所倡导的处世哲学和行为规范使经营者和组织成员能科学地处理这些矛盾，自觉地约束自己。

7. 创新功能

创新是组织文化的精髓，已成为组织发展的灵魂、前进的动力、活力的源泉，组织应把创新作为其生存和发展的基本定位。组织文化是组织独特的传统、习惯和价值观的积淀，它与组织的内外部条件是密不可分的。组织的内外部条件在不断变化，因此组织文化要不断创新，以提高组织的竞争力和适应能力。

（二）组织文化的消极功能

1. 削弱个体的创造性

文化有助于增强员工行为的一致性并减少其模糊性，这对组织而言是有利的。但既定的组织文化通常会削弱不同背景的人带到组织中的独特优势，使成员放弃个性而服从组织文化。

专栏　　螃蟹文化

钓过螃蟹的人或许都知道，篓子中放一群螃蟹，不必盖上盖子，螃蟹是爬不上去的，因为只要有一只想往上爬，其他螃蟹便会纷纷攀附在它的身上，结果是把它拉下来，最后没有一只出得去。

组织中常有一些人，不喜欢看别人的成就与杰出表现，天天想尽办法破坏与打压，如果不予去除，久而久之，组织里只剩下一群相互牵制、毫无生产力的“螃蟹”。

2. 变革的障碍

当组织的共同价值观与进一步提高组织效率的要求不相符时，它就成了组织的束缚。当组织环境处于动态变化中时，最有可能出现这种情况。若组织环境正在经历迅速变革，根深蒂固的组织文化可能就不再适合。因此，当组织面对稳定的环境时，行为的一致性对组织而言很有价值，组织文化深入人心，极易形成思维定势，组织有可能难以应对变化莫测的环境。当问题积累到一定程度，这种障碍可能会变成组织的致命打击。

3. 多样化的障碍

由于种族、性别、道德观等差异的存在，新进入组织的成员与组织中大多数成员不一样。管理人员希望新成员能够接受组织的核心价值观，否则，这些新成员就难以适应或被组织接受。但是组织决策需要成员思维的多样化，一个强势的组织文化要求成员和组织的价值观一致，这就必然导致决策的单调性，抹杀了多样化带来的优势。

4. 兼并和收购的障碍

以前，管理人员在进行兼并或收购决策时，所考虑的关键因素是融资优势或产品协同性。近几年，除了考虑产品线的协同性和融资方面的因素外，更多的则是考虑文化方面的兼容性。如果两个组织无法成功整合，那么组织将出现大量的冲突、矛盾乃至对抗。所以在决定兼并和收购时，很多管理人员往往分析双方文化的相容性，如果差异极大，为了降低风险则宁可放弃兼并和收购行为。

第二节 组织文化理论

组织文化理论产生于 20 世纪 70 年代末 80 年代初，它是组织管理发展的必然成果，是一门新兴的组织管理科学，它的兴起标志着组织管理科学研究进入了一个新的阶段。

组织文化理论源于日本，研究中心却在美国。20 世纪 70 年代末 80 年代初，美国作为世界头号经济强国，在石油危机的冲击下，其企业竞争能力大大削弱，而日本的经济却得到长足的发展，并在许多方面超过了美国，对美国的经济利益形成了强大威胁，引起了美国各界人士的普遍关注。经过研究，美国专家学者认识到，日本企业从企业经营哲学的高度研究企业管理，把企业视为一种文化实体来实施管理。他们把日本的经验与美国的管理现状进行了比较，作了系统的分析和总结，形成了有关组织文化理论的一系列著作，标志着组织文化理论的形成。

一、霍夫斯坦德的文化差异理论

霍夫斯坦德在其著作《跨越合作的障碍——多元文化与管理》中讲道：尽管不同时代、不同民族的文化各具特色，但其结构形式大体是一致的，即由各不相同的物质生活文化、制度管理文化、行为习俗文化、精神意识文化四个层级构成。霍夫斯坦德通过对十多万份回收的问卷进行分析和整理，计算出 50 个国家和 3 个地区在这四个层级的数值，从而揭示了在家庭、学校和组织内部因不同文化观而体现出来的认知和行为差异。霍夫斯坦德将这种文化差异分为五个维度：权力距离（Power Distance）、个人主义与集体主义（Individualism Versus Collectivism）、男性度与女性度（Masculine Versus Feminality）、不确定性避免（Uncertainty Avoidance Index）、长期取向与短期取向（Long Versus Short Term Orientation）。

（一）权力距离

权力距离即在一个组织当中（包括家庭、学校和社区中），权力的集中程度和领导的独裁程度，以及一个社会在多大程度上可以接受组织中这种权力分配的不平等，在企业中可以理解为员工和管理者之间的社会距离。一种文化究竟是大的权力距离还是小的权力距离，必然会从该社会内权力大小不等的成员的价值观中反映出来。因此，研究社会成员的价值观，就可以判定一个社会对权力差距的接受程度。

（二）个人主义与集体主义

“个人主义”是指一种结合松散的社会组织结构，其中的每个人重视自身的价值与需要，依靠个人的努力为自己谋取利益。在个人主义的社会中，人际关系松散，人人各自照顾自己和自己的家庭。“集体主义”则指一种结合紧密的社会组织结构，其中的人往往以“在群体之内”和“在群体之外”来区分。在集体主义的社会中，人们从一出生开始就与强大而又具有凝聚力的内部集团结合在一起，他们期望得到“群体之内”的人员的照顾，同时也以对该群体保持绝对的忠诚作为回报。

（三）男性度与女性度

男性度与女性度即社会上居于统治地位的价值标准。对于男性社会而言，居于统治地位的是男性气概，如自信、好胜；而女性社会则完全与之相反。有趣的是，一个社会对男性气概的评价越高，其男性与女性之间的价值观差异也就越大。对 IBM 员工价值观的调查分析显示，社会上女性价值观的差异性小于男性价值观的差异性，而且在男性化社会中，性别角色十分明确，即男性成员应该自信、坚毅，重物质上的成功，女性成员则应该谦虚、温柔，注重生活质量；在女性化社会中，性别角色常常发生重叠，即男女都应该谦虚、温柔，而且注重生活质量。

（四）不确定性避免

所谓不确定性避免，就是成员对于不确定的或未知的情况所感觉到的恐慌程度。这种不确定性给人们造成的恐慌表现为精神紧张或期盼未来的可预见性。相对而言，在不确定性避免程度高的社会当中，人们更注重情感，有一种高度的紧迫感和进取心；而在不确定性避免程度低的社会当中，人们倾向于放松的生活态度和鼓励冒险的倾向。

（五）长期取向与短期取向

长期取向的价值观注重节约与坚定；短期取向的价值观尊重传统，履行社会责任，注重短期利益。

霍夫斯坦德认为，文化价值观对于管理中的领导方式、组织机构和激励内容会产生巨大的影响。首先，对企业领导方式影响最大的因素是“个人主义与集体主义”以及“接受权力差距的程度”。其次，对企业组织结构影响最大的因素是“接受权力差距的程度”和“防止不确定性的程度”。最后，对企业激励内容影响最大的因素是“个人主义与集体主义”“防止不确定性的程度”和“男性度与女性度”。

二、迪尔和肯尼迪的组织文化因素理论

迪尔和肯尼迪曾对数十家美国公司进行调查研究，最终得出结论：在美国的企业中，厚重的文化几乎总是取得成功的驱动力量。他们认为，企业文化是由五个因素组成的系统，价值观、英雄人物、习俗仪式和文化网络是其中的四个必要因素，而企业环境则是形

成企业文化唯一的而且是最大的影响因素。因此，理解企业文化的重要性，就是重视“运用价值观形成、塑造英雄人物、明确规定习俗仪式并了解文化网络来培养其员工行为的一致性”。

迪尔和肯尼迪根据企业经营活动的风险程度和企业及其雇员工作绩效的反馈程度这两种因素把西方文化分为以下四种类型：

（1）硬汉型文化。这种文化鼓励内部竞争和创新，鼓励冒险，具有竞争性较强、产品更新快的特点。

（2）努力工作尽情享受型文化。这种文化把工作与娱乐并重，鼓励员工完成风险较小的工作，具有竞争性不强、产品比较稳定的特点。

（3）赌注型文化。这种文化具有在周密分析的基础上孤注一掷的特点。

（4）过程型文化。这种文化着眼于如何做，基本没有工作反馈，员工难以衡量他们所做的工作，具有程序性较强、按部就班就可以完成任务的特点。

三、帕斯卡尔和阿索斯的 7S 管理框架

理查德·帕斯卡尔（Richard Pascale）和安东尼·阿索斯（Anthony Athos）在《日本企业管理艺术》一书中详尽地描述了日本企业如何重视“软性的”管理技能（人员、作风、技能和最高目标），而美国的企业则过分依赖“硬性的”管理技能（战略、结构和制度），两者各有千秋，都有极大的可借鉴性与可操作性。这本书的核心便是 7S 管理模式，即策略（Strategy）、结构（Structure）、制度（System）、人员（Staff）、作风（Style）、技能（Skill）及最高目标（Super-ordinate Goals）这七项影响企业管理成效的要素。在这七个要素中，前面三个是硬管理要素，后面四个是软管理要素；而最高目标也可以被理解为共享价值观（Shared Values），是企业灌输给员工的主要精神或价值观念，能够将其他六个要素结合起来。当这些要素紧密地结合起来时，企业的内部组织就会更加一体化，并将持久地自立于激烈的竞争环境中。

四、彼得斯和沃特曼的革新性文化理论

马斯·J·彼得斯、小罗伯特·H·沃特曼对美国 43 家最优秀的企业进行调研与分析后，总结了卓越而富于创新的公司的八项特征：侧重行动、接近顾客、自主和企业家精神、依靠人来提高生产力、以价值观为行动指南、坚持本行业、精兵简政、宽严相济。影响一个企业成败的因素很多，如财务、市场状况、技术水平、企业家领导能力等。作者总结的这八个因素却全部都与人相关，由此可见管理者塑造企业的价值观念并身体力行以强化这些价值观念的重要作用。现实中，并不是每个杰出的企业都有这八个特征，但至少有其中的一个特征，杰出的企业都以企业文化作为动力、方向和控制的手段。

他们还认为，一个具有革新性的企业不仅要在产品创新方面不同凡响，还要对环境的不断变化有极强的适应性和变革性。凡是具有这种革新性文化的企业，他们才冠以出色企业的称号。

第三节　组织文化创建、维系和创新

一、组织文化创建

（一）组织文化创建的影响因素

1. 组织的创始人

组织文化的源头是组织的创始人，创始人的价值观、性格特征、经营理念等对组织文化起着最主要的影响。他们为组织应该做的事情勾画愿景规划，如果在随后的实践中，这些愿景规划被证明是成功的，组织成员就会在此基础上达成一致并以此来行动，这时他们也就分享了组织的知识和理想，进而组织文化就形成了。因此可以说，组织文化是组织创始人的价值观和组织成员自身经验相互作用的结果。科特（Kotter）和赫斯克特（Heskett）在《企业文化与经营绩效》中提出了企业文化产生的一般模式，如图 8—1 所示。

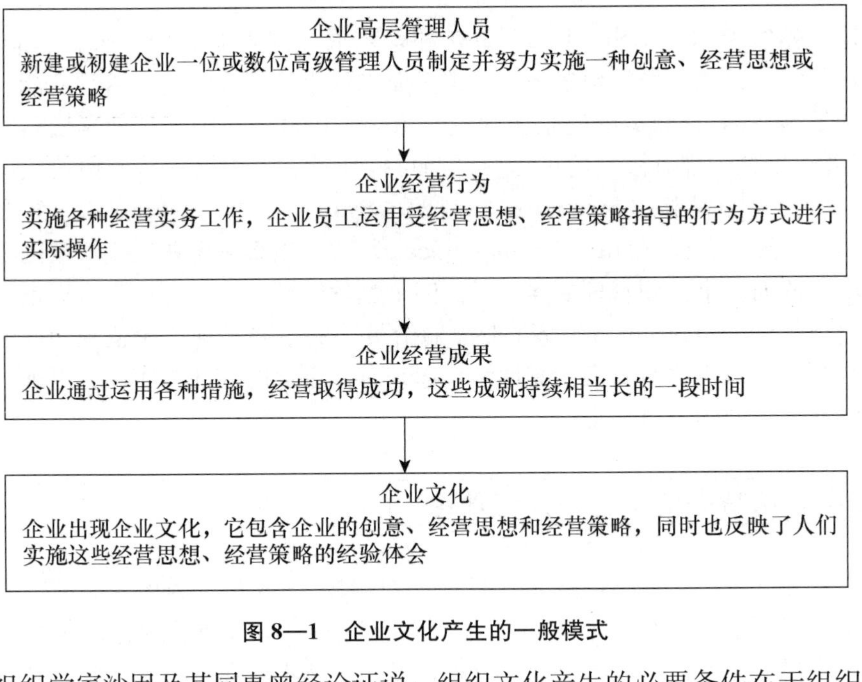

图 8—1　企业文化产生的一般模式

著名组织学家沙因及其同事曾经论证说：组织文化产生的必要条件在于组织成员能够在相当长的一段时间里保持相互间的密切关系或交往，并且该组织无论从事何种经营活动均获得了相当的成就。当他们处理所遇到的问题时，不断重复使用的解决问题的方式方法就会成为组织文化中的一个部分。这些融入组织文化的价值观念或特定问题的解决方法可以从组织不同层次的人员中产生。

2. 外部环境的影响

外部环境在不断变更，组织的行为规范不得不与市场经济条件下的国际惯例接轨。这种外部环境的变动推动着组织文化的形成。

3. 内部整合或一体化

组织文化理论认为，内部整合意味着组织成员发展出一种集体认同感并指导该如何相互合作以有效地工作。正式文化指导日常工作关系，决定人们如何在组织内沟通，什么样的行为是可接受的，而什么样的行为是不可接受的，以及如何分配权力和地位。有关关键任务和事件的故事、传说与格言，企业组织的设计和构造方式，企业组织系统和工作程序，企业布局、外表和建筑的设计等，对于组织文化的形成有重要作用。

（二）组织文化创建的原则

1. 组织文化创建的一般原则

（1）有正确的指导思想，坚持正确的方向；

（2）明确组织文化目标，突出个性特色；

（3）强调组织文化的主体性，建设有特色的组织文化；

（4）强调组织文化的群体性与群众参与性；

（5）结合组织体制改革，同步进行组织文化改造与创立；

（6）组织文化的创立应面向时代、面向未来。

2. 组织文化创建的具体原则

（1）确立组织价值观；

（2）促进组织文化与组织战略统一；

（3）重视组织人员的培育，创造以人为本的组织文化；

（4）继承组织的优秀文化传统；

（5）注意适应组织的外部环境；

（6）注重组织民主建设；

（7）树立典型与英雄榜样；

（8）重视对员工的激励。

（三）组织文化创建的具体程序

1. 调查分析阶段

（1）调查的重要性。

调查使组织能够准确了解现有的文化基础，为创建组织文化提供科学依据。

（2）调查的原则。

一是客观、全面；二是讲求实效；三是有计划性和遵循伦理。

（3）调查分析的内容。

第一，对组织文化发展史的调查。

第二，对组织文化发展的内在机制的调查分析，主要包括以下几方面：

1）“硬件”部分：厂房、设备的配置、生产方式、工艺流程、产品质量、用户评价、市场占有率、组织规模、生活环境。

2）“软件”部分：组织的基本素质状况，如员工文化、年龄和技术等级等；员工的满意度；组织的组织方式，如体制、机构、民主化、权力分配和公共关系等；组织风格，如工作作风、生活作风、学习作风及领导者的气质、风度、领导方式和领导艺术等；文化媒介，如内部的报刊、雕塑和标语等。

3）组织中的人员素质：包括高层领导者素质、中层领导者素质、员工素质。

4）组织文化发展环境：包括政治文化、传统文化、外来文化。

5）组织文化发展战略。

2. 总体规划阶段

（1）总体规划的意义。

可增强创建组织文化工作的计划性；有助于明确创建组织文化的目的性；可增强创建组织文化的有效性。

（2）总体规划的原则。

全面与重点相结合；尊重客观事实；独创性与连续性相结合；计划性与灵活性相统一。

（3）总体规划的基本内容。

第一，提出创建组织文化的目标、宗旨及意义，从宏观上明确组织文化发展的方向，为组织文化做好定位；第二，提出标准的文化价值观；第三，依据组织的个性特色，以组织价值观为中心，提出组织精神、组织哲学、文化信念等精神文化要达到的目标；第四，提出切实可行的文化方案；第五，对组织原有的文化给予客观公正的评价。

3. 论证实验阶段

（1）论证实验阶段的工作意义。

可验证前两个阶段工作的可行性；可了解方案受员工支持的程度；可明确还应做哪些工作；可修改不合理部分，减少盲目性与损失。

（2）论证实验阶段的原则。

走群众路线；大度宽容；民主与集中性结合；坚持科学方法。

（3）论证实验阶段的工作内容。

选择宣传工具，将规划渗透到基层接受检验；通过座谈、问卷、个别谈话等形式收集反馈信息；确定实验区，进行实地调查，记录数据；集中所有信息进行科学分析，总结“闪光点”；修正规划中不符合实际的部分；将修正后的规划再一次进行论证实验，直到大多数人认可为止。

4. 传播执行阶段

（1）传播执行阶段的意义。

传播执行阶段是中心环节，既是解决文化问题的阶段，也是新文化的确定阶段。此阶段决定了规划能否实现及实现的程度。

（2）传播执行阶段的特点。

传播执行是一个动态过程；执行过程中有创造性；传播执行具有广泛的影响性。

（3）传播执行阶段的工作内容。

利用全部传播媒介，发动传播攻势，将规划传播到每一个人；及时收集反馈信息，加以整理后重新传播；通过多种方式和渠道，加大对规划的解释；建立文化倡导者和文化执行者之间的信息通道，让信息双向沟通；成立进行协调的组织机构，解决执行中的矛盾；扶正祛邪，引导舆论与行为。

5. 评估调整阶段

（1）评估的主要内容。

确立评估目标，建立理想化的参照系；收集有关信息进行分析判断；正确利用评估结果，作为调整的依据。

（2）调整的内容。

比较规划与现实的差异，确定调整对象；建立必要的激励机制；制定细致的调整规定。

（四）创建组织文化要注意的几个问题

（1）慎重地选择组织的价值标准。

（2）进行感情投资，增强组织意识。

（3）注意不同层次组织文化建设。

（4）找到组织文化创建的切入点。

二、组织文化维系

最初的组织文化源于组织创建者的个人价值观，而这又反过来对员工甄选标准产生了强烈影响。组织现任高级管理人员的行动，为员工行为标准设定了一个范围：什么是可接受的行为，什么是不可接受的行为。怎样对员工进行社会化取决于两点：一是在甄选过程中，是否成功地保证了新员工的价值观与组织价值观相一致；二是组织的高级管理人员偏爱什么样的员工社会化方法。

组织的甄选过程、绩效评估标准、奖励措施、培训和职业开发活动及晋升过程，可以保证组织雇用的员工与组织文化相适应，奖励那些支持和拥护组织文化的员工，而使那些敢于挑衅组织文化的员工受到处罚。在组织文化的维系过程中，甄选过程、高层管理人员和社会化这三个因素起着特别重要的作用，详见图8—2。

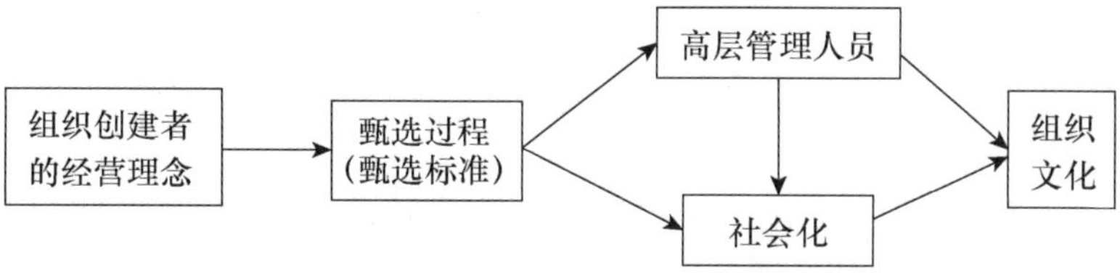

图8—2　组织文化创建与维系模型

（一）甄选过程

组织成员甄选过程的明确目标是识别并雇用那些有知识、有技巧、有能力做好组织工作的人。但一般来说，能够满足工作需要的人肯定不止一位，组织就需要对这些人进行甄别。组织借助甄选标准的设立，筛选出与自身价值观相同或相近的应聘者，通过赢得未来雇员的认同以确保组织核心理念得到巩固。

（二）高层管理人员

组织高层管理人员的言行举止对组织文化有重要的影响。比如高层管理人员在对下属进行奖励或者提升时，就会在潜意识中遵循组织的核心价值观，对那些与组织文化相符的员工行为予以嘉奖，从而对员工的态度和行为起到引导作用，强化组织文化。

（三）社会化

无论组织在人员甄选方面的工作做得有多好，新员工都不可能完全适应组织文化的要求。由于新员工对组织文化尚不熟悉，所以他们可能会干扰组织中已有的观念和习惯。因此，组织需要帮助新员工适应组织文化，这种适应过程称为社会化过程，如图 8—3 所示。

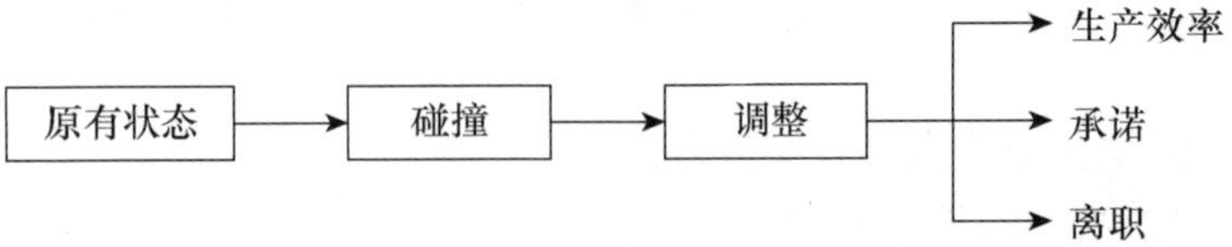

图 8—3　社会化过程

社会化过程主要有以下三个阶段。

1．第一阶段：原有状态阶段

主要包括新员工进入组织之前的所有学习活动。这一阶段可以清楚地看到每个人还带有自己的一套价值观、态度和期望，其中包括对将要从事的工作和服务的组织的态度和期望。

2．第二阶段：碰撞阶段

新员工看到了组织的真目的，并可能面临个人的期望与现实相脱离的问题。如果他们的期望与现实有差异，新员工就必须经过社会化使自己从以前的假想中摆脱出来，代之以另一套期望：组织就是这样的。

3．第三阶段：调整阶段

新员工掌握了工作所需的技能，成功地扮演了自己的新角色，并且通过调整使自己适应了组织的价值观和规范。在这个过程中，管理人员既要使员工适应组织的文化，形成认同感，又要注意造就富有创新精神的创造型员工，而不能一味地制造循规蹈矩的顺从者。

三、组织文化创新

在竞争日趋激烈的时代，组织只有不断主动地进行深层次的文化创新，才能最终实现组织的全面创新。文化创新是创新型组织的灵魂，如何进行文化创新也是很多组织比较关注的问题。可以通过以下几个途径进行组织文化创新。

（一）企业家应担任组织文化创新的领头人

组织文化主要是由企业家创造的。从形式上看，企业家从事组织活动是为了追求物质利益，但作为“社会人”的企业家，驱动他们献身实业的动机更多的是社会责任和使命感。企业家在经营实践中逐步发展和完善其管理哲学，当其提出的一些假设用于解决许多问题并总是成功时，这些假设就逐渐被企业家和组织成员相信和接受，他们开始真正地基于这些假设来处理各种问题。

创新是企业家的基本精神。无论组织处于困境或顺境，企业家通过充实、优化和改变组织文化价值观来推动组织文化创新和变革。企业家会一直变革和创新组织价值观，直到取得了预期的效果，这些新价值观会逐步稳定和传播开来，组织文化的新体系也就相应确定。因此，进行组织文化创新，企业家应该做到以下几点：

（1）要对组织文化的内涵有更全面、更深层次的理解；

（2）要积极进行思想观念的转变；

（3）要认真掌握现代化的管理知识和技能，同时要积极吸收国内外优秀的管理经验，用于组织的发展；

（4）要不断培养自己的创新能力，能及时地将外界的信息重新组合构造出新的创意。

（二）进行组织文化制度创新

在组织发展历程中，企业家在处理外部适应和内部综合的过程中，逐渐确定组织文化本质，并通过制度的形式确定下来，组织文化形成后便具有一定的稳定性。信息技术和全球一体化加剧了竞争的激烈程度，企业家为了更好地获取竞争优势，需要修改甚至推翻组织文化现有价值观，建立新价值观体系。组织文化制度是组织文化创新的载体，组织文化创新是组织文化制度创新的动力和源泉。组织文化制度创新主要包括渐进式创新和突变式创新两种形式（见表 8—1）。当企业家肯定组织现有价值观时，会通过组织文化制度渐进式创新来加速组织文化传播；当组织面临外部巨大冲击、面临长期巨额亏损时，组织文化会成为组织转型的巨大障碍，企业家通常采用组织文化制度突变式创新来修改甚至推翻组织原有的价值观念，创建组织新文化。

表 8—1　　创新的方式

	渐进式创新	突破式创新
制度规范	建立和健全权利和经济利益分配体系； 建立和健全权利和经济利益激励体系； 建立和健全权利和经济利益矛盾冲突协调解决机制； 高级管理层的表率作用； 培训和职业发展计划； 招聘认同组织文化的外部人员； 树立“标兵”和“模范”。	外部引入管理者； 调整现有的高级管理层； 引入战略投资伙伴； 卖出盈利状况不好的业务； 实施业务和资源的重组； 改变经营模式； 强化有技术竞争优势的核心业务； 鼓励新旧文化公开冲突； 通过“群众运动”确定新文化。

（三）将组织文化创新与人力资源的开发相结合

组织间的竞争主要是人才的竞争，也是组织凝聚力的较量，或者说是以人为本的组织文化的竞争。对组织文化的认同会使员工产生稳定的归属感，从而吸引和留住人才。事实证明，组织只有形成了优秀的组织文化，才能打造一支战无不胜的员工队伍。

人力资源开发在组织文化的推广中起着不可替代的作用。全员培训是推动组织文化创新的根本手段。组织文化对组织的推动作用得以实现，关键在于全体员工的理解、认同与实践。因此，在组织文化创新的过程中，必须注重培训计划的设计和实施，督促全体员工接受培训、学习。通过专门培训，可以增进员工对组织文化的认识和理解，增强员工的参与积极性，使新的组织文化能够在员工接受的基础上顺利推进，让员工自愿支持组织文化的创新。除了正式或非正式的培训活动外，还可以利用会议及其他各种舆论工具，如企业内部刊物、标语、板报等大力宣传组织的价值观，使员工时刻都处于充满组织价值观的氛围之中。

四、组织文化的发展趋势

（一）建立学习型组织

在知识经济条件下，知识成为组织成长的关键性资源。组织要生存和发展，就要提高组织的核心竞争力；要进行组织文化创新，就必须强化知识管理，建立学习型组织，这样才能从根本上提高组织的综合素质。

（二）组织文化更注重提升品牌

品牌是组织文化的凝结与体现，品牌差异化的重要因素就是文化。品牌是一个组织深厚文化内涵孕育出来的成果。造就一个好的品牌，需要借助科技、管理和营销，更需要广泛地吸收各种文化精华，实现传统文化和现代文化的创新结合。

（三）信息技术推动组织文化变革

由信息技术所带来的新的管理技术和管理思想，已经快速渗透到组织的各个方面，并给组织原有文化带来一定的冲击。组织文化面对这些变化，需要进行变革。组织文化主要的变革是由重视组织内部价值和能力，转变为重视以客户资源为主的组织外部资源的利用能力，以及因此而带来的重视组织与员工、员工与员工之间的关系转变成重视组织与客户、员工与客户的关系；由重视组织利润转变为重视客户利益；由关注客户群体需求转变为关注客户个性需求；由面向理性消费的经营思路转变为面向感情消费的经营思路。

（四）更加推崇创新文化

组织创新具体包括产品创新、市场创新、制度创新和管理创新等。而所有这些创新，首要的、占据核心地位的就是管理思想的创新、组织文化的创新。在知识量、信息量急剧增长的今天，组织文化的创新更具有决定性意义。组织的“创新文化”主要有以下特征：推崇变革与创新的价值观，尊重个人，重视培训，开放式管理，自由的沟通，面向顾客，优质服务，鼓励尝试，宽容失败，居安思危。

（五）跨文化管理将成为组织文化面临的新课题

“协作竞争、结盟取胜、双赢模式”是 21 世纪组织发展的新战略，它是组织制度和经营机制的一种创新。国内的组织也面临发挥各自优势、整合资源、创造更大发展空间的重大课题，这是经济全球化的必然结果。这些都给组织文化建设提出了新的要求，即重组后组织文化怎样融合的问题。各个国家、各个组织都有各自的文化背景和文化特征，所形成的组织文化也必然各具特色、互有差异。如果没有组织文化的融合，就会出现“貌合神离”现象。因此，有效的跨文化管理将成为组织国际化和应对国际化发展趋势的重要管理武器。

思考题

1. 你是怎样理解组织文化的？
2. 试述组织文化的功能。

3. 哪些因素对组织文化的创建起了关键作用？
4. 简要说明组织文化创建的程序。
5. 甄选过程、高层管理人员、社会化对组织文化的维系过程分别起着怎样的作用？
6. 怎样做才能使组织文化适应动态的环境？
7. 面对经济全球化，组织文化将面临什么问题？应怎样解决？

第九章　组织学习与学习型组织

学习目标

通过本章的学习，掌握组织学习的定义、组织学习与个体学习的关系，理解组织学习的类型和组织学习过程，掌握学习型组织的概念、特征和学习型组织的五项修炼，掌握学习型组织的构建方法并学会在实践中应用。

第一节 组织学习

一、组织学习的概念

（一）组织学习的定义

迈克尔·马奎特（Michael Marquette）指出了组织学习的三个层面：

第一，组织学习产生于组织成员的共同见解、知识和心智模式；

第二，组织学习建立在组织记忆的基础之上，依赖于组织的机制；

第三，组织学习代表了通过组织内全体成员对持续改善的承诺来提高生产力。

普利斯基尔（Preskill）和托里斯（Torres）认为：大多数组织学习模型都把组织学习作为一个变革过程来强调，试图让其所有员工参与学习并利用他们的智力和知识资本来促进个体、团体和组织的成长。

不同的学者对组织学习的解释有所不同，综合上述观点，组织学习是指组织为了实现发展目标、提升核心竞争力而围绕信息和知识技能所采取的各种行动，是组织不断努力改变或重新设计自身以适应持续变化的环境的过程。

（二）个体学习和组织学习的关系

1. 个体学习是组织学习的基础

组织是由个体构成的，也只有人才能学习，所以个体学习是组织学习的重要前提和基础。组织不是个体的简单相加，组织学习也不是个体学习的简单加总。

2. 组织有记忆、认知系统

组织没有所谓的“大脑”，但它的确有记忆和认知系统，通过这些系统组织便能形成并保持特定的行为模式、思维准则、文化及价值观等。

3. 组织主动影响个体

组织受个体学习过程的影响，也可以主动地影响其成员的学习。个体学习与组织学习之间存在相互影响、相互制约的互动作用。

二、组织学习的作用

（一）学习是组织的一项基本职能

若把组织当做一系列知识、资源的整合体，连续不断地获取知识、资源，并更新知识、运用知识、创造知识就会成为组织的基本职能。所以学习是组织的一项基本职能，是组织生存和发展的必要前提。

（二）振兴组织的关键在于组织学习

组织学习是全面提升组织竞争力的有效途径，原因在于组织学习本身就是一个系统，它涵盖了管理中几乎所有重要的因素，比如人、决策、沟通、技能等。组织学习不是一个简单的项目，而是一个持续不断修炼的过程，是一项系统工程。

通过谨慎规划组织学习过程，组织不仅可以提高内部资源的使用效率，还能在创造出新知识的同时从各个方面来进行学习，不断提高自身能力，弥补缺陷与不足。

（三）组织学习是组织生存与发展的根基

组织的成长是一个持续学习的过程。作为组织的基本职能之一，学习是组织的生命所在。从组织内部来看，充分发挥每一位员工的积极性、创造性及潜能都将使组织获得生存与发展的基本动力。在学习型组织中，员工与组织能获得长久进步。

三、组织学习的类型

组织中的学习类型可以分为五类。

（一）经验型学习

经验型学习就是利用结构性练习或用学习者的经验来进行学习。经验型学习有以下作用：有利于提升复杂性的决策、评估和综合的认知技能；影响学习者的价值观、信念及态度，并增强其理解能力；有利于提升人际沟通能力；有利于摒弃消极的态度、思想和行为。

（二）适应型学习

当个体和组织从经验和反思中不断学习时，适应型学习便随之产生。适应型学习可以分为单环学习和双环学习。

1. 单环学习

单环学习是指通过一般的学习，寻求行为和结果之间的匹配，以保证组织的正常运转。从本质上讲，单环学习可以维持组织的正常行为，但不能取得改进效果。

2. 双环学习

双环学习是指在工作中遇到问题时，不仅寻找直接的解决办法，而且要检查工作系统、制度及规范本身是否合理，分析出现问题的原因。

双环学习是一种较高水平的学习，它能扩展组织的能力，注重系统性解决问题，适合组织变革和创新。双环学习经常发生在组织的渐进或根本性创新时期。

所有的组织都需要单环学习和双环学习。组织采用不同的创新模式，就会选择不同的学习类型。

（三）自主型学习

诺尔斯（Knowles）指出，自主型学习是一个过程，在这一过程中，个体带头诊断其学习需求、规划学习目标，确定学习的人力资源和材料资源，选取和实施合适的团队策略并评估学习成果。

（四）预见型学习

预见型学习是指组织预测未来各种可能发生的情境，全面分析情境中的机会和威胁，根据抓住机会、避开威胁所需掌握的知识进行学习。预见型学习是从先见之明到反省，然后落实到行动。

（五）行动型学习

行动型学习从现实存在的问题入手，侧重于获取知识，并实际执行解决方案。它是一个通过评估和解决现实工作中存在的实际问题，更好更快地学习的过程，学习的过程就是解决工作困难的过程。

四、组织学习过程

（一）学习准备

这个过程包括：尊重和激发员工、团队的学习愿望，强化学习的动机；识别学习的需求，确定学习的内容；将学习和变革发展目标、过程有机结合；鼓励员工、团队开展自主学习等。

（二）信息交流

在信息交流过程中，员工可以获得丰富的信息，能够改善知识、技能和行为。它需要营造开放的、协同共享的、相互尊重的学习环境，提供信息交流的渠道和方法，开展调查研究并进行深度会谈。

（三）知识的习得、整合、转换和增值

这一过程就是将从各个方面获得的知识进行筛选、整合并应用到实践当中，将学习的成果转换为工作的成果，进而实现创新价值的增加。

1. 知识的习得、整合

支持知识习得和整合的过程三要素是启发、重复和回顾。

（1）学习过程涉及知识内化和以某种形式或方式应用知识，在学习过程中得到启发时，才算完整。

（2）重复标志着学习理论到实践的一种转变。

（3）回顾以前的知识并开展活动会增强学习的效果。

2. 知识的转换和增值

知识的转换和增值涉及的要素有应用、强化和反馈、反思。

（1）人们都是通过应用来学习知识的，应用是真知的源头。

（2）强化和反馈活动会增进学习效果。

（3）在新知识、技能、行为转换与整合的过程中，反思活动能对潜在的知识、技能和行为作出评价，进而指导改进和实现创新价值的增加。

（四）评价和认可

即考察学习者的学习活动对工作绩效的改善情况，奖励和认可努力学习或通过学习改进知识、技能、行为的员工和团队。

总之，创建学习型组织的核心在于实现组织学习，通过组织学习来实现组织知识的创新。这种知识既包含组织外部的结构、制度等，也包含组织文化、组织成员的技能和态度及组织与组织、组织与成员、成员与成员之间的关系等软性的资源。

第二节　学习型组织

一、学习型组织概述

（一）学习型组织的概念

彼得·圣吉于 1990 年出版的《第五项修炼：学习型组织的艺术与实务》一书，掀起了组织学习和创建学习型组织的热潮。

学习型组织是指通过培养整个组织的学习氛围、充分发挥员工的创造性思维能力而建立起来的一种有机的、高度柔性、扁平化、符合人性并能持续发展的组织。

圣吉认为，学习型组织是一个持续创新、不断进步的组织。在这样的组织中，人们不断突破自己能力的上限，创造真心向往的结果，培养自身全新的、具有前瞻视野的开阔思维方式，全力实现共同志向，不断研究如何共同学习。

1. 学习型组织方法：发现、纠错、成长

一切心理和机构层面的考量都不是学习的关键元素，修复和行动力才是主导。方法只有在动态过程中才能找到，最后达到成长。

2. 学习型组织核心：在组织内部建立组织思维能力

组织成员在工作中学习、在学习中工作，学习成为工作新的形式。

3. 学习型组织精神：学习、思考和创新

学习侧重于团队、全员的学习；思考是系统的、非线性的思考；创新是观念、制度、方法及管理等多方面的更新。

4. 学习型组织的关键特征：系统思考

站在系统的角度认识系统、认识系统环境，避免陷入系统动力的漩涡当中。

5. 组织学习的基础：团队学习

团队学习依靠的是深度会谈，不是辩论。深度会谈要求团队成员提出心中假设，进行真正的思考。

（二）学习型组织的特征

1. 共同愿景

组织的共同愿景来源于员工个人的愿景又高于个人愿景。它是组织中所有员工的愿景，是他们心中的共同理想。它能使不同个性的人凝聚在一起，朝着组织的共同目标前进。

2. 创造性个体

组织发展依靠的是创造性工作，创造性工作的主导体是创造性个体，没有创造性个体的组织将会被时代淘汰。

3. 不断学习

善于持续性学习是学习型组织的本质特征。不断学习主要包含四点内容：

（1）侧重“终身学习”。组织中的每个成员都应该养成终身学习的习惯，这有助于形成良好的学习氛围，促进组织成员在工作中不断学习。

（2）侧重“全员学习”。组织的决策层、管理层、操纵层的所有人员都要全身心投入学习当中。

（3）侧重“全过程学习”。学习需要贯穿组织系统运行的整个过程当中，应该强调边学习边准备、边学习边计划、边学习边推进。

（4）侧重“团体学习”。不但要注重个人学习和智力开发，更要强调组织成员的合作学习和群体智慧的开发。

学习型组织通过保持学习的能力，及时清除组织发展道路上的障碍，不断突破组织成长的极限，从而保持良好的发展态势。

4. 扁平结构

传统组织结构通常是金字塔式的垂直结构，而学习型组织的组织结构则是扁平的，从最顶层的决策层到最底层的操作层，中间的层级较少。它的目的在于尽可能地将决策权力下放，让各个层级单位拥有充分的自主权，并对结果负责。

5. 自主管理

通过自主管理，组织中的成员可以发现自己工作中的问题，自主选择伙伴组成团队，自主选择改革、进取的目标，自主进行现状调查、研究，自主制定对策并实施，最后检验效果和评估总结。

团队成员能在自主管理过程中形成共同的愿景，能以开放务实的心态来相互磋商，不断学习新知识，持续创新，从而增强组织快速应变、创造未来的能力。

6. 无边界行为

学习型组织的边界建立在组织要素与外界环境要素互动关系的基础上。无边界组织撇开所拥有的权威与地位，职位让位于能力，以谁提出的建议更有价值为标准，只要有利于组织发展的建议都会受到重视和采纳。

7. 家庭事业平衡

学习型组织对每位员工的承诺会在一定程度上支持员工自我发展，员工同样会尽心尽力来助力组织的发展。个人和组织的界限变得模糊，工作和家庭的界限渐渐消失，两者之间冲突大为减少，达到最佳的平衡状态。

8. 新角色

领导者是学习型组织中的设计师、仆人和教师。

(1) 设计师角色。领导者设计工作的目的在于整合组织的要素。他设计的不仅仅是组织结构、组织政策和策略，更为重要的是组织发展的理念。

(2) 仆人角色。领导者的仆人角色在于他对实现愿景的使命感，他能自觉接受愿景的召唤。

(3) 教师角色。领导者扮演教师角色的首要任务是对真实情况进行界定，协助他人对真实情况进行正确、深刻的理解和把握，提升他们对组织系统的理解力，促进每个人的学习和成长。

二、学习型组织的五项修炼

(一) 自我超越

自我超越是指突破极限的自我实现或技巧的熟练。自我超越把磨炼个人才能作为基础，但又超出此项目标；以精神方面的成长为发展方向，却又超越精神层面。

高度自我超越的人，会敏锐觉察自己的无知、缺陷及成长上的不足，能学会在自己的生命中产生和创造持续的外张力。自我超越层次越高的人，其工作上的表现更为积极和主动，责任感强，学习速度更快。

(二) 心智模式

心智模式是人们对世界认知的一种方式，根植于人们心中，影响着人们了解世界的思维方式以及如何采取行动的假设。

心智模式包含价值观、信念、态度和假设，这些构成了个人基本的世界观。结构、经验、文化和信念系统支持心智模式，并引导个体在做决策时作为参考。

（三）共同愿景

共同愿景是组织成员共同持有的意向，是组织学习的里程碑，它代表了组织成员共同的观点，是组织成员通过对组织使命和目标的认识而演变来的。共同愿景为学习型组织提供了焦点和能量。在缺少愿景的情况下产生的是适应型学习，只有当员工都致力于实现某种他们都深深关注的目标时，创造型学习才会产生。

（四）团体学习

团体是整个组织的学习单位之一。团体学习过程是调整团体成员间配合和实现共同目标能力的过程，其作用在于发挥团体智慧，并使得学习力转化为现实生产力。

个人学习是团体学习的基石，团体由个人组成，个人学习的简单加总不等于团体学习的总量。团体学习的重点在于整体的学习力。

（五）系统思考

系统思考是“看到整体”的一项修炼，它能看到复杂状况背后的结构。按照系统思考研究事物，应当把事物当做一个系统整体来把握系统中的人、事、物、能量和信息，并加以协调和处理。为了有效解决组织内部的各类现实问题，应当同时进行分析与综合、分解与协调。

三、学习型组织的构建

（一）个体学习的促进

学习型组织的结构趋于扁平化，组织中权力下放，组织成员具有很大的自主空间，自我管理成为可能，所以在学习方面要结合组织成员的学习特点来开展学习活动。

1. 组织成员自主学习的动力因素

内在的学习动机和与之关联的促进因素是组织成员自主学习的动力因素。动机的激发和维持是学习者对动机的调节手段，能帮助组织成员自主调节自己的身心状态，使学习动力由弱变强。

2. 影响组织成员自主学习的主要因素

（1）在组织层面上，影响组织成员自主学习的因素有组织的职业生涯管理方式、组织的学习氛围等。

（2）在个体层面上，影响组织成员自主学习的主要因素是成员自身的工作特征。

3. 培养组织成员自主学习的能力

（1）催发学习动力因素：自主学习的动机一般是内在的、自我激发的，催发这种动机的因素主要包括自我效能感、归因倾向、成就动机、目标定向等。

（2）进行有意识的学习策略训练：在自主学习中不可或缺的条件是认知策略的熟练运用。

（3）职业生涯规划：组织营造积极的学习气氛，主动帮助成员进行职业生涯规划，使得成员明确自己的奋斗目标；组织为成员提供学习信息和条件，制定可执行的步骤，使得成员在提升自主学习能力的同时，增强对组织的承诺，提高工作满意度，积极投身于工作当中。

（二）学习型团队的建立

1. 授权

把责任授予团队，使其拥有足够的权威和权力来对自身工作作出决策并保证各项工作顺利完成。

2. 把任务作为核心

以任务为核心导向，鼓励那些高效、全面的工作行为，制裁效率低、质量差的工作行为。鼓励以任务为导向的相互交往，共同商讨问题的解决办法。

3. 营造平等、信任、注重交流、和谐的团队气氛

强调信息共享和整个团队在共同合作中形成的共识。团队中的每个成员都是重要和平等的，消除等级障碍，培养团队成员的归属感和自豪感。

4. 实现成员与其角色的和谐一致

每个成员根据自己的专业优势扮演不同角色，成员所承担的角色取决于当前任务的性质、要求的技能及团队中其他成员角色的分配情况。

（三）学习型领导的培养

当一个团队有了清晰的共同愿景，组织发展也比较成熟时，就可以自我引导，这时领导者扮演的角色就是设计师、仆人和教师。

思考题

1. 什么是组织学习？
2. 个体学习与组织学习的关系是怎样的？
3. 组织学习的作用有哪些？
4. 什么是单环学习？什么是双环学习？
5. 什么是学习型组织？
6. 学习型组织中领导者的新角色是什么？
7. 学习型组织五项修炼的内容是什么？

第四篇
领导行为

第十章　领导及领导理论的发展

学习目标

通过本章的学习，掌握领导的含义、领导的作用、领导权力、领导与管理的区别及领导者应具备的基本素质等内容，掌握领导特性理论、领导行为理论和领导情景理论的基本内容，掌握领导艺术的概念、原则，应用领导用人艺术、领导时间艺术、领导授权艺术及领导决策艺术。

第一节　领导概述

一、领导的含义及特点

（一）领导

1. 领导的含义

关于什么是领导，到目前为止，没有一个明确的、统一的定义，比较有代表性的观点有：领导是一种“行为”；领导是一种“艺术”；领导是一种“活动过程”；领导是一种“能力”。总而言之，领导是指引和影响个人、群体或组织在一定条件下实现目标的行为过程。这个定义包括下列三个要素：

（1）领导者必须有部下或追随者。

（2）领导者拥有影响追随者的能力或力量，这些能力或力量既包括由组织赋予领导者的职位的权力，也包括领导者个人所具有的非职位权力。

（3）领导的目的是通过影响部下来达到组织的目标。

2. 领导与领导者

领导是否等同于领导者？这是两个既易理解又易混淆的概念。在英语中，它们是分得很清楚的：领导是 leadership，而领导者是 leader，但在汉语中使用领导、领导者时就经常不加区分。领导指的是一种行为，领导者指的是个体。当然，领导与领导者也是有密切联系的，领导行为是通过领导者进行的，领导者是实现领导行为的主体。也就是说，领导就是领导者通过自己的活动对被领导者施加影响，从而实现某种目标的过程。一个组织可以指定一个领导者或选出一个领导集体，但不能指定或选出某种领导行为。因此，对领导行为的培养就显得非常重要。

（二）领导的特点

领导作为动态的过程，有以下基本特点。

1. 领导体现了人与人之间的关系

从本质上来说，领导实际上是一种人与人之间的关系。人际关系学说认为，由于人们在各组织中所处的地位不同，就形成了不同的关系，领导者与被领导者就是这种关系的一种形式。领导者的一切行为都是在不断地协调领导与被领导、控制与被控制、指挥与被指挥的各种关系。领导就其实质而言，就是通过领导人协调这种人与人之间的关系，激发全体员工的积极性和创造性，使人力资源得到充分发挥，以实现组织的目标。

2. 领导是一种特殊的“投入”与“产出”

领导实质上是一种“投入”，而它的“产出”却表现为他人的行为（包括领导者所领导的组织的行为）。因此，领导效率的高低和领导工作的成功与否，并不反映在领导行为本身，而主要应该从被领导者的行为效率来评定。尽管影响被领导者的行为效率的因素很多，如工作的动机、热情、工作能力、工作条件、福利待遇等，但这些因素都与领导者的行为有关。作为一个领导者，不管是否意识到，实际上其行为无时不在影响着被领导者的行为。这就是说，“投入”变化，“产出”相应地也会变化。

3. 领导是领导者、被领导者及环境的函数

在现代社会，任何一个组织都是一个开放的社会技术系统，都处在特定的环境之中，而环境的变化常常会对人的心理和行为产生很大影响。对于被领导者来说，领导者的行为是环境因素的重要组成部分。因此，领导这一动态过程实际上是由领导者、被领导者及他们所处的环境这三个因素所决定的复合函数。影响领导这个函数的变量，既包括领导者、被领导者、环境，也包括各因素之间的内在联系。也就是说，领导的有效性既取决于领导者的素质和领导艺术，也取决于被领导者的素质和接受领导的程度，同时取决于领导与环境条件相互制约和相互适应的状况。

4. 领导作用的“互惠效应”

在现实的领导工作中，一位领导者总会因其职位或人品对下属产生影响。人们一般易注意到领导者对下属的领导，而往往忽视下属对领导者的影响。实际上影响是相互的，领导者在影响下属的同时也必然受下属某方面的影响，这就是领导作用的“互惠效应”。例如，一个厂长如果客观地评价了一个员工，除了被评价的员工外，还会引起其他员工对厂长的良好反馈；反之，如果评价不当，不仅会引起当事者的不满，还会招致其他员工的非议。因此，领导者的正确行为引起下属的积极反应，错误行为引起下属的消极反应。实践证明，在有效的组织里，领导者和下属都会感到自己有较大的影响力。领导者和下属在组织里的总体影响力越大，整个组织的工作效率就越高。

随着社会的不断进步与发展，人们的能力、感受与心态是不断演变的。领导者和被领导者的关系也必须不断修正、行动必须持续调解，以充分发挥领导的影响力。

二、领导的作用

领导者在带领、引导和鼓励下属为实现组织目标而努力的过程中，要发挥指挥、协调和激励三个方面的作用。

（一）指挥作用

在组织的活动中，需要有思路清晰、胸怀全局、高瞻远瞩、运筹帷幄的领导者认清组织所处的环境和组织当前的形势，指明活动的目标和达到目标的途径。领导者要用自己的行动带领员工为实现组织目标而努力，只有这样才能真正发挥其指挥作用。

（二）协调作用

在需要许多人协同工作的组织活动中，即使有了明确的目标，但由于个人的才能、理解能力、工作态度、进取精神、性格、作风、地位等不同，加上外部各种因素的干扰，员工之间在思想上发生各种分歧、行动上出现偏离目标的情况是不可避免的。因此，需要领导者来协调员工之间的关系和活动，解决内部存在的矛盾，然后把组织成员团结起来，共同朝着组织的目标前进。

（三）激励作用

在现代企业组织中，尽管大多数人都具有积极工作的愿望和热情，但是未必能长久保

持这种状态。在复杂的社会生活中，企业的每一个员工都会有各自不同的人生经历，怎样才能使每一个员工持续保持工作热情并最大限度地调动他们的工作积极性呢？这就需要有通情达理、关心员工的领导者来为他们排忧解难，激发和鼓舞他们的斗志，发掘、充实和加强他们积极进取的动力。

三、领导权力

（一）领导权力的概念

领导的核心在权力。领导权力指影响他人的能力，在组织中是指排除各种障碍完成任务、达到目标的能力。掌握这一概念应该注意以下几点：

（1）权力的主体是领导者，权力的客体是组织的其他成员，这表明权力是一种人与人之间的关系，而非人与物之间的关系；

（2）权力所界定的这种人与人之间的关系具有支配与被支配、领导与服从的关系特点；

（3）权力的目标是权力主体个人或代表全体成员的意愿和利益；

（4）权力的作用方式是主体与客体进行互动的手段与方法。

（二）领导权力观

1. 传统领导权力观

职权是有效领导的关键因素，也是唯一因素，有职权就能领导，有权就有影响力。概括成一个公式就是：

领导＝职权

2. 现代领导权力观

有效领导需要必要的职权，但还要在下级和行动中树立起领导者自身的影响力，变“压服”为“信服”，即

领导＝职权＋影响力

职权与影响力的比较见表 10—1。

表 10—1　　职权与影响力的比较

项目	职权	影响力
来源	法定职位，由组织授予并由在组织中所处的位置决定	完全由个人的思想品质素养、专业技术能力和个人魅力来决定
范围	受时间、空间的限制，受组织职位的限制	不受时间和空间的限制，可以超越组织职位的限制
大小	由组织的职位决定	因人而异
方式	以强制的方式实现，是一种外在的作用	自觉接受，是一种内在的影响
效果	服从、敬畏，也可以通过调职、离职的方式来逃避	追随、信赖、爱戴、拥护
性质	强制影响	自然影响

领导权力的发展说明，领导权力是由组织授予的职权和领导者个人的影响力所组成

的，组织授予的职权具有强制性、法制性，可以为组织的发展提供稳定的环境；而个人影响力具有灵活性、亲和性，更利于领导者调动员工的积极性。领导权力是刚性和柔性的结合体，在不同的方面发挥着不同的作用。

（三）领导权力的来源

1. 职权

职权是由组织或上级所授予的法定权力（或正式权力），是领导者支配下级的力量，领导者凭借职权可以左右被领导者的行为、处境、得失甚至前途，并使被领导者产生敬畏感。职权主要包括法定权、奖赏权、惩罚权等。

（1）法定权：指组织内各领导职位所固有的合法的、正式的权力。它是由个人在组织中的职位决定的，职位的高低决定了法定权力的大小，所以组织中的任何成员都具有法定权力。

（2）奖赏权：指提供奖金、薪酬、表扬、升职等的权力。奖赏权是否有效，关键在于领导者是否确切了解被奖赏者的真实需要。

（3）惩罚权：指通过精神、情感或物质上的威胁，强迫下级服从的权力。领导者行使惩罚权往往会引起被惩罚者的愤恨、不满，甚至报复行动，因此，必须慎用惩罚权。

2. 影响力

影响力也称个人权力，这种权力不是由领导者在组织中的职位产生的，而是领导者由于自身的某些特殊条件才具有的。影响力主要包括个人影响权力、专长权力等。

构成个人影响力的主要因素如下：

（1）品格：主要包括领导者的道德、品行、人格等。品格是个人的本质表现，好的品格能使人产生敬爱感。

（2）才能：才能主要反映在工作成果上。有才能的领导者会使人们对他产生敬佩感，吸引人们自觉接受其影响。

（3）知识：一个人的影响力是与知识紧密联系的。知识水平的高低主要表现为对自身和客观世界的认知程度。知识丰富的领导者，容易得到人们的信任，并由此产生信赖感和依赖感。

（4）感情：感情是一种心理现象，是人们对客观事物好坏倾向的内在反映。人与人之间建立了良好的感情关系，便能产生亲切感，相互的吸引力越大，彼此的影响力也越大；反之，抵抗情绪会比较严重。

四、领导和管理

领导与管理有着密切的关系，人们通常将它们混为一谈，实际上两者是有本质区别的。

（一）领导和管理的共性

从行为方式看，领导和管理都是一种在组织内部通过影响他人的协调活动，实现组织目标的过程。从权力的构成看，领导和管理都是组织岗位设置的结果。

（二）领导和管理的区别

从本质上来说，管理建立在合法的、有报酬的和强制性的权力基础上。领导可能建立在合法的、有报酬的和强制性的权力基础上，也可能建立在个人影响力和专长权及模范作用的基础上。

因此，一个人可能既是领导者，又是管理者。当然，领导者和管理者两者相分离的情况也会存在。从行为方式的作用对象来看，行使管理职权的人称为管理者。但管理者是被任命的，他们拥有合法的权力进行奖励和惩罚，其影响力来自他们所在的职位赋予的正式权力。相比之下，作为行使领导职权的领导者，既可以是被任命的，也可以是从某个群体中产生出来的，比如梅奥在霍桑试验的研究中指出的非正式群体的头领。所以，领导者也可以不运用正式权力来影响他人的活动。在理想的情况下，所有的管理者都应当是领导者，但并不等于说所有的领导者必然具备实现其他管理职能的能力，因此，不应该所有的领导者都处于管理岗位上。一个人能影响别人这一事实，并不表明其具有组织运行及岗位所要求的管理能力，如计划、组织、控制、创新等。领导的本质就是被领导者的追随和服从，它不是由组织赋予的职位和权力所决定的，而是取决于追随者的意愿。因此，有些具有职权的管理者可能没有部下的服从，也就不是真正意义上的领导者。

管理者与领导者的区别见表10—2。

表10—2　　　　管理者与领导者的区别

管理者	领导者
力求把事情做正确（力求按正确的方式做事，也就是把事情做对）	力求做正确的事情（强调的是做正确的事，即哪些事是应该做的）
管理是一种程序化的控制方法	领导是一种变革的力量
需要管理制度加以规范	使人心悦诚服
强调效率	强调结果
注重系统、结构、工作流程，按标准办事	注重人
强调控制	培养信任
运用制度	强调价值观和理念
注重短期目标	强调长远发展方向
强调方法	强调方向
运用职位权力	运用个人魅力
等待机会到来	令机会产生
仔细看管一切	创造成长
考虑如何把一件事做对、做好	考虑一件事是不是对的
考虑一件事是否紧急	考虑一件事是否重要
考虑是否以最快的速度来实行	考虑做事的方向是不是对的
担心事情不能低于怎样的底线	在乎事情能达到怎样的上限
考虑用先进方法来完成任务	考虑做一件事情的目的是否有意义
讲究实用性	讲究原则
通晓如何在一个现有的系统中实施各种操作	产生一种新系统、新秩序的人
总结：管理者以非个人化的态度面对目标，强调程序化、稳定性和规范化，总是围绕计划、组织、指导、监督和控制做工作	总结：领导者以个人化的积极态度去对待工作，要求创新，强调适当的冒险，这种冒险有可能带来更大的回报

五、领导者应具备的基本素质

领导者的基本素质是指领导者在实施有效领导过程中应具备的基本条件，涉及思想品德、知识、才能、身体、心理等方面。领导者的素质是由诸多因素综合而成的系统，它是在个体先天生理素质的基础上，通过后天的学习、教育、锻炼和实践逐步形成的。它是个动态的概念，处在不断的变化之中，不同的时代对领导者素质的要求也不同，因此领导者的素质具有较强的时代性。

（一）政治素质

领导者的政治素质对于领导者本人及其所从事的领导工作的政治方向，具有决定性影响。对于企业领导者来讲，政治素质包括以下几个方面：

（1）要有坚定的政治方向，要有较高的思想理论水平。

（2）要有高度的事业心和责任感。事业心体现在工作抱负上，体现了领导者对本职工作意义的理解和敬业精神。具有高度的事业心和责任感，领导者才有追求事业成功的强烈动机，才能以百折不挠的精神面对各种压力、竞争，才能知难而上、勇往直前。

（3）不断开拓进取的创新意识。在激烈的竞争中，领导者要具有开拓精神，敢于突破传统束缚，不断研究新情况、解决新问题，在竞争中求生存。

（二）道德素质

道德素质主要指良好的品德和作风。对于企业领导者来讲，道德素质主要表现在以下两个方面。

1. 高尚的道德情操

领导者要讲信用，做到言行一致，保持正派的工作作风。

2. 严于律己，宽以待人

领导者要有博大的胸怀，敢于提拔比自己更有能力的人，勇于选择与自己个性、观点不同的人，善于调配和使用陷入困境的人。德国有一个著名的军事家有一句名言：一个帅才最大的愚蠢莫过于不懂得自己部下的光荣就是自己的光荣。嫉妒人才，宁愿容纳或喜欢那些平庸的人，只能说明这些领导本身是愚蠢和可悲的。

（三）知识素质

当今世界科学技术迅猛发展，市场情况瞬息万变，没有较高的知识素质是难以胜任领导工作的。现代科学知识的整体性越来越强，现代化企业运作技能也是综合性的，这就要求领导者具备一定的知识素质，具体表现在以下几个方面。

1. 要有一定的科学文化知识

领导者具备一定的文化基础，是掌握和运用现代科学管理知识的前提条件。

2. 要有一定的专业知识

专业知识是实行内行领导的基础。各行各业都有自己的专业知识。领导者要根据自己的工作对象和业务范围，掌握和提高自己的专业知识，成为懂技术、善管理、精通业务的内行领导者。

3. 知识面要广博

这里的广博体现在以下几个方面：首先，知识的时代感强。如同企业的产品要及时更新换代一样，领导者必须要注意学习、吸收新的知识。其次，知识的信息量大。领导者不能局限于自己熟悉的那个领域的知识，要不断扩大自己的知识面，调整知识结构。最后，知识的质量高。正如列夫·托尔斯泰所说："重要的是知识的质量而不是知识的数量。有的人知道得很多很多，但他不知道什么是最有用的。"因此，领导者要注意分辨各种信息，从众多纷繁的信息中把握最重要的信息，同时对各种信息的可靠性做出正确的、独立的判断。

实践出真知，一切知识归根到底来源于实践。仅仅靠书本知识难以成为称职的领导者，领导者要有丰富的工作经验和生活经验，熟悉社会生活方面的实际知识，将理论和实践紧密结合，这样才能取得最佳领导效果。

(四) 能力素质

领导是复杂的、动态的系列活动，是创造性的活动过程，对领导者的能力素质要求很高。领导能力是领导者个体素质、思维方法、实践经验和领导方法在具体工作中的综合体现。领导者的主要能力素质包括以下几个方面。

1. 适应能力

适应能力就是生存和适应环境、改造环境的能力。领导者要凭借自身的良好适应能力，尽快进入新的角色，适应新环境，打开工作局面。当然，适应能力不是天生的，是在长期的学习和实践中积淀而成的。

2. 综合能力

综合能力就是把书本上的知识、他人的经验、上级的要求和自己实践的认识，通过自己的独立思考，创造性地应用于工作的能力。增强综合能力就是要提高创新能力。

3. 自律能力

自律能力就是自我约束和自我控制的能力。在市场经济条件下，增强自律能力具有重要的意义。领导者要自我约束，自觉注意小节，能经受得住考验。

此外，领导能力还包括决策指挥能力、组织协调能力、公关能力、演讲能力等。现代社会竞争加剧，工作节奏加快，领导者所承担的工作一般都比较繁忙、复杂，承受的压力较大，没有强健的体魄、旺盛的精力就无法胜任领导工作。

领导者的心理素质对领导工作有重要影响。有人曾这样比喻：人的全面素质就像一个木制的水桶，而心理素质就像水桶上最短的那块木板，桶里能装多少水，主要取决于这块木板。也就是说，知识和智力水平再高，心理素质不行，也难以有所作为。据调查，成功人士的共同特点就是心理素质特别好，胜不骄、败不馁，积极乐观地对待生活、工作。那么，现代领导者应具备哪些必要的心理素质呢？具体有以下几点：

(1) 自信主动意识：即认识到自己有成功的需要，明确成功的具体目标，坚信自己经过奋斗能获得成功的信念和勇气。唯有自信主动意识才能使人重视、发挥和强化自己的主体性和能动性，这是做好领导工作、战胜艰难困苦、完成各项任务的重要保证。

(2) 科学的思维方法：科学的思维方法强调创造性思维，既不肯定一切，也不否定一切，不仅善于求同而且善于存异。领导者要善于观察、勤于思考，透过现象把握本质。

(3) 坚强的意志：意志是人们在认识世界和改造世界的过程中，自觉地确立目标，有意识、有目的地调节自己的行动以实现目标的心理活动。领导者具有坚定的意志才能坚定信念，有充沛的精力和顽强的毅力，保持良好的心态。如果意志不坚定，就会迷失方向，抵挡不住各种诱惑。

（4）积极的自我意识：自我意识是个体对自己应有的、正确的认识。领导者要客观地认识自己的长处和不足，做到自信不自负、自尊不自大。

综上所述，新时期领导者的素质有着丰富的内涵和要求，领导者素质的高低直接影响领导的效率和组织的发展。所以，提高领导者的素质有着重大而深远的意义。当然，素质的提高不是一朝一夕就能实现的，而是一个长期的过程，对此要有足够的认识。

第二节　领导理论

领导理论是研究领导有效性的理论，是管理学理论研究的热点之一。影响领导有效性的因素及如何提高领导有效性是领导理论研究的核心。自 20 世纪 40 年代以来，西方组织行为学家、心理学家从不同角度对领导问题进行了大量研究。我们将领导理论分为三类：领导特性理论、领导行为理论、领导情景理论。

一、领导特性理论

领导特性理论是对西方研究领导者素质的成果的统称。领导特性理论集中回答这样的问题：领导者应该具备哪些素质？怎样正确挑选领导者？

20 世纪 30 年代，研究者将心理学的研究方法应用到领导者特征的研究上，由此形成了领导特性理论。传统领导特性理论认为：领导者的特性来源于生理遗传，是先天就有的，且领导者只有具备这些特性才能成为有效的领导者。该时期的领导特性理论侧重于研究领导者的心理、性格、知识、能力等方面的特征，主要研究领导者和追随者在本质上是否存在差别。

现代领导特性理论认为：领导者的特性和品质并非全是与生俱来的，而是可以在领导实践中形成，也可以通过训练和培养的方式予以造就。

美国著名心理学家吉赛利（E. Ghiselli）探讨了个人性格与成功管理的关系。他重点研究了十三种领导特征。吉赛利的领导特征研究由于有严密的科学性而受到重视，他还指出了这些领导特征的相对重要性，详见表 10—3。

表 10—3　　**领导特征价值表**

重要性	重要性价值	领导特征
非常重要	100	监督能力（A）
	76	对事业成就的需求（M）
	64	才智（A）
	63	对自我实现的需求（M）
	62	自信心（P）
	61	决断能力（P）
	64	对工作稳定的需求（M）
	47	适应性（与下属关系亲近）（P）

续前表

重要性	重要性价值	领导特征
次重要	34 20 10 5	首创精神（A） 对物质奖励的需求（M） 对权力的需求（M） 成熟程度（P）
不重要	0	性别（男性或女性）（P）

注：（1）括号中 A 表示能力特征，P 表示个性特征，M 表示激励特征；
（2）重要性价值：100＝非常重要，0＝没有作用。

领导者作为组织的重要组成部分，对组织的发展起着重要的作用。作为一种特殊的群体，领导者拥有独特的素质，领导特性理论为选拔、培养和考核领导者提供了重要的标准体系。

二、领导行为理论

领导行为理论集中研究领导的工作作风和行为对领导有效性的影响。

（一）俄亥俄州立大学的研究

美国俄亥俄州立大学的研究者弗莱西曼（E. A. Fleishman）和他的同事从 1945 年起，对领导问题进行了广泛的研究。他们发现，领导行为可以用关怀和定规这两个维度加以描述。

“关怀”是指一位领导者对其下属所给予的尊重、信任及互相了解的程度。从高度关怀到低度关怀，中间可以有无数不同程度的关怀。“定规”是指领导者对于下属的地位、角色与工作方式，是否都制定了规章或工作程序。从高度定规到低度定规，中间也可以有许多不同程度的定规。根据关怀和定规这两个维度，有四种典型的领导者类型，如图 10—1 所示。

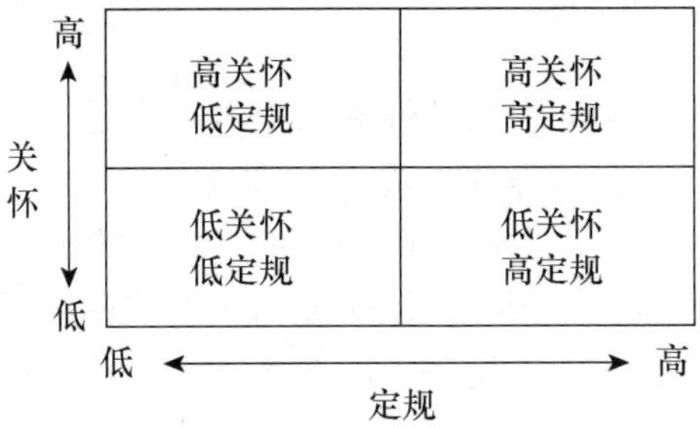

图 10—1　关怀和定规

1. 高关怀低定规的领导者

这种领导者注意关心、爱护下属，经常与下属交流思想、信息，与下属感情融洽，但是组织内规章制度不严，工作秩序不佳。这种领导者是较仁慈的领导者。

2. 低关怀高定规的领导者

这种领导者注意严格执行规章制度，建立良好的工作秩序和责任制，但是不注意关心、爱护下属，不与下属交流思想、信息，与下属关系不融洽。这种领导者是较严厉的领导者。

3. 低关怀低定规的领导者

这种领导者不注意关心、爱护下属，不与下属交流思想、信息，与下属关系不太融洽，也不注意执行规章制度，工作无序，效率低下。这种领导者是无能、不合格的领导者。

4. 高关怀高定规的领导者

这种领导者注意严格执行规章制度，建立良好的工作秩序和责任制，同时关心、爱护下属，经常与下属交流信息、思想，想方设法调动下属的积极性，在下属心目中可敬可亲。这种领导者是高效、成功的领导者。但这种领导者并不总是能产生积极效果。在生产部门内，工作技巧评定结果与定规程度呈正相关，与关怀程度呈负相关；在非生产部门内，恰恰相反。

一般来说，高定规低关怀的领导方式效果最差，其他三种类型的领导方式普遍与较多的缺勤、事故、抱怨及离职有关系。

（二）密歇根大学的研究

密歇根大学研究了领导行为的两个概念化维度：以生产为中心的行为和以员工为中心的行为。以生产为中心的领导者关注任务而非员工，更强调工作的技术或任务事项，并把员工视为达到目标的手段；以员工为中心的领导者重视人际关系，会考虑下属的需求，并承认人与人之间的不同。以员工为中心的领导者把对工作单位中社会方面的强烈关注和高绩效期望结合起来，密歇根大学研究者的结论对以员工为中心的领导者十分有利。以员工为中心的领导者与高群体生产率及高工作满意度联系在一起；而以生产为中心的领导者则与低群体生产率和低工作满意度联系在一起。

（三）管理方格理论

布莱克和莫顿在俄亥俄州立大学研究的领导行为理论的基础上提出了领导方式及其有效性的管理方格理论。由于在对生产关心的领导方式和对人关心的领导方式之间，可以使二者在不同程度上相互结合产生多种领导方式，他们根据企业中的领导方式设计了一张纵轴和横轴各 9 等分的方格图，纵轴和横轴分别表示企业领导者对人和对生产的关心程度，第 1 格表示关心程度最小，第 9 格表示关心程度最大。全图总共 81 个小方格，分别表示“关心生产”和“关心人”这两个基本因素以不同比例结合的领导方式，见图 10—2。

其中有五种典型的类型：

（1，1）型，即无效的管理，这种领导者对员工和工作都很少关心。

（9，1）型，即任务管理，这种领导者将重点放在工作上，对员工很少关心。领导者的权力很大，指挥和控制员工的活动，员工只能奉命行事，不能发挥积极性和创造性。

（1，9）型，即俱乐部型管理，这种领导者将重点放在满足员工的需要上，而对工作却重视不够。

（5，5）型，即中间型管理，这种领导者对员工的关心和对工作的关心保持中间状态，只求维持一般的工作效率与士气，不积极促使员工发扬创新精神。

（9，9）型，即团队型管理，这种领导者对员工和工作都很关心，能使员工和工作有效结合起来。

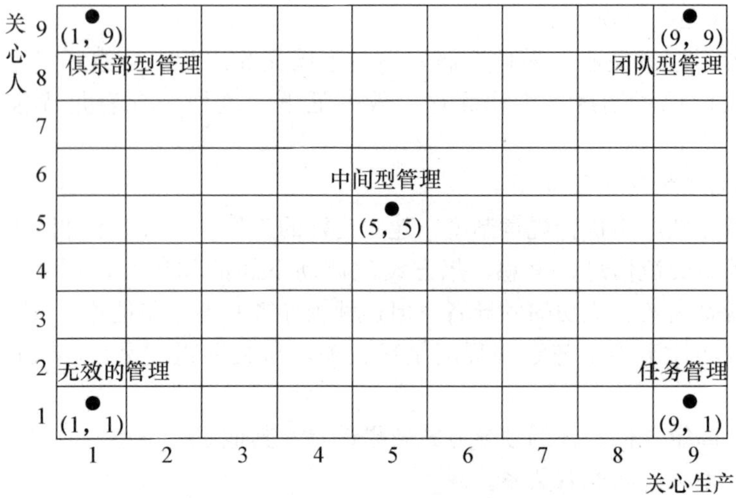

图 10—2 管理方格图

三、领导情景理论

领导情景理论也叫情境理论、因地制宜理论。该理论认为，领导的有效行为应随着被领导者的特点和环境的变化而变化，不能是一成不变的。

（一）费德勒权变模型

费德勒权变模型（见图 10—3）的主要内容：有效的群体绩效取决于两个方面的恰当匹配，一是与下属发生相互作用的领导者风格；二是领导者能够控制和影响情境的程度。该模型基于这样的前提假设：在不同类型的情境中，总有某种领导风格最有效。

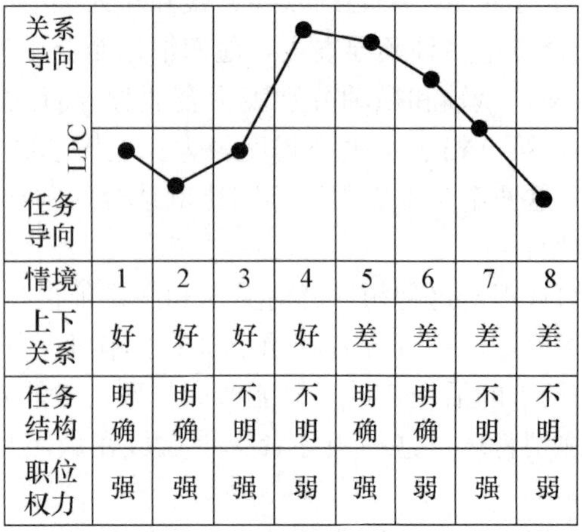

情境	1	2	3	4	5	6	7	8
上下关系	好	好	好	好	差	差	差	差
任务结构	明确	明确	不明	不明	明确	明确	不明	不明
职位权力	强	强	强	弱	强	弱	强	弱

图 10—3 费德勒权变模型

1. 影响领导行为效果的情境因素

（1）领导者与被领导者之间的关系。领导者是否受到下级的喜爱、尊敬和信任，是否能吸引并使下级愿意追随领导者。

(2) 职位权力。领导者的职位所能提供的权力和自身的影响力是否充分，在上级和整个组织中所得到的支持是否有力，以及对聘用、解雇、纪律、晋升和增加工资的影响程度的大小。

(3) 任务结构。指工作团队要完成的任务是否明确，有没有模糊的地方，其规范化和程序化程度如何。

2. LPC 调查

费德勒认为影响领导成功的关键因素之一是个体的基本领导风格，他为发现这种基本风格而设计了最不喜欢同事（LPC）调查问卷，问卷由 16 组对应形容词构成。作答者要先回想一下自己共事过的所有同事，并找出一个最不喜欢的同事，在 16 组形容词中按 1～8 等级对其进行评估。如果以相对积极的词汇描述最不喜欢的同事（LPC 得分高），则作答者很乐于与同事形成良好的人际关系，就是关系导向型。如果对最不喜欢的同事看法很消极，则说明作答者可能更关注生产，就是任务导向型。费德勒运用 LPC 调查问卷将绝大多数作答者划分为两种领导风格，也有一小部分处于两者之间。

费德勒权变模型指出，当个体的 LPC 分数与 3 个情境因素的评估分数相匹配时，则会达到最佳领导效果。费德勒将 3 个情境因素任意组合成 8 种情况，对 1 200 个团体进行了观察，收集了将领导风格同对领导有利或不利条件的 8 种情况关联起来的数据，得出在各种不同的情况下为了解领导有效性应当采取的领导方式。费德勒权变模型表明，在对领导最有利和最不利的情况下（1，2，3，8 项），采用任务导向效果比较好；在对领导中等有利的情况下（4，5 项），采用关系导向效果比较好。

费德勒认为，领导者不可能改变他们的风格去适应变化的情境，只能在不同的情境下采取不同的领导方式。因此，提高领导有效性可以从两方面着手：一方面可以试图改变领导者的个性或替换领导者以适应情境，另一方面可以改变情境以适应领导者。

（二）路径—目标理论

路径—目标理论是权变理论的一种，由多伦多大学的组织行为学教授罗伯特·豪斯（Robert House）最先提出，后来华盛顿大学的管理学教授特伦斯·米切尔（Terence Mitchell）也参与了这一理论的完善和补充。目前，该理论已经成为最受人们关注的领导理论之一。

路径—目标理论同以前的各种领导理论的最大区别在于，它立足于下属，而不是立足于领导者。在豪斯看来，领导者的基本任务就是发挥下属的作用，而要发挥下属的作用，就得帮助下属设定目标、把握目标的价值，支持并帮助下属实现目标，在实现目标的过程中提高下属的能力、使下属得到满足。这样就形成了这一理论的两个基本原理：(1) 领导方式必须是下属乐于接受的方式，只有能够给下属带来利益和满足的方式，才能使他们乐于接受。(2) 领导方式必须具有激励性，激励的基本思路是以绩效为依据，同时以对下属的帮助和支持来促成绩效。也就是说，领导者不仅要能够指明下属的工作方向，还要帮助下属排除实现目标的障碍，使其能够顺利达到目标，同时在工作过程中尽量使下属的需要得到满足。

1. 四种领导方式

(1) 指导型领导（Directive Leadership）。

领导者对下属需要完成的任务进行说明，包括对他们有什么希望、如何完成任务、完成任务的时间限制等。指导型领导者能为下属制定出明确的工作标准，并将规章制度向下属讲得清清楚楚，指导不厌其详，规定不厌其细。

（2）支持型领导（Supportive Leadership）。

领导者对下属的态度是友好的、可接近的，他们关注下属的福利和需要，平等地对待下属，尊重下属的地位，能够对下属表现出充分的关心和理解，在下属有需要时能够真诚帮助。

（3）参与型领导（Participative Leadership）。

领导者邀请下属一起参与决策。参与型领导者能同下属一起探讨工作，征求他们的想法和意见，将他们的建议融入到团体或组织将要执行的那些决策中去。

（4）成就导向型领导（Achievement Oriented Leadership）。

领导者鼓励下属将工作做到尽量高的水平。这种领导者为下属制定的工作标准很高，寻求工作的不断改进。除了对下属期望很高外，成就导向型领导者还非常信任下属有能力制定并完成具有挑战性的目标。

和费德勒不同，豪斯主张领导方式的可变性。他认为领导方式是有弹性的，这四种领导方式可能在同一个领导者身上出现，领导者可以根据不同的情况采用最适合于下属特征和工作需要的领导方式。豪斯强调，领导者的责任就是根据不同的环境因素来选择不同的领导方式。如果在所有的环境条件下都强行用某一种领导方式实施领导行为，必然会导致领导活动的失败。

2. 权变变量和预测

路径—目标理论提出了两类情境作为领导方式与结果之间关系的中间变量，它们是下属控制范围之外的环境（任务结构、正式权力系统、工作群体）和下属个性特点中的一部分（控制点、经验、知觉能力），详见图 10—4。在工作环境中，领导者必须确认下属的任务是否已经结构化，正式权力系统是否最适合于指挥型或参与型领导，以及现在的工作群体是否满足了下属的需要。面对不同的情境，领导者的行为要发生相应的变化。

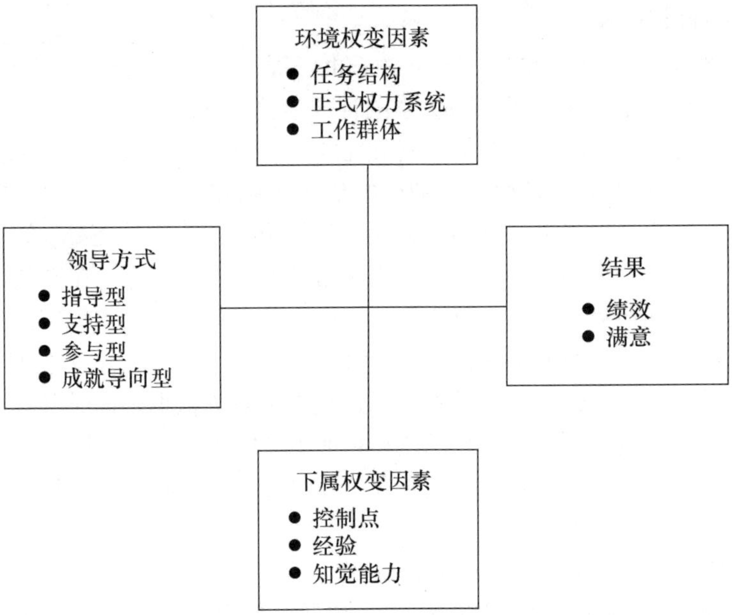

图 10—4 路径—目标理论

相关研究证明了该理论背后的逻辑性。这就说明，当领导者的行为弥补了下属或工作环境等方面的不足时，则可能会对下属的绩效和满意度起到积极的影响。但是，当任务本身十分明确或下属有能力和经验完成工作而无须预测时，如果领导者还要花费时间解释工作任务，则下属会把这种指示性行为视为多余。

（三）领导生命周期理论

领导生命周期理论由赫西（Hersey）和布兰查德（Blanchard）提出，也称情景领导理论，这是一个重视下属的权变理论。赫西和布兰查德认为，依据下属成熟度（工作成熟度和心理成熟度），选择正确的领导风格，就会取得领导的成功。领导生命周期曲线如图10—5所示。

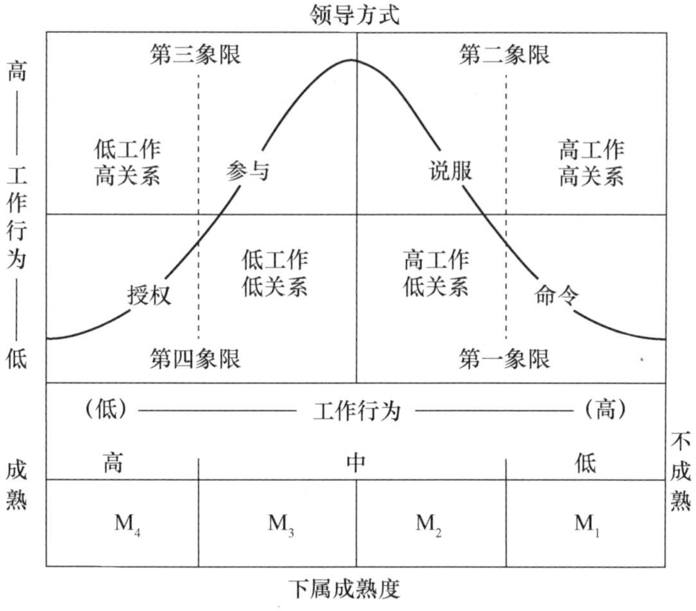

图10—5　领导生命周期曲线

1. 四种领导方式

（1）命令型领导方式（高工作低关系）。

在这种领导方式下，由领导者进行角色分类，并告知下属做什么、如何做、何时做、何地做。它强调指导性行为，通常采用单向沟通方式。

（2）说服型领导方式（高工作高关系）。

在这种领导方式下，领导者既提供指导性行为，又提供支持性行为。

（3）参与型领导方式（低工作高关系）。

在这种领导方式下，领导者极少进行命令，而是与下属共同进行决策，领导者的主要作用就是促进工作的开展和沟通。

（4）授权型领导方式（低工作低关系）。

在这种领导方式下，领导者几乎不提供指导或支持，通过授权鼓励下属自主做好工作。

2. 下属成熟度的四个阶段

第一阶段（不成熟）：下属对于执行某任务既无必需的能力又不情愿，他们既不能胜任现在的工作又不能被领导者信任。

第二阶段（初步成熟）：下属缺乏相应的工作能力，但却愿意执行必要的工作任务；他们有积极性，但目前的工作能力不能胜任现在的工作。

第三阶段（比较成熟）：下属有很强的工作能力，但却不愿意做领导分配给他们做的工作。

第四阶段（成熟）：下属既有工作能力又愿意做领导让他们做的工作。

当下属成熟度为第一阶段时，选择命令型领导方式；当下属成熟度为第二阶段时，选择说服型领导方式；当下属成熟度为第三阶段时，选择参与型领导方式；当下属成熟度为第四阶段时，选择授权型领导方式。

第三节　领导艺术

一、领导艺术概述

（一）领导艺术的概念

领导艺术是指领导者在一定的知识、经验、才能和气质等因素的基础上逐步形成的、创造性地运用各种领导策略、资源、方法和原则以有效实现组织目标的技能和技巧。领导艺术是非规范化、非程序化、非模式化的领导行为，它强调要从实际出发，具体情况具体分析，富有创造性地应用领导方法。

（二）领导艺术的定位

1. 领导艺术与领导经验

领导艺术来源于领导经验又高于领导经验，是对丰富的领导经验的系统总结、理性升华和创造性应用。领导经验是领导艺术得以形成的重要基础和得以展现的实践基础。

2. 领导艺术与领导科学

领导科学是领导艺术的基础；领导艺术是领导科学的重要来源和灵活应用。

3. 领导艺术与领导方法

领导方法大多体现在对常规事件的程序化处理上，一般情况下稳定、不易变化；领导艺术多数体现在对非常规事件的非程序化处理上，具有很大的随机性和灵活性。

（三）领导艺术的特征

1. 经验性与科学性的统一

领导艺术具有很强的实践性，以一定的领导科学知识为基础，同时又以实践中的经验丰富和发展领导科学知识。

2. 原则性与灵活性的统一

领导艺术离不开原则。如果领导艺术离开了原则，就会偏离方向，领导目标就无法实现，领导艺术也失去了它应有的本质。但是领导艺术不是原则的简单演绎，更不是任意妄为，而是原则性与灵活性的高度统一。只有在坚持原则的基础上，采取灵活多变的措施，才可以称之为高超的领导艺术。

3. 普遍性与多样性的统一

领导者在实践活动中总是需要运用一定的知识和经验，这些知识和经验是无数人通过实践证明的科学方法，这些方法具有共性和普遍性。但是由于个人素质、阅历、知识结构等不同，故在领导实践中具有多样性。

4. 规范性与创造性的统一

领导艺术不是对已有方法的机械、简单运用，而是在坚持规范性原则的基础上体现一种丰富多彩、构思新颖、风格独特的技艺，即创造性。正因为这种创造性，才使得领导方法不断更新、丰富和发展，领导效能才越来越显著。

5. 明晰性与模糊性的统一

模糊性是指对事物之间的关系难以用定量的方法描述或单纯用定性的方法分析，处于“模糊区间”。艺术的魅力就在于它的模糊性，领导艺术也不例外。但领导艺术的模糊性不是糊涂性，它仅仅是对不需要清楚的不苛求清楚，不必须量化的不苛求定量而已，模糊的背后仍然蕴含着客观规律的科学性和条理性，绝非无原则、无规矩地任意妄为。

（四）把握领导艺术的原则

领导者要做好领导工作，从根本上说，应把握好以下三个原则。

1. 按领导活动的规律办事

要富有成效地开展领导活动，必须按领导活动的规律办事，正确认识和处理好贯穿领导活动始终的三个要点：

（1）领导者和被领导者的关系；

（2）领导的组织结构及其有效运用；

（3）对客观对象的认识和改造。

总之，要认识规律，把握规律，按客观规律办事。

2. 人际平衡

领导工作归根到底是做人的工作，领导者要善于平衡人际关系，包括平衡与上级之间的关系；平衡与下级之间的关系；平衡与同级之间的关系。领导工作中的人际平衡是一个动态的概念，平衡不是磨平，也不是平均。

3. 为人处世必须把握好“度”

领导者的水平在某种程度上表现为为人处世能把握好“度”。所谓“度”，就是恰到好处、适可而止。

二、领导的用人艺术

用人艺术是充分发挥人的智力、能力、体力和潜力，为组织获取经济和社会效益的一种特殊的管理技艺。这不是传统的管制，而是需要领导者用科学的方法加以引导。

领导者只有实现从知人、用人向育人的转变，才能充分体现领导者对人才的重视，同时也能使下属在领导者的领导过程中能够尽情展现自身的才华，增强下属对组织的忠诚度。

（一）知人

用公平、客观的态度去评估人，提拔有才能的人，并将人才以“适材适所”的原则安置到相应的岗位上任职，知人善任，是培养领导力的第一件事。领导者如果没有慧眼，被领导者不会与之相随。领导者在选择人才时应注意以下几个方面：

（1）不能以文凭去判断人。文凭不等于水平，职称不等于称职，学历也不等于能力。这些只能代表一个人曾经达到过的水平，并不能说明其将来的发展前途。

（2）要善于发掘意志坚强、具有抗拒逆境能力的人。

（3）要善于发掘遇到危机不迷失方向，勇往直前的人。

（4）要善于发掘具有开拓、创新精神的人。

（二）用人

优秀的领导者必须有对人才的合理分配和调度艺术，做到人尽其才、物尽其用。

1. 用人的技巧与艺术

（1）积极发挥、运用每个人的长处。在一个组织内，充分发挥每一个人的长处可以起到中和短处的作用。

（2）用人不“疑”，但应存“疑”。因为没有约束的权力是非常危险的，所以在信任的前提下进行必要的约束和监督是十分明智的。

（3）大胆用人，敢用年轻人。进入知识经济时代后，知识更新周期越来越短，信息沟通日益方便，这正是年轻人大展身手的好时机。领导者要注意发现、重用有能力、善学习、有业绩的年轻人，坚持“养用结合”。

（4）坚持“英雄不问出处”。人才观越开放、取向越宽泛，人才资源就越丰富，对事业的发展越有益。

2. 用人的注意事项

（1）切忌嫉贤妒能。领导者嫉贤妒能，必然会扼杀他人的才能，使组织的工作达不到应有的绩效。

（2）切忌任人唯亲。任人唯亲必然会产生恩怨派系，有了恩怨派系，人事决策就不能公平和公正，会削弱和破坏能人的干劲。

（3）切忌求全责备。任何人都会有缺点，如果只看到人的缺点，不能大胆使用能人，就不可能人尽其才。

（三）育人

在信息时代，知识更新快，特别要加大人才的培养力度。育人的主要途径有：

（1）给下属提供舞台，创造成功的机会。领导者应为下属提供展示才能的舞台，促使下属把握机会去展示自己。

（2）不断增强下属的自信心。

领导者育人主要应提高下属的政治素质、品德素质、知识素质、能力素质。“3Q”育人模式（见表10—4）为领导者育人提供了参考。“3Q”是指IQ、EQ、TQ，其中IQ指智力商数，是表示人的智力高低的数量指标，集中体现在人的思维能力方面；EQ指情绪商数，是表示人的情绪管理能力高低的数量指标；TQ指团队商数，是表示人的团队运作能力的数量指标。

表 10—4　　“3Q”育人模式

人员层级	育人方式
基层员工	“3Q”＋学习能力＋沟通能力 学习能力：学习主动性、规划性、持续性及成效性 沟通能力：语言表达的流畅性、条理性、准确性
基层管理者	“3Q”＋应变能力＋责任心 应变能力：应急事件的处理情况 责任心：日常工作的表现、关注程度
中层管理者	“3Q”＋协调能力＋执行力 协调能力：面对不同意见和观点，如何协调、民主集中及解决问题 执行力：任务执行的行动和结果
高层管理者	“3Q”＋远见卓识＋文化塑造 远见卓识：对企业所在行业的业务发展、战略规划、管理控制等方面的看法 文化塑造：对企业文化变革的经历和经验等

三、领导的时间艺术

领导者要做时间的主人，要科学地组织管理工作，合理地分层授权，把大量的工作分给副手、助手、下属去做，以摆脱烦琐事务的纠缠，用节省下来的时间做真正应该由自己做的事。所以，领导者应该做到以下几个方面。

（一）定期分析，不断改进和管理好自己的时间

领导者应该学会主宰自己的时间，而不是被时间所主宰。领导者可以通过记录自己的时间，分析自己所用的时间哪些是无效的，及时加以改进，以更好地利用时间。领导者的主要任务是研究目标方针，谋划企业的发展战略，而不是陷于具体的事务之中。

（二）将时间“打包”，互不干扰

一般来说，专心才能做好事情。在固定的时间段，只集中精力于一件事，即把时间“打包”，这样往往有利于领导者节省时间、提高工作效率。

（三）把握开会的时间，提高开会效率

开会是交流信息的一种有效方式。领导离不开开会，但开会也要讲究艺术。

（1）讲求经济效益。为了节省时间、提高效率，召开会议时一定要注意分清会议性质。

（2）控制会议规模和时间。可参加可不参加的就不参加，可列席可不列席的就不列席，可用小会解决问题的不召开大会，只需开一小时的会决不开两小时。

（3）检查会议内容。议题不明确的会不开，议题多的会不开，准备不充分的会不开。

领导者作为组织的管理者，其对于时间的管理与普通人对时间的节约是不同的概念。领导者的时间管理包含着丰富的领导艺术，需要在工作实践中不断探索、总结。

四、领导的授权艺术

授权是指领导者根据工作的需要，在职权范围内授予下属处理特定事务的权力，使下属在领导者的指导和监督下拥有相当的自主权和行动权，能够有效完成任务的一种领导行为。

（一）授权的必要性

授权是提高工作效率和效能的重要途径，是领导者对下属信任与支持的体现，也是使个人和团队快速成长的秘诀。具体来说，授权的必要性有以下几个方面：

（1）有利于领导者集中精力做更重要的事情。授权可以使领导者从烦琐的事务性工作中解脱出来，拿出更多的时间和精力去考虑战略性的事情，去解决全局性的重大问题，更有效地完成领导者最基本的职能。

（2）有利于提高工作效率。领导者把权力授予自己的下属，可以使领导者的智慧和能力得到延伸和放大，同时可以增强下属的荣誉感和责任心，激发下属的工作热情，调动下属的积极性和创造性，从而提高工作效率。

（3）有利于发挥下属的专长，弥补领导者的不足。任何领导者都不是全才，应当尽量把自己不擅长的工作交给有这方面专长的下属去做，以弥补自己的不足，提高工作质量。

（4）有利于培养和选拔接班人。培养下属最有效的办法，就是让他们在实践中获得足够的锻炼机会。授权可以为下属创造和提供更多的在实践中锻炼和展示自己的机会，使他们增长才干，尽快成长起来。

（二）授权艺术的要点

1. 视能授权

下属能力的强弱将直接决定授权目标的实现与否。所以在授权前应对即将接受权力的下属的实际能力进行系统科学的考查，按照下属的实际能力进行适度合理的授权，防止出现过度授权，避免因授权不科学给组织带来损失。

2. 权责明确

授权必须坚持权责统一的原则，以必要的责任约束下属的权力行为，使得整个授权行为都围绕着授权目标而展开，确保授权的有效性。

3. 适度监督

领导者适当地向下属授权以后，更应时时刻刻纵观全局计划进程，对可能出现的偏离目标的局部现象进行协调，对被授权的下属实行必要的监督和控制。

4. 逐级授权

严格按照等级制建立起来的组织十分强调领导和管理过程中的上级领导下级、下级服从上级的层级原则。授权同样不能违背这一原则，即领导者的授权对象只应该且只能是自己的直接下属，不能越级授权，而且授予下属的权力应当在领导者的职权范围内，不能将领导者不具有的权力授予下属。

五、领导的决策艺术

决策艺术是领导者基于丰富的知识与工作经验之上的、非规范化的、富有创造性的各种领导决策技能技巧的总和。

（一）决策的特点

1. 目的性

决策目标是决策活动的中心和主轴线，是领导者率领下属前进的方向和旗帜。

2. 选择性

选择的目的是追求优化。从多样化的决策目标和行动方案中经过比较、鉴别，选择出最优目标和行动方案是决策的核心问题。

3. 过程性

决策包括准备工作、实施与信息反馈。

4. 超前性

决策本来就是为未来的行动制定目标和方案，是具有超前性特征的活动。

（二）决策艺术的要点

1. 要集思广益，戒主观武断

领导者对下属提出的正面的、反面的、高明的、平常的建议和策略，都应该认真听取。由于领导者的知识和经验是有限度的，适用范围也是有限度的，而其处理的问题又是无限的，故在决策中要戒主观武断。

2. 要刚柔相济，戒一成不变

“刚”指领导者原则上的坚定、决策上的果断、行动上的开拓等；“柔”指策略上的灵活、作风上的民主、待人上的谦和等。刚柔相济就是把外在的强制性管理和激发员工的积极性、主动性有机结合在一起。

3. 要标新立异，戒墨守成规

决策艺术的生命力在于它的创造性。创造性思维必须有新意，敢于想前人所未想、做前人所未做的事。决策时要尽量以新取胜，做到人无我有、人有我新、人新我特、人特我再创新。

4. 要权衡利弊，戒好大喜功

领导者做任何决策，都要权衡利弊。两利相较取其大，两弊相较取其小，做到不以小利害大利，不以小局害大局，不以眼前害长远。

5. 要顺势而断，戒逆理而为

“势”是指情势、发展趋势和其他客观条件。顺势而断即在决断时要顺应和利用事物的发展规律。

6. 要是非分明，戒模棱两可

在现实生活中，有的领导者是非不明并非水平不行，而是因为私心太重，怕担责任。

7. 要断之在独，戒疑虑重重

领导者在决策时，很重要的一点就是要有自己的见解，能够凭借自己的知识与经验，通过自己缜密的思考，做出独立的决断。

领导者应尽量避免：在决策时看起来想得很周到，各种细枝末节都考虑到了，然而在翻来覆去的考虑当中把重点、有决定意义的东西都忽略了；在决策时顾虑太多，犹豫不决，导致错失良机。

8. 要顾大抓本，戒琐碎过细

领导者必须有超脱的风度，不要什么事情都想抓、都想管。

9. 要深思熟虑，戒草率匆忙

领导者要尽量做到对所决策的事情有透彻的了解，把利弊得失都考虑清楚，然后再做决断；同时处理问题时要冷静，要考虑周密，不要急躁，不要盲目蛮干。

思考题

1. 领导的概念有很多种，它们分别强调了什么？谈一谈你的理解。
2. 领导的作用有哪些？请举例说明。
3. 领导权力是怎样获得的？
4. “领导就是管理”这样的说法正确吗？
5. 领导特性理论主要研究什么内容？应该如何评价它？
6. 依据不同的划分标准，你知道的领导风格有哪些？
7. 费德勒权变理论的主要观点是什么？该理论对领导者有什么启示？
8. 根据所学的理论知识，论述怎样才能提高领导者的领导效率。
9. 简述领导者的用人艺术。

第十一章 激　　励

学习目标

通过本章的学习，掌握激励的概念，认识激励的作用，了解激励的影响因素，掌握内容型激励理论、过程型激励理论和行为改造型激励理论，了解激励的类型、原则和方法。

第一节　激励概述

激励不论是从诱因、激奋状态还是从调动人的积极性过程来看，它都是人的整个行为的动力系统。

一、激励的概念

所谓激励，一般是指激发人的动机的心理过程。管理心理学中的激励主要是指激发人的动机，加强个体行为的内部动力，鼓励个体向期望的目标迈进。激励有三要素：激励对象、激励方式、激励效应，即对谁激励、怎样激励、激励效果。

人们也常常把激励理解为调动人的积极性。人的积极性是一种能激发人在思想、行动上努力进取的心理动力。当这种心理动力受到调动时，人就会处在自觉主动的心理活动状态，这种状态具体表现在人的意识活跃水平、情绪振奋程度和意志力强度等方面，从而直接导致行为效率的提高。

具体来说，可以从以下三个方面来理解激励：

(1) 从诱因和强化的观点来看，激励就是把外部适当的刺激（诱因）转化为内部心理动力，从而强化人的行为。

(2) 从内部心理状态来看，激励就是激发人的动机，是推动人的行为的强大力量。

(3) 从心理和行为过程来看，激励是指激发人的动机，使人有一股内在的动力，向所期望的目标前进的心理活动过程。人的行为的激励过程，就其本质来说，就是由刺激变量（目标、诱因等）引起机体变量（个体需要与动机等），产生持续不断的兴奋状态，从而引起积极的行为反应，实现目标；当目标实现之后，经反馈又强化了刺激，如此反复，延续不断。

二、激励的作用

在管理中，激励对于发掘人的潜力、调动人的积极性、提高管理效率等都具有很重要的作用。

(一) 激励为行为提供动力

需要是产生行为的内在原因，动机是产生行为的直接原因，而激励则为行为提供了动力。一般情况下，激励表现为个体行为的动力，这种动力由外界施加的推动力和个体主观产生的吸引力所共同形成。

个体的行为常常受到外界推动力和内在吸引力的影响，若推动力与吸引力的方向一致，两者指向同一方向或同一目标，则易产生较强的合力，激发行为的动机，强化行为的动力，由消极的“要我做”转化为积极的“我要做”。在这种情况下，个体处于被激励状态，动力强，行为积极。

（二）激励可以发挥人的潜力

经验表明，经过激励的行为与未经激励的行为效果大不相同。哈佛大学进行了一项关于员工激励的研究：按计时工资获得报酬的员工，一般只需发挥能力的 20%～30%即可保证不被解雇。如果受到充分的激励，则员工的能力可发挥出 80%～90%。研究者得出了下述关系式：

$$工作绩效=f(能力\times激励)$$

人的工作绩效不仅取决于其能力的大小，而且取决于激励的水平，即积极性的高低。能力固然是取得绩效的基本保证，但是不管能力多强，如果没有激励去调动，则能力在很大程度上只是潜力而不能发挥出来。只有获得强有力的激励，才能使能力充分发挥从而提高工作绩效。

心理学家奥格登（Ogden）于 1963 年做的“警觉性实验”就证明了这一点。该实验用一个光源调节发光强度，记录被试者辨别光强度变化的感觉以测定其警觉性。实验中的被试者分为四个组：A 组为控制组，不施加任何激励；B 组是挑选组，告诉他们：“你们是经过挑选的，被认为具有较强的竞争能力，现要测验哪一位的觉察力最强”；C 组是集体竞赛组，告诉他们：“你们这个组要同另一个组比赛，看哪一个组成绩好”；D 组为奖惩组，每出现一次错误罚 1 角钱，每次无误奖励 5 分钱。实验表明，经过激励的行为与未经过激励的行为存在着明显的差别。用精神激励法，其误差次数是未经激励小组的 1/3；用物质激励法，误差减少了一半，这不仅说明激励的重要作用，还揭示了激励方式对行为表现也有非常大的影响。

（三）激励可以激发人的工作热情与兴趣

激励具有激发人的工作热情与兴趣，解决工作态度和认识倾向问题的独特功能。在激励中，员工对本职工作产生强烈、深刻、积极的情感，并能以此为动力，集中自己的全部精力为达到预期目标而努力。激励还使个体对工作产生浓厚且稳定的兴趣，使个体对工作产生高度的注意力、敏感性，形成自身的职业偏爱，并促使个体的技术和能力在浓厚的职业兴趣的基础上得到发展。

（四）激励能够吸引人才、留住人才

有效的激励能够把有才能的、组织需要的人吸引过来，并长期为组织工作。比如美国企业通过高酬金、创造好的工作条件等多种激励措施，从世界各国吸引很多有才能的专家、学者，这也是美国企业在许多科技领域中保持领先地位的重要原因之一。据统计，1993 年在美国获得博士学位的学生中有近半数是外国人，毕业后他们大部分进入尖端技术研究机构工作，这些人为美国高新技术及其产业的发展已经并继续发挥重大作用。

（五）激励能够调动和提高人工作的自觉性、主动性、创造性

实践表明，激励能提高员工接受和执行组织任务的自觉程度；能解决员工对工作价值的认识问题；能使员工感受到自己所从事工作的必要性、重要性与迫切性，进而更自觉、主动、有创造性地完成本职工作。

三、激励的影响因素

（一）激励时机

激励时机是影响激励效果的一个重要因素。激励在不同时间进行，其作用与效果有很大差别。超前的激励可能会使人感到无足轻重；迟来的激励可能会让人觉得多此一举。这样的激励就失去了意义，发挥不了应有的作用。只有激励时机选择得当，才能有效发挥激励的作用。

（二）激励频率

激励频率是指在一定时间内进行激励的次数，它一般是以一个工作周期为时间单位的。激励频率的高低是由一个工作周期里激励次数的多少所决定的。激励频率与激励效果之间并不完全是简单的正比关系。在某些特殊的条件下，二者成反比关系。所以，只有区别不同情况，采取相应的激励频率，才能有效地发挥激励的作用。

激励频率的选择受工作的内容和性质、任务目标的明确程度、激励对象的素质、劳动条件和人事环境等客观因素的影响。一般来说，对于目标不明确且较难完成的任务、素质较低的员工、工作条件和人事环境较差的部门，激励频率应当高；对于目标明确且较容易完成的任务、素质较高的员工、工作条件和人事环境较好的部门，激励频率就应该低。

（三）激励程度

激励程度是指激励量的大小，即奖赏或惩罚标准的高低，这也是影响激励效果的一个重要因素。激励程度是否恰当直接影响激励作用的发挥。超量激励和不足量激励不但起不到激励的作用，有时还会起反作用。过分优厚的奖赏，会使人感到得来轻而易举，用不着进行艰苦的努力；过分严厉的惩罚，可能会导致人的破罐破摔心理，失去上进的勇气和信心；过于吝啬的奖赏，会使人觉得付出与回报不对等，从此消沉下去，提不起干劲；过于轻微的惩罚，可能导致人的无所谓心理，认为小事一桩、无足轻重，不但不思悔改，反而变本加厉。

（四）激励方向

激励方向是指激励的针对性，即针对什么样的内容来实施激励，它对激励效果也有显著影响。激励方向的选择与激励作用的发挥有非常密切的关系。因为人的需要并不是一成不变的，有一个由低级向高级发展的过程，而且这个过程并不是一种间断的、阶梯式的跳跃，而是一种连续的、波浪式的演进。不同层次的需要可以并存，但各种需要的动机作用是不一样的，总存在一种起最大支配力量的优势需要。针对这样的需要进行激励，效果最为明显。另外，当某一层次的优势需要基本上得到满足时，激励的作用就难以持续，只有把激励方向转移到满足更高层次的优势需要，才能更有效地达到激励的目的。

第二节　激励理论

一、内容型激励理论

内容型激励理论也可称为需要激励理论。需要是激发人们进取的基础和源泉。内容型激励理论主要研究究竟是何种需要激励人们从事自己的工作。最具代表性的内容型激励理论包括需要层次理论、成就需要理论和双因素理论。

（一）需要层次理论

1943 年，美国人本主义心理学的创始人马斯洛在《人的动机理论》一书中提出了需要层次理论。之后，马斯洛又在《需要满足与心理健康》《论低级牢骚、高级牢骚和超级牢骚》等文章中，对需要层次理论进行了补充和应用。

马斯洛认为，人的价值体系中存在着不同层次的需要，形成一个需要系统。人类的基本需要是由低级到高级，以层次形式出现的。当某一层次的需要得到相对满足时，其激发动机的作用随之减弱或消失，此时上一级的较高层次需要成为新的激励因素。这样，人的基本需要便形成一种有相对优势的层系结构。根据马斯洛的观点，人的需要大致有以下五个层次：

（1）生理的需要，是指对于食物、住所、衣服、睡眠、空气、性等的需要。显然，生理需要具有自我与种族保存的意义。马斯洛认为，生理需要是人的需要中最基本、最强烈、最明显的一种需要，是最迫切要求得到满足的一种需要，只有在生理需要得到满足后，才会有另外的、更高级的需要。

（2）安全的需要，是指对于劳动安全、职业安全、生活稳定、免于灾难、未来有保障、社会保险等方面的需要。

（3）社交的需要，亦称归属和爱的需要。一般人都喜欢在被接受的情况下与人交往，每个人都希望得到爱情、家庭、友谊，希望被多种群体所接纳，有良好的人际关系，若社交需要得不到满足，则会使人产生孤独感和精神压抑感。

（4）尊重的需要，是指对于成就、名誉、地位、评价等的需要。马斯洛发现，人们对尊重的需要可以分为两类，即自尊和来自他人的尊重。自尊包括对获得信心、能力、本领、成就、独立和自由等的愿望。自尊需要的满足使人自信，觉得在这个世界上有价值、有实力、有能力、有用处；否则，人会产生自卑感、软弱感、无能感，从而失去基本的信心。来自他人的尊重包括威望、承认、接受、关心、地位、名誉等。尊重的需要一旦成为驱动力，就将具有持久的干劲。

（5）自我实现的需要，是指人对于成长、发展、利用潜力的心理需要。马斯洛指出，自我实现的需要就是“促使他的潜在能力得以实现的趋势，这种趋势可以说成是希望自己越来越成为所期望的人物，完成与自己的能力相称的一切事情”。音乐家必须演奏音乐，画家必须绘画，诗人必须写诗，是什么样的角色就应该干什么样的事，这样才会使他们感到最大的快乐。

马斯洛需要层次理论的主要观点是：

（1）生理的需要和安全的需要属于低级需要，尊重的需要和自我实现的需要属于高级需要，社交的需要起着中间过渡作用。人的需要次序由低至高逐级发展，自我实现的需要是人类需要发展的顶峰。一个健全的人受“发挥和实现自己最大潜力与能量”这种需要的激励，自我实现的人是有高度感受能力的社会人，其在很大程度上能自我鞭策。

（2）当一种迫切的需要未被满足时，它将成为支配行为的优势需要；不一定是低一级的需要完全得到满足后才产生高一级的需要，需要的演进是波浪式的；较低一级的需要的高峰过去之后，较高一级的需要才能起优势作用；需要的更迭与替代并不是突然的、跳跃的，而是逐渐发生的，而且有所交叉与重叠，构成对行为的综合影响。各级需要层次的产生和个体发育密切相关。婴儿期生理的需要占优势，之后产生安全的需要、归属和爱的需要；到了少年期、青年初期，尊重的需要日益强烈；青年中、晚期之后，自我实现的需要开始占优势。

此外，需要的这五个层次的顺序只是一般化的抽象模式，现实中人的需要受到多方面因素的影响，表现得复杂多样，甚至有大量层次顺序之外的例外情况，如刘胡兰、董存瑞、黄继光等众多为理想献身的人。

马斯洛的自我实现的需要是其理论的重要组成部分，而自我实现绝非我们通常理解的那样遥不可及。这一错觉来自通常所见的金字塔型图示，自我实现的需要被置于塔尖。在马斯洛看来，需要层次越高，其可塑性越大，表现形式越多，对人的激励越持久。而自我实现就是指人们成为自己所期望成为的人物，完成与自己能力相称的一切事情，达到一种自我完满，实现生命存在的价值。随着社会的发展，包括自我实现在内的高级需要逐渐成为越来越多的人的优势需要。美国行为学家戴维斯（Davis）对此曾做过统计和分析，如果估计准确的话，那么显示出来的将是一个倒置的金字塔型。根据马斯洛的观点，只要政策合理，使人人各得其所、各尽其能，自我实现的需要是可以实现的。

马斯洛的需要层次理论揭示了需要、激励、行为的关系，从而揭示了行为激励过程的共性。他还强调了人的内在需要是激励的主要诱因，强调了人的不同层次的需要对动机的激发和影响，批判了人的行为是单纯的对外部刺激的反应的行为主义外因决定论。但是，马斯洛不仅忽视了社会环境对个人的影响，也忽视了意识对动机的作用。他强调个人事业的发展，忽视个人对社会发展应尽的义务和责任。实际上，如果个人的需要不和社会的发展联系起来，社会和个人的发展都会落空。

借鉴马斯洛需要层次理论的积极方面，就应注意研究和掌握员工的需要结构，把握其个性与共性，了解员工的需要差异，分析哪些是其优势需要、哪些是一般性需要；要坚持物质激励与精神激励相结合并以精神激励为主的原则，特别注意诱导员工高层次的需要，提供相应的教育培训条件。员工一旦具有符合组织利益的远大理想和职业期待，又相应提高了业务和技术水平，便可迸发出巨大且长久的活力。

（二）成就需要理论

20世纪50年代初，美国哈佛大学心理学家麦克利兰（McClelland）对成就需要这一因素进行了大量的调查研究，提出了成就需要理论。成就需要理论抛开人的基本生理需要，主要研究在人的生理需要基本得到满足的前提下，人还有哪些需要。麦克利兰认为，人还有以下三种需要：

（1）权力需要。具有较高权力欲的人，常常企求更高的权力，他们对施加影响和控制他人往往表现出很大的兴趣，他们能言善辩、头脑冷静，有一定的才干和水平。

（2）友谊需要。友谊需要亦称归属需要或社交需要。较高层次的人多具有友谊需要，他们通常从友爱、情谊和人际交往中得到欢乐和满足。友谊需要是保证社会交往和人际关系和谐的重要条件，负有全局责任的管理者把这种需要看得比权力还重要。

（3）成就需要。有成就需要的人，对胜任和成功有强烈的要求，具有挑战性的成就会引发快感、振奋精神。成就需要对行为起着主导作用。

麦克利兰成就需要理论的主要观点有：

第一，不同的人对权力需要、友谊需要、成就需要的排列次序和所占比重是不同的。个人行为主要取决于其被环境激活的那些需要。对美国电话电报公司经理人员的测定显示，新经理（年轻的经理）的成就需要低于年长的经理，而友谊需要高于年长的经理。

第二，具有高成就需要的人，其特点是：(1) 喜欢通过自己的努力去获得成功，可以承担个人责任。(2) 喜欢自己设置目标，不满足于随波逐流和随遇而安，渴望有所作为。(3) 在选择任务时，希望具有挑战性，敢于冒一定的风险。(4) 把个人成就看得比金钱更重要。

第三，具有高成就需要的人对企业、对国家具有重要作用。企业拥有这样的人越多，发展就越快；国家拥有这样的人越多，就发展得越好。据调查，英国在1925年时拥有高成就需要的人数在25个国家中名列第5位，当时英国是经济发展比较快的国家。第二次世界大战后，1950年再做调查时，英国高成就需要的人数在39个国家中名列第27位，这时的英国经济已经走下坡路。

第四，管理者运用成就需要理论增进成就对人的激励，有下列四个办法：(1) 经常安排一些成就的反馈，使被激励者了解自己的成功之处，进一步激发他们对成就的期望。在高成就需要的人取得显著成绩时，要给他们合理的薪酬，以使他们安心在组织中工作。(2) 提供取得成就的榜样，刺激人们取得成功的愿望和行为。(3) 把高成就需要的人放在具有挑战性的岗位上，肯定他们的成就，鼓励他们多出成果。(4) 不要限制员工创新，以成就激励他们脚踏实地干事业。

此外，为了发现高成就需要的人才，麦克利兰还设计了一套心理测验：他让被试者看一张画着一个青年坐在教室内的图片，看10秒钟后，要回答下列问题：(1) 图片内容指的是什么事？(2) 画中是什么人？他在想什么？正在做什么？(3) 将会发生什么？会产生什么结果？由于看图与回答的时间很短，被试者只能凭直觉来回答问题，答案往往能反映出被试者固有的、真实的思想意图。通过不同的答案（高抱负水准或者低抱负水准），可以看出人的成就需要的差异。

麦克利兰还认为：高成就需要的人才可以通过教育加以培养。他专门组织了训练班，每期7～10天，分四个部分进行：(1) 根据积累的资料，宣传高成就需要人才的形象。(2) 要求学员制订具体的、可衡量的两年规划，训练班结业后每半年检查一次进展情况。(3) 进行人生、价值等基本概念的教育，提高学员的自我意识。(4) 让学员交流成功或失败、希望或恐惧的经验体会，形成团结互助的气氛。培训班在美国、墨西哥、印度都取得过明显的效果。

（三）双因素理论

双因素理论是20世纪50年代末美国心理学家赫茨伯格（Herzberg）提出的。他在一些工商企业中做了广泛的调查，调查对象主要是工程师、会计师等白领。赫茨伯格设计了许多问题，如“什么时候你对工作特别满意”“什么时候你对工作特别不满意”“满意与否的原因是什么”等。调查发现，使员工感到不满意的因素往往是由外界的工作环境引起的，使员工感到满意的因素通常是工作本身产生的。据此，赫茨伯格提出了“双因素理论”。

1. 双因素理论的主要内容

赫茨伯格认为，造成员工不满意的原因主要是工资报酬、工作条件、人际关系等。这些因素即使改善了，也不能使员工变得非常满意，不能充分激发其积极性，只能够消除员工的不满。这些因素没有激励人的作用，但却带有预防性，有保持人的积极性、维持工作现状的作用，故称之为保健因素（又称维持因素）。例如，企业政策、工资水平、工作环境、福利和安全等皆属于这类因素。

另一类因素能激发员工的工作热情，调动员工的积极性，使员工感到满意，这类因素称为激励因素。激励因素是影响人们工作的内在因素，其本质为注重工作本身的内容，借此可以提高工作效率，增强人们的进取心，激发人们做出最好的表现。

2. 双因素理论的主要观点

（1）满意与不满意。

赫茨伯格对“满意—不满意”这一传统观点提出了自己的见解：传统观点认为满意的对立面是不满意，这是不对的。满意的对立面应该是“没有满意”；不满意的对立面应该是“没有不满意”。没有满意和没有不满意就是“零状态”。与工作内容紧密联系的激励因素如果能得到改善，往往能给员工以很大程度的激励，使之产生满意感持久的积极性。与工作环境或条件相关的保健因素如果处理不当，或者说，这类需要得不到基本的满足，会导致员工的不满，甚至严重挫伤员工的积极性。如果这类因素处理得当，则能防止员工产生不满情绪，起到保持人的积极性、维持激励“零状态”的作用。

（2）内在激励与外在激励。

双因素理论实际上说明了对员工的激励可分为内在激励和外在激励。内在激励是指一个人在进行工作时，或者说从工作本身得到的某种满足，如对工作的爱好、兴趣、责任感、成长感等。这种满足能促使员工努力工作、积极进取。外在激励是指外部的奖酬或在工作以外获得的间接满足，如劳保、工资等。这种满足具有一定的局限性，它只能产生少量的激励作用。因为人除了物质需要以外，还有精神需要，外在激励或保健因素只能满足人的物质需要，不能满足人的精神需要，因而只能防止反激励，并不能持久有效地激发人的积极性。

3. 双因素理论在管理中的应用

首先，要注意保健因素的作用，使员工不产生不满情绪。创造良好的工作外部环境和条件，以防止员工对工作产生不满情绪、保持员工的积极性，这对提高劳动效率和管理效率有重要作用。

其次，要在保健因素的基础上，利用激励因素去激发员工的工作热情。如果只顾及保健因素，仅仅满足于员工没有意见，大家相安无事，还是不能创造出一流的工作业绩。所以，在管理工作中更重要的是利用激励因素。比如利用“工作再设计”，扩大员工的工作范围，丰富员工的工作内容，消除员工因长期从事单一、重复劳动而产生的厌倦心理，增强其成就需要，让工作本身成为一种强有力的激励因素，激发员工的工作热情，努力提高工作绩效。

二、过程型激励理论

过程型激励理论侧重于研究激励的整个认知过程以及这种认知过程如何与积极的行为相联系。过程型激励理论主要包括期望理论、公平理论。

（一）期望理论

期望理论最早是由托尔曼（Tolman）和勒温（Lewin）提出的，但用于说明工作激励问题是从著名心理学家和行为科学家弗鲁姆（Vroom）开始的。弗鲁姆在他的著作《工作与激励》（1964）中阐述了期望理论模式。

期望理论的理论基础是：人们之所以能够完成某项工作并达成组织目标，是因为组织目标会帮助人们达成自己的目标，满足自己某方面的需要。弗鲁姆认为，某一目标对某人的激励力量取决于其所能得到结果的全部预期价值乘以其认为达成该结果的期望概率。该模式可以表示为：

$$M=V\times E$$

其中：M为激励力量，这是指调动一个人的积极性、激发人的内在潜力的强度，它表明为达到预先设置的目标的努力程度；V为目标效价，指预定目标对于满足个人需要的意义，即预定目标对于满足个人需要的重要程度与价值的大小；E为期望值，是指根据以往的经验，判断达到目标的可能性的大小，是一种主观判断，是个人对能否达成目标的估计。

期望值和目标效价的结合不同，所产生的激励力量也不同。一般来说，有下列五种情况：

（1）期望值 E（大）×目标效价 V（大）＝激励力量 M（大）。
（2）期望值 E（中）×目标效价 V（中）＝激励力量 M（中）。
（3）期望值 E（小）×目标效价 V（小）＝激励力量 M（小）。
（4）期望值 E（大）×目标效价 V（小）＝激励力量 M（小）。
（5）期望值 E（小）×目标效价 V（大）＝激励力量 M（小）。

目标对个人的价值越大，估计实现的概率越高，激励力量越大。若实现目标的可能性很大而目标效价很小，或者目标效价很大而期望值很小，人被激发的动力就会很小，也就无法调动组织成员的工作积极性。

弗鲁姆认为，根据期望理论，要调动人们的工作积极性，在进行激励时必须辨证处理好以下三种关系：

（1）努力与绩效的关系。人们总是希望通过一定的努力去达到预期的目标。如果其认为经过自己的努力有能力达到目标，即个体主观上认为达到目标的期望概率很高，就会有信心、有决心，就会激发出强大力量；如果其认为目标高不可攀、可望而不可即，或目标太低、轻而易举，就鼓不起干劲，失去内部的动力。可见，努力与绩效的关系主要取决于个体对目标的期望概率，即可能性。期望概率是个体对目标的一种主观估计，它既要受到认识、态度、信仰等心理因素的影响，又要受到个人的社会地位、他人的期望等社会因素的影响。因此，个体对某目标的期望概率是一个由主观条件和客观条件相互作用而决定的函数。

（2）绩效与奖励的关系。人总是希望取得成绩后能够得到奖励。当然，这个奖励也是综合的，既包括物质上的，也包括精神上的。如果个体认为取得绩效后能得到合理的奖励，就可能产生工作热情，否则就可能没有积极性。

（3）奖励与满足个人需要的关系。人总是希望自己获得的奖励能满足自己某方面的需要。然而，由于人们在年龄、性别、社会地位和经济条件等方面都存在着差异，他们要求各种需要得到满足的程度就不同。因此，同一种奖励对于不同的人，满足其需要的程度是不同的，激发出的工作动力也是不同的。为了提高奖励的效价，使它对员工具有强的吸引力，应根据员工的不同需要采取多种形式的奖励，以最大限度地挖掘员工的潜力，从而提高生产或工作效率。

这三方面的关系可以表示为：个人努力→取得绩效→组织奖励→满足个人需要。

管理者不能泛泛地采用一般的激励措施，应当采用多数组织成员认为效价最大的激励措施，而且在设置某一激励目标时应尽可能加大其效价的综合值，适当加大不同人实际所得效价的差值，加大组织期望行为与非期望行为之间的效价差值。在激励过程中，还要适当控制期望概率和实际概率，加强期望心理的疏导。期望概率过大，容易产生挫折；期望概率过小，又会减少激励力量。而实际概率应使大多数人受益，最好实际概率大于平均的个人期望概率，并与效价相适应。

（二）公平理论

公平理论又称社会比较理论，它是美国行为科学家亚当斯（Adams）在《工人关于工资不公平的内心冲突同其生产率的关系》（1964，与罗森鲍姆合写）、《工资不公平对工作质量的影响》（1964，与雅各布森合写）、《社会交换中的不公平》（1965）等著作中提出来的一种激励理论。该理论旨在社会比较中探讨个人所作的贡献与其所得到的报酬之间如何平衡，侧重于研究工资报酬分配的合理性、公平性及其对员工生产积极性的影响。

期望理论着重于选择性行为的决策过程，而对作为第二结果的效价的奖酬作用并未做进一步的展开。事实上，员工的努力在得到奖酬后不一定能够获得满足而更加积极地工作，因为奖酬并不等于满足。也就是说，在奖酬与满足之间还存在一个中间变量——奖励的公平性。不解决好这个中间变量，员工的工作积极性就没办法得到真正的调动，奖酬的激励作用也就无法体现出来，若做得不好，在某些情况下甚至起反作用，会挫伤员工的积极性。亚当斯公平理论的提出，正好可以弥补期望理论的这一缺陷。

亚当斯公平理论的主要观点是：

第一，公平感是人类的一种基本需要，当一个人做出了成绩并取得了报酬之后，他不仅关心自己所得报酬的绝对量，而且关心自己所得报酬的相对量。人们总是习惯于把自己付出的劳动和所得的报酬与别人付出的劳动和所得的报酬进行比较，还会把自己现在付出的劳动和所得的报酬与自己过去付出的劳动和所得的报酬进行比较。前者属于社会的比较（即横向比较），后者是个人历史的比较（即纵向比较）。这样的比较，可以用公式表示为：

$$\frac{\text{自己的所得}}{\text{自己的付出}} : \frac{\text{别人的所得}}{\text{别人的付出}} \text{（横向比较）}$$

$$\frac{\text{自己现在的所得}}{\text{自己现在的付出}} : \frac{\text{自己过去的所得}}{\text{自己过去的付出}} \text{（纵向比较）}$$

第二，一般来说，员工通过对工作的付出比较其所得，如根据彼此的努力程度、工作经验、教育程度、能力及工作绩效，比较工资、奖金、晋升、认可等因素，通过比较自己的产出—投入以及与他人的产出—投入比率的差异，来做出公平性判断。比较所产生的结果有三种：公平、报酬过度或报酬不足。

第三，如果员工认为公平，那么他们就会继续以几乎同样的水平做出贡献。相反，在不公平的情况下，他们可能会采取以下几种做法以期实现其公平：（1）通过自我解释，达到自我安慰，如曲解自己或他人的付出或所得；（2）采取某种行为谋求改变他人的付出或所得；（3）采取某种行为谋求改变自己的付出或所得；（4）选择另一个参照对象进行比较；（5）辞去现在的工作。

大量研究支持了公平理论的观点：员工的积极性不仅受其绝对收入的影响，而且受其相对收入的影响。一旦员工感受到不公平，他们会采取行动纠正这种状况，其结果可能是降低或提高生产效率、改造或降低产品质量、提高或降低缺勤率或自动离职率。

为此，公平理论对报酬分配提出了以下四点建议：

第一，按时间付酬时，收入超过应得报酬的员工的生产效率水平，有可能将高于收入公平的员工。即负疚感会使员工提高产品质量或产量，以增加自己收入—付出比率中的付出额，保持公平感。

第二，按产量付酬时，收入超过应得报酬的员工相对于那些收入公平的员工而言，产品生产数量增加不多，而主要是提高产品质量。计件付酬的方式将使员工为实现公平感而加倍付出努力，这将促使产品的质量或数量得到提高。然而，数量的提高只能导致更大的不公平，因为每增加一个单位的产品会导致未来的付酬更多。因此，理想的努力方向是提高质量而不是数量。

第三，按时间付酬时，对于收入低于应得报酬的员工而言，将降低他们生产的数量或质量，他们工作的努力程度也将降低。

第四，按产量付酬时，收入低于应得报酬的员工与收入公平的员工相比，他们的产量高而质量低。在计件付酬中，应对那些只讲数量而不管质量的员工不实施任何奖励，这种方式能够产生公平感。

三、行为改造型激励理论

行为改造型激励理论重点研究怎样转化和修正人的行为，如何将人的心理和行为从消极转变为积极。这一理论主要有强化理论、归因理论等。

（一）强化理论

强化理论是美国哈佛大学心理学教授斯金纳提出的。斯金纳在巴甫洛夫条件反射理论的基础上，提出了“操作性条件反射理论”，认为人类（或动物）为了达到某种目的，本身就会采取行为作用于环境，当行为的结果有利时，这种行为就重复出现；当行为的结果不利时，这种行为就减弱或消失。

1. 四种强化类型

(1) 正强化。

正强化又称积极强化，是指在行为发生之后，立即用物质的或精神的鼓励来肯定这种行为；在这种刺激作用下，使个体感到行为发生对其很有利，从而增强和增加以后的行为反应及其频率，以达到改变行为的目的。在管理中，正强化是最常使用且易收到良好效果的强化方式。能起到正强化作用的因素是奖酬，如表扬、赞赏、增加工资、奖金、奖品、提升、分配等。正强化既能起到加强被强化者积极行为的作用，又能使其他人出现积极行为的可能性增大。

(2) 负强化。

负强化又称消极强化，是指预先告知某种不符合要求的行为或不良绩效可能引起的后果，允许员工通过按要求的方式行事或避免不符合要求的行为，来回避一种令人不愉快的处境。若员工能按要求行事，即可减少或消除这种不愉快的处境，从而也就增加了员工符合要求的行为重复出现的可能性。由此可见，负强化与正强化的目的是一致的，只是二者采取的手段不同。但负强化与正强化是有区别的：对于正强化来说，员工努力工作是从组织获得奖酬，这种奖酬来自于其良好的工作绩效；对于负强化来说，员工努力工作是为了避免不希望得到的刺激结果。在运用负强化时，一定要与正强化结合起来，这样才能收到较好的效果。

(3) 惩罚。

惩罚即在消极行为发生之后，给予某些令人不愉快、不喜欢乃至痛苦的对待，或取消某些令人喜爱的、满意的、愉快的条件，以示对某种不符合要求的行为的否定，从而减少或消除消极行为。批评、降薪、罚款、开除等都是惩罚的手段。

(4) 自然消退。

自然消退是指撤销对人的某种行为的积极强化，使这种行为出现的频率逐渐减少、衰弱，最终消失。研究表明，一种行为长期得不到正强化，会逐渐消失。

以上四种基本的强化类型的目的都是改变个人的行为，以有利于组织。强化既可以增强所希望的行为强度，又可以减少或减弱所不希望的行为强度。

2. 斯金纳强化理论的基本观点

第一，人的行为受到正强化会趋向于重复发生，受到负强化会趋向于减少发生。

第二，激励人们按一定要求和方式去工作，以达到预定的目的，奖励（给予报酬）往往比惩罚有效。

第三，反馈是强化的一种重要方式，应当让人们通过某种形式或途径及时了解自己行为的结果。

第四，为了使某种行为得到加强，奖赏（报酬）应在行为发生后尽快提供，延缓奖赏会降低强化作用。

第五，要按照对象的不同需要，采用不同的强化物和不同的强化手段。

3. 强化方式

强化方式是指根据行为的情况不同而采用的各种奖酬方式，主要分为连续的和间歇的两种。连续强化方式是指每次发生的正确行为都受到强化。间歇强化方式是指非连续的强化，不是每次发生的行为都受到强化。间歇强化一般有四种形式：固定间隔、固定比率、可变间隔和可变比率。管理者应该针对不同的强化采取不同的措施来改造员工的行为，以提高管理绩效和组织的产出水平。管理者实施强化时必须遵循以下原则：(1) 要有一个目标体系，目标是个强化物，能强化员工的行为。(2) 要采用渐进法，就是把一个鼓舞人心的长远目标分解成几个阶段，逐步完成，即大目标小步子，以增强行为转化的信心。(3) 及时反馈信息。信息的及时反馈，能使员工了解自己行为的结果，以便及时修正行为、及时强化行为。(4) 员工个人需要的满足。行为是由动机引起的，而动机是由需要激发的，要不断满足员工的需要，以强化其行为。(5) 因人而异。对不同个体采取不同的强化措施，以获取最佳效果。(6) 奖惩结合、精神奖励和物质奖励结合、定期奖励与不定期奖励结合、定值奖励与不定值奖励结合。

(二) 归因理论

归因理论最早由海德从关于社会知觉的人际关系认知理论发展而来。美国斯坦福大学的罗斯 (Rose) 等人应用归因理论来改变人的认知，从而进行强化，最后达到改变行为的目的。

归因理论是说明和推论人的活动的因果关系的理论，通过改变人的自我感觉、自我认知达到改变人的行为的目的。不同的归因会直接影响人的行为和工作的绩效，对现在和过去成功或失败原因的归因会影响将来的期望和坚持努力的行为。

归因理论所研究的基本问题有：(1) 人的心理与行为活动的因果关系，包括内部与外部原因的分析。(2) 社会推论问题研究，即根据人的行为及其结果，对行为者稳定的心理特性和素质、个性差异做出正确的推论。(3) 期望与预测行为的研究，即通过过去的行为及结果预测在某种情况下将会产生什么行为。

美国心理学家维纳 (Wiener) 的研究指出，在现实中，根据内因与外因、稳定与不稳定原因、可控与不可控原因，一般人对行为的成功或者失败常做如下四种归因：(1) 归因努力或不努力的程度。(2) 归因能力的大小。(3) 归因工作 (学习) 任务难易程度。(4) 归因个人运气与机会的好坏程度。不同的归因对成就与持续行为有不同的影响：

(1) 如果把失败归于脑子笨、能力低这类个体无法直接控制的稳定的内因，则不会增强今后的努力与坚持性行为，因为个体认为再努力也起不了作用。

(2) 如果把失败归因于不够努力这个相对不稳定但又可控的内因，则可能增强今后的努力与坚持性行为。

(3) 如果把失败归因于不稳定的外因，如偶然生病或其他事故等，不一定会降低个体的行为积极性，能出现努力或坚持性行为。

(4) 如果把失败归因于工作 (学习) 任务重、工作难度大等稳定性的外因，很可能会降低个体的自信心、成就动机和坚持性行为。

凯利认为，人们行为的原因十分复杂，仅凭一次观察，有时难以推断他人行为的原因，往往需要在类似的情境中进行多次观察，根据多种线索，才能做出归因。凯利将外界信息资料分为三种：(1) 区别性资料，即指某人的某种行为是否特殊。(2) 一致性资料，即指某人的行为与周围其他人是否一致。(3) 一贯性资料，即指某人前后行为是否具有一贯性。根据这三方面的线索，我们可以对他人的行为做出正确的归因。例如，某职工所有工作任务的效率都低，而不是某项工作任务的效率低，即区别性低；而同班组其他职工的效率都高，只有他的效率低，即一致性也低；该职工的工作效率现在这样低，以前也如此，即一贯性高。综合这些信息资料，这位职工工作效率低是由于自身的原因。如果区别性高、一致性低、一贯性低，则可以归因于当时的情境或条件。

管理者可以采取上述方法，正确分析职工成功或者失败的原因；也可以通过宣传教育，帮助职工端正态度，让他们正确认识和分析自身行为成功与失败的原因，尽量找出行为失败的不稳定因素，以增强其行为改造成功的信心，达到改造行为的目的。

第三节　对员工进行激励的方法和策略

管理者在对员工进行激励时，首先要考虑对员工进行何种激励，其次要注意激励的原则和方法，这样才能发挥激励的作用，既满足员工的需要，又实现组织的目标。

一、激励的类型

激励对一个人的心理和行为会产生强大的作用，经过激励的行为与未经激励的行为有着明显的差别。不同的激励对行为过程会产生不同程度的影响，所以对激励类型的选择是做好激励工作的先决条件。组织中经常采用的激励有以下几种。

（一）物质激励与精神激励

物质激励就是从满足人的物质需要出发，通过对物质利益关系进行调节，激发人向上的动机并控制其行为的趋向。物质激励多以加薪、减薪、奖金、罚款等形式出现，是激励不可或缺的重要手段，对强化按劳取酬的分配原则和调动员工的劳动热情有很大的作用。

精神激励就是从满足人的精神需要出发，对人的心理施加必要的影响，从而影响人的行为。精神激励多以表扬和批评等形式出现，也是激励的一种重要手段，效果显著且持续时间长。

（二）正激励与负激励

根据激励的性质，激励可分为正激励和负激励两种类型。正激励就是当一个人的行为符合组织需要时，通过奖赏的方式来鼓励这种行为，以达到保持和增加这种行为的目的。负激励就是当一个人的行为不符合组织需要时，通过惩罚的方式来抑制这种行为，以达到减少或消除这种行为的目的。正激励起正强化作用，是对行为的肯定；负激励起负强化作用，是对行为的否定。在正激励与负激励之间还存在着一种零激励，有人称之为衰退，即撤销对原来某种行为实施的正激励或负激励，使这种行为在一段时期内连续得不到任何强化，从而达到减少或增加这种行为反应频率的目的。

（三）内激励与外激励

根据激励的形式，激励可分为内激励与外激励两种类型。内激励是指由内酬引发的、源于工作任务本身的激励。外激励是指由外酬引发的、与工作任务本身无直接关系的激励。内酬是指工作任务本身的刺激，即在工作进程中所获得的满足感，它与工作任务是同步的。内酬所引发的内激励会产生一种持久性的作用。外酬是指在工作任务完成之后或在工作场所以外所获得的满足感，它与工作任务不是同步的。外酬引发的外激励是难以持久的。

二、激励的原则

（一）物质与精神同步激励原则

自然需要与社会需要是统一的，互为前提和条件，物质激励与精神激励不可对立、孤立地运用，应当统一、综合、同步运用。

（二）引入竞争机制原则

这一原则要求把竞争机制引入组织，使员工之间真正拉开档次和差距，并且要使员工认识到高薪、高奖是对其贡献的奖赏。

（三）公平、公正原则

公平理论为激励工作提供了应遵循的公平原则。公平理论着重研究的是协作劳动中的报酬公平问题或公平分配问题。然而，公平不仅体现在分配问题上，而且体现在提拔重用、各种待遇等方面。

（四）组织与社会相结合原则

社会风气、道德风貌会潜移默化地影响着组织的员工。为此，在激励过程中要注意把组织和社会联系起来，使之协调配合。组织要善于利用社会上的各种有利因素和时机，作为激发本组织员工积极性的力量，形成组织、家庭与社会相辅相成的激励网络。

三、激励的方法

（一）内在激励和外在激励相结合的方法

内在激励是指个体在工作时，以从工作本身获得的满足感作为激励手段。外在激励则是指以完成工作目标所带来的附加利益作为激励手段。外在激励可以使员工更好地完成本职工作。

实践表明，单纯的内在激励或外在激励，都很难独立完成激励过程。只有内在激励与外在激励相结合，二者相辅相成、相互协调，才可以更好地完成激励过程。

（二）荣誉激励和目标激励相结合的方法

荣誉激励是指授予荣誉称号的激励形式。荣誉激励可以激发人的自豪感，增强人的责任感，从而调动人的积极性。目标激励即设置适当的目标。目标激励能够激发人的动机，调动人的积极性。达到一定的个人目标和组织目标后得到相应的荣誉，可以激发员工向新的个人目标和组织目标迈进。为此，荣誉激励需要与目标激励相结合。

（三）自我激励、互相激励和社会性激励相结合的方法

自我激励是指来自员工内部心理的激励。自我激励包括自我认识、自我呈现和自我管理等。互相激励是员工之间或组织内部的表扬、表彰和奖励活动。社会性激励是指国家、政府、公众给予的激励。这三种激励的有机结合会使激励产生最佳效果。

思考题

1. 什么是激励？激励的作用有哪些？
2. 马斯洛需要层次理论的主要内容是什么？对管理者有什么启示？
3. 期望理论的公式是什么？各部分分别代表什么？会出现几种结果？
4. 什么是公平理论？怎样消除员工的不公平感？
5. 什么是强化理论？在管理中应该如何应用强化理论？
6. 内容型激励理论、过程型激励理论和行为改造型激励理论的侧重点分别是什么？
7. 请举例说明激励的方法。

参考书目

1. 孙彤主编. 组织行为学. 北京：高等教育出版社，2000.
2. 黄培伦编著. 组织行为学. 广州：华南理工大学出版社，2001.
3. 李伟主编. 组织行为学. 武汉：武汉大学出版社，2012.
4. 段万春主编. 组织行为学. 北京：北京大学出版社，2012.
5. 胡宇辰，蔡文著，杨建锋等编著. 组织行为学. 上海：复旦大学出版社，2012.
6. 袁勇志，芮国强，陈星等编著. 组织行为学. 北京：经济管理出版社，2008.
7. 陈维政，余凯成，黄培伦主编. 组织行为学高级教程. 北京：高等教育出版社，2004.
8. 严进编著. 组织行为学. 北京：北京大学出版社，2009.
9. 冀鸿，李泓欣主编. 组织行为学实用教程. 北京：北京大学出版社，2012.
10. 李永勤，郭颖梅主编. 组织行为学. 昆明：云南大学出版社，2008.
11. 安景文，苗建国编著. 新编组织行为学. 北京：北京大学出版社，2008.
12. 孙健敏主编. 组织行为学. 上海：复旦大学出版社，2005.
13. [美] 斯蒂芬·P·罗宾斯著. 组织行为学. 北京：中国人民大学出版社，2008.
14. 陈春华，杨忠，曹洲涛等编著. 组织行为学. 北京：机械工业出版社，2009.
15. 张德主编. 组织行为学. 北京：清华大学出版社，2008.
16. 关培兰编著. 组织行为学. 北京：中国人民大学出版社，2011.
17. 窦胜功，张兰霞，卢纪华编著. 组织行为学教程. 北京：清华大学出版社，2012.
18. 周三多主编. 管理学. 上海：复旦大学出版社，2010.
19. [美] 斯蒂芬·P·罗宾斯著. 管理学. 北京：中国人民大学出版社，2004.
20. [美] 斯蒂芬·P·罗宾斯著. 管理学原理与实践. 北京：机械工业出版社，2010.
21. 郭咸纲著. 西方管理思想史（第三版）. 北京：经济管理出版社，2004.
22. 高树军主编. 管理心理学. 北京：科学出版社，2005.
23. 纪德尚主编. 管理心理学. 北京：高等教育出版社，2012.
24. 苏东水著. 管理心理学. 上海：复旦大学出版社，2013.
25. [美] 乔安娜·马丁著. 组织文化. 上海：上海财经大学出版社，2005.
26. 石伟主编. 组织文化. 上海：复旦大学出版社，2010.

后　记

经全国高等教育自学考试指导委员会同意，由经济管理类专业委员会负责高等教育自学考试经济管理类专业教材的审定工作。

《组织行为学》自学考试教材由河北大学高树军教授担任主编，刘艳巧教授担任副主编，申红、张伟超参与编写。全书由高树军统稿。

参加本教材审稿讨论会并提出修改意见的有中国人民大学秦志华教授、杨其静教授。

对于编审人员付出的辛勤劳动，在此一并表示感谢！

全国高等教育自学考试指导委员会

经济管理类专业委员会

2016 年 1 月